2009年度国家社会科学基金项目"城乡统筹背景下劳动力市场一体化的就业结构优化效应与路径研究"（批准号：09CJY023）研究成果和南昌大学社会科学学术著作出版基金资助项目(批准号：12XCZ12）

国家社会科学基金项目（批准号：09CJY023）
南昌大学社会科学学术著作出版基金项目（批准号：12XCZ12）

张 文 徐小琴／著

城乡一体化与劳动就业

城乡劳动力市场一体化的就业结构优化效应与路径研究

Urban-Rural Integration and Labor Employment

社会科学文献出版社
SOCIAL SCIENCES ACADEMIC PRESS (CHINA)

摘　要

本书以科学发展观为指导，在广泛搜集整理国内外相关文献资料和进行实际调研的基础上，主要探讨了我国城乡统筹背景下农村劳动力外出就业的现状、问题及制约因素，系统分析了我国城乡劳动力市场一体化的就业结构优化效应，并提出旨在加快推进实现我国城乡劳动力市场一体化的路径选择、总体思路及其对策建议。主要内容如下：

（1）运用理论分析方法，探讨城乡劳动力市场一体化与就业结构优化的基本内涵和目标模式、实现条件和相互关系，认为城乡劳动力市场一体化的核心是权利平等，关键是要素流动，前提是制度创新，目标是市场导向的就业机制，特点是城乡地位平等、流动自由、开放互通、资源共享；城乡劳动力市场一体化能够极大地优化就业结构，促进城乡经济社会协调发展，是我国实现科学发展、社会和谐及全面建设小康社会的有效途径。

（2）运用问卷调查和统计分析法，实证分析并总结归纳我国城乡劳动力市场一体化与就业结构优化的现状、问题及其制约因素（主要有：制度性因素——城乡分割的户籍制度和社会保障制度；经济性因素——城乡有别的产业结构和资金投入；社会性因素——城乡不同的教育文化水平和思想观念）。

（3）运用相关分析法与回归分析法，横向实证研究我国31个省级地区城乡居民收入差距与就业结构演化的相关性，发现区域产业就业结构的优化调整对区域城乡劳动力市场的一体化发展有显著的影响；通过大力增加各地区非农产业的就业，有助于降低就业结构偏离度，优化产业就业结构,缩小区域城乡居民收入差距。同时,运用协整分析法和因果关系分析法,纵向实证分析1978~2009年我国城乡劳动力市场一体化的就业结构优化效应,发现我国城乡收入差距演化与就业结构转化二者之间存在着密切的关联性即长期稳定的反向均衡关系,二者具有一定的相互作用和互为因果的关系。

(4) 运用比较分析法,对国内外各地城乡劳动力市场一体化的经验做法进行横向的对比分析;在理论分析、实证分析和经验借鉴的基础上运用演绎推理法,探讨我国城乡劳动力市场一体化演进的路径选择:体制市场化—政府服务化—社会法制化,并提出相应的总体思路、基本目标和战略步骤。

(5) 运用逻辑分类和总结归纳法,提出当前我国城乡劳动力市场一体化的制度创新和对策建议:①户籍管理制度城乡统一化,推进城乡劳动力资源的自由合理流动和优化配置利用;②就业保障制度城乡统筹化,促进社保全国自由转移和劳动力公平竞争就业;③教育培训资源城乡共享化,构建网络化的城乡人力资源开发和就业服务体系,提高劳动力素质;④产业结构调整城乡合理化,加速农村工业化和城镇化进程,提升就业结构非农化水平;⑤公共财政分配城乡协调化,加强农村劳动力就业的金融支持,缩小城乡居民收入差距;⑥市场监督调控城乡一致化,建立健全法制化的城乡劳动者就业权益保护机制。

Abstract

Guided by the scientific development concept, based on the collecting and tidying a wide range of related literatures at home and abroad and the actual investigation data, this book mainly discusses the present situation, problems and restricting factors of the rural labor force going out for employment on the background of coordinating rural and urban areas, systematically analyzes the employment structure optimization effect of urban-rural labor market integration in China, and puts forward the path choice, general thought and countermeasures in order to accelerate realizing urban-rural labor market integration in China. The main contents are as follows:

(1) Using the theoretical analysis method, this book discusses the basic connotation and target mode, the realized condition and correlation of the urban-rural labor market integration and the employment structure optimization, and considers that the core of the urban-rural labor market integration is the rights equality, the key is the factors flow, the premise is the institutional innovation, the goal is the market-oriented employment mechanism, and the characteristic is equal status, free flow, open communication and resource sharing in urban and rural areas; The integration of urban-rural labor market can greatly optimize the employment structure, promote the coordinated development of the urban and rural economy and society, and is an effective way to realize the scientific development, social harmony and building a overall well-off society in China.

(2) Using the questionnaire and statistical analysis, the book empirically analyzes and summarizes the present situation, problems and restricting factors (mainly including the institutional factors – the segmented household registration system and social security system in urban and rural areas; the economic factors – the different industrial structure and capital investment in urban and rural areas; the social factors – the different education culture level and concepts in urban and rural areas) of the urban-rural labor market integration and the employment structure optimization in China.

(3) Using the correlation analysis and regression analysis, the book makes a transverse empirical research on the correlation between the urban-rural income gap and the employment structure evolution based on the data of 31 provincial regions in China, and finds the optimization and adjustment of regional industrial employment structure can have significant effect on the integration development of regional urban-rural labor market, and the greatly increase of the regional non – agricultural employment helps to reduce the employment structure deviation degree, optimize the industrial structure of employment, narrow the income gap between urban and rural residents. Using co – integration analysis and granger causality analysis, the book also makes a longitudinal empirical analysis of employment structure optimization effect of China's urban-rural labor market integration in 1978 – 2009, and finds that there is a close relationship (that is a long – term stable reverse equilibrium relationship) between the urban-rural income gap evolution and the employment structure transformation, both have certain interaction and causality each other.

(4) Using the comparative analysis, the book transversely contrasts the experience and practice of the urban-rural labor market integration across both at home and abroad; On the basis of theoretical analysis, empirical analysis and experience reference, using deductive reasoning method, the book also discusses the evolution path choice of China's urban-rural labor market integration: the

system marketization – the government servicization – the society legalization, and put forward the corresponding general thought, basic target and strategic steps.

(5) Using the logic classification and summary induction, this book puts forward the institutional innovation, countermeasure proposals for the current urban-rural labor market integration in China: ①Urban-Rural unification of the household registration management system, promoting the free flow, optimized allocation and reasonable use of urban-rural labor resources; ②Urban-Rural harmony of the employment and security system, promoting national free transfer in the social security and fair competition in the labor force employment; ③Urban-Rural sharing of the education and training resources, building the network of urban-rural human resources development and employment service system to improve the quality of the labor force; ④Urban-Rural rationalization of the industrial structure adjustment, accelerating the rural industrialization and urbanization to improve the non – agricultural level of employment structure; ⑤Urban-Rural coordination of the public finance allocation, strengthening the financial support for the rural labor employment to narrow the income gap between urban and rural residents; ⑥Urban-Rural uniformization of the market supervision and regulation, establishing and perfecting the legal system and protection mechanism of employment rights for all workers in urban and rural areas.

目 录

第一章 导论 …………………………………………………………… 1
  第一节 研究背景与研究意义 ………………………………………… 1
  第二节 国内外文献研究综述 ………………………………………… 6
  第三节 研究内容与研究目的 ………………………………………… 18
  第四节 研究方法与技术路线 ………………………………………… 20

第二章 城乡劳动力市场一体化与就业结构优化的理论分析 ………… 23
  第一节 城乡劳动力市场一体化与就业结构优化的基本内涵和目标
         模式 ………………………………………………………… 23
  第二节 城乡劳动力市场一体化与就业结构优化的实现条件 ……… 32
  第三节 城乡劳动力市场一体化与就业结构优化的关系 …………… 39

第三章 我国城乡劳动力市场一体化与就业结构优化的现状和问题 … 41
  第一节 我国城乡劳动力市场一体化与就业结构优化的现状分析 … 41
  第二节 我国城乡劳动力市场一体化与就业结构优化存在的主要
         问题 ………………………………………………………… 75

第四章　我国城乡劳动力市场一体化就业结构优化效应的制约因素 … 81
　第一节　制度性因素：城乡分割的户籍制度和社会保障制度 ……… 81
　第二节　经济性因素：城乡有别的产业结构和资金投入 …………… 88
　第三节　社会性因素：城乡不同的教育文化水平和思想观念 ……… 92

第五章　我国城乡劳动力市场一体化就业结构优化效应的实证分析 … 98
　第一节　横向分析：基于2009年31个省级地区城乡居民收入差距与就业结构演化数据的关联性研究 …………………… 98
　第二节　纵向分析：基于1978～2009年我国城乡居民收入差距与就业结构演化数据的关系研究 ………………………… 114

第六章　我国城乡劳动力市场一体化的路径选择与总体思路 ………… 128
　第一节　国内外城乡劳动力市场一体化路径的经验借鉴 ………… 128
　第二节　我国城乡劳动力市场一体化演进的路径选择：体制市场化—政府服务化—社会法制化 ……………………………………… 146
　第三节　我国城乡劳动力市场一体化的总体思路、基本目标和战略步骤 ……………………………………………………… 151

第七章　我国城乡劳动力市场一体化的制度创新与对策建议 ………… 157
　第一节　户籍管理制度城乡统一化：推进城乡劳动力资源的自由合理流动和优化配置利用 …………………………………… 158
　第二节　就业保障制度城乡统筹化：促进社保全国自由转移和劳动力公平竞争就业 ……………………………………………… 163

第三节 教育培训资源城乡共享化：构建网络化的城乡人力资源开发和就业服务体系，提高劳动力素质 …………… 177

第四节 产业结构调整城乡合理化：加速农村工业化和城镇化进程，提升就业结构非农化水平 …………………… 184

第五节 公共财政分配城乡协调化：加强农村劳动力就业的金融支持，缩小城乡居民收入差距 …………………… 189

第六节 市场监督调控城乡一致化：建立健全法制化的城乡劳动者就业权益保护机制 ………………………………… 194

第八章 结论 ……………………………………………………… 199

参考文献 ………………………………………………………… 203

附录 外出就业农村劳动力调查问卷 …………………………… 214

后 记 …………………………………………………………… 224

Contents

CHAPTER 1 *Introduction* / 1

    Section 1   Research Background and Research Significance / 1

    Section 2   Literature Review Research at Home and Abroad / 6

    Section 3   Research Contents and Research Purpose / 18

    Section 4   Research Method and Technical Route / 20

CHAPTER 2   *Theoretical Analysis of Urban-Rural Labor Market Integration and Employment Structure Optimization* / 23

    Section 1   The Basic Connotation and the Target Mode of Urban-Rural Labor Market Integration and Employment Structure Optimization / 23

    Section 2   The Conditions to Realize Urban-Rural Labor Market Integration and Employment Structure Optimization / 32

    Section 3   The Relationship between Urban-Rural Labor Market Integration and Employment Structure Optimization / 39

CHAPTER 3 *The Present Situation and Problems of Urban-Rural Labor Market Integration and Employment Structure Optimization in China* / 41

Section 1 The Present Situation Analysis of Urban-Rural Labor Market Integration and Employment Structure Optimization in China / 41

Section 2 Main Problems of China's Urban-Rural Labor Market Integration and Employment Structure Optimization / 75

CHAPTER 4 *The Restricting Factors of Employment Structure Optimization Effect of Urban-Rural Labor Market Integration in China* / 81

Section 1 Institutional Factors: Urban-Rural Segmentation of the Household Registration System and the Social Security System / 81

Section 2 Economic Factors: Urban-Rural Difference of the Industrial Structure and Financial Investment / 88

Section 3 Social Factors: Urban-Rural Difference of the Education Culture Level and Concepts / 92

CHAPTER 5 *Empirical Analysis of Employment Structure Optimization Effect of Urban-Rural Labor Market Integration in China* / 98

Section 1 Transverse Analysis: The Correlation Research on Urban-Rural Income Gap and Employment Structure Evolution Based on the Data of China's 31 Provincial Regions in 2009 / 98

Section 2 Longitudinal Analysis – The Correlation Research on Urban-Rural Income Gap and Employment Structure Evolution Based on the Chinese Data in 1978 – 2009 / 114

CHAPTER 6 *Path Selection and General Thought of Urban-Rural Labor Market Integration in China* / 128

Section 1 Experience Reference for the Path of Urban-Rural Labor Market Integration at Home and Abroad / 128

Section 2 Evolution Path Selection of Urban-Rural Labor Market Integration in China: System Marketization – Government Servicization – Social Legalization / 146

Section 3 The General Thought, Basic Target and Strategic Steps of Urban-Rural Labor Market Integration in China / 151

CHAPTER 7 *Institutional Innovation and Countermeasure Proposals of Urban-Rural Labor Market Integration in China* / 157

Section 1 Urban-Rural Unification of the Household Registration Management System: Promoting the Free Flow, Optimized Allocation and Reasonable Use of Urban-Rural Labor Resources / 158

Section 2 Urban-Rural Harmony of the Employment and Security System: Promoting National Free Transfer of the Social Security and Fair Competition in the Labor Force Employment / 163

Section 3 Urban-Rural Sharing of the Education and Training Resources: Building the Network of Urban-Rural Human Resources Development and Employment Service System to Improve the Quality of the Labor Force / 177

Section 4 Urban-Rural Rationalization of the Industrial Structure Adjustment: Accelerating the Rural Industrialization and Urbanization to Improve the Non-Agricultural Level of Employment Structure / 184

Section 5　Urban-Rural Coordination of the Public Finance Allocation: Strengthening the Financial Support for the Rural Labor Employment to Narrow the Income Gap between Urban and Rural Residents / 189

Section 6　Urban-Rural Uniformization of the Market Supervision and Regulation: Establishing and Perfecting the Legal System and Protection Mechanism of Employment Rights for All Workers in Urban and Rural Areas / 194

CHAPTER 8　*Conclusion* / 199

REFERENCES / 203

APPENDIX　*The Survey Questionnaire for Rural Laborer Going out for Employment* / 214

EPILOGUE / 224

第一章 导论

第一节 研究背景与研究意义

一 研究背景

中共中央在《我国国民经济和社会发展"十二五"规划纲要》中继续将"促进农村劳动力转移就业"放在未来工作的重要位置,其中提到"要拓宽农民增收渠道,提高农民职业技能和创收能力,促进农民转移就业,多渠道增加农民收入和工资性收入"[①]。这也是我国将农村劳动力转移就业工作放在国家级规划中的重要举措。

与此同时,我国人力资源和社会保障部(以下简称"人社部")也根据国家"十二五"规划纲要制定了《人力资源和社会保障事业发展"十二五"规划纲要》。人社部的规划纲要设定了"十二五"期间的就业目标:就业规模持续扩大,就业结构进一步优化,就业局势保持稳定。五年城镇新增就业4500万人,农业富余劳动力转移就业4000万人,城镇登记失业率控制在5%以内[②]。而从"十一五"规划的"五年转移农业劳动力"这一指标的实现情况来看,五年间我国农业劳动力实现转移就业4500万人,

---

[①] 《我国国民经济和社会发展"十二五"规划纲要》,2011年3月17日,新浪网:http://www.sina.com.cn,最后访问日期:2011年4月25日。

[②] 人力资源和社会保障部:《关于印发人力资源和社会保障事业发展"十二五"规划纲要的通知》,2011年6月2日,人力资源和社会保障部官方网站:http://www.mohrss.gov.cn,最后访问日期:2011年7月6日。

平均每年转移900万人。相对我国2亿多的剩余劳动力来看，如果以这种速度来转移，那么至少还需要20年的时间才能完成，可见我国农村劳动力转移的规模还很大。

另外，人社部还指出我国人力资源和社会保障事业发展在"十二五"期间的挑战，其中列于首位的就是就业形势更加严峻，就业总量压力和结构性矛盾并存。可见我国已认识到城乡劳动力市场一体化进程中的结构性问题，这也是本书要研究的主要内容，农村劳动力在转移过程中不仅要注重量的提高，更要关注质的提升，也就是就业结构的优化。

从前期调查的结果来看，农村劳动力在转移过程中所凸显的结构性问题确实很严峻。从就业的产业结构来看，外出就业的农村劳动力主要从事建筑业、制造业和服务业等，工作环境差、工作时间长、社会保障水平低。从就业的地域结构来看，农村劳动力主要输入东部地区和部分中部较发达的城市，并且他们大部分人都保持着农村户口，没有被纳入到城市居民的管辖中。从就业的城乡结构来看，由于其输入输出地之间的交通费用集中在51～300元，基本上是中长距离的转移，因此我们推测其为远距离或者跨地区的就业；另一方面他们就业的职业主要属于第二产业和较低层次的第三产业，所以我们也可以判定其就业的城乡结构不合理，城镇就业大于农村就业。从就业的性别和年龄结构来看，外出的农村劳动力以男性和青壮年为主，已婚者居多。从就业的素质结构来看，其最高学历以初中为主，过半数人未接受过职业技能培训，可见转移的农村劳动力素质结构比较低。图1-1清晰地显示了我国农村劳动力转移的主要结构性困境。

从我国人口的城乡分布、就业的城乡分布及行业分布来看，我国的人口与就业之间存在很大的结构不合理性，乡村就业与乡村人口之间存在2.44亿的缺口（见图1-1）。第一产业的就业比重仍然远高于世界主要发达国家甚至一些发展中国家，而第三产业的就业比重与发达国家相比却存在很大差距。这种就业结构的城乡差距和产业差距对农民工的就业结构优化存在重要影响。因此要实现我国城乡劳动力市场一体化，就业的结构性问题就必须加以重视，并认真审视和解决。

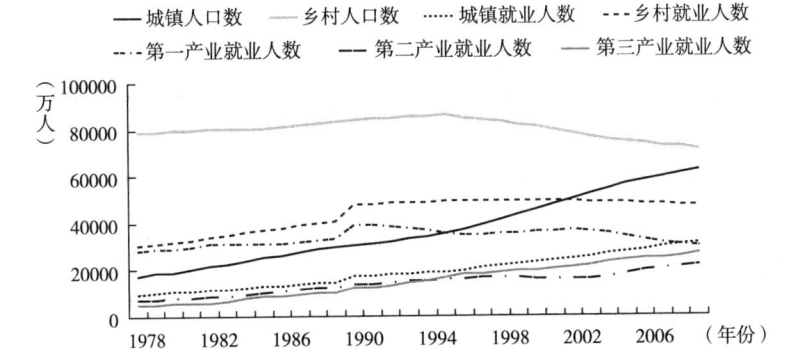

图 1-1 1978~2009 年我国城乡人口、城乡就业与三次产业就业人数的变化趋势

二 研究意义

党的十七大报告指出，要"统筹城乡发展，推进社会主义新农村建设。解决好农业、农村、农民问题，事关全面建设小康社会大局。要建立以工促农、以城带乡长效机制，形成城乡经济社会发展一体化新格局。实施扩大就业的发展战略，坚持实施积极的就业政策，完善市场就业机制。建立统一规范的人力资源市场，形成城乡劳动者平等就业的制度"。本书试图通过理论与实证分析来系统研究城乡劳动力市场一体化对我国就业结构的优化效应以及如何从要素流动视角和制度创新层面构建有效的演进路径，这对我国经济社会发展具有以下理论和现实意义：

（一）理论意义

1. 拓展现代劳动力市场理论

有关劳动力市场的理论主要来自 20 世纪国外的经济学和社会学的思想。如刘易斯的劳动力人口流动模型，拉尼斯和费景汉的拉—费模型，乔根森的剩余劳动力说，托达罗的劳动迁移和城市失业模型以及托佩尔的劳动力市场动态均衡模型。可以说这些理论道出了劳动力转移的根本原因和动机，然而由于时空的限制，未必能够指引我国当前农村劳动力转移的实践工作，因而本书通过对城乡劳动力市场一体化的就业结构效应研究，探讨中国式的劳动力转移模式，从而拓展现代劳动力市场理论。

2. 深化农村劳动力外出就业理论

农民工是我国改革开放以来随着中国经济发展而涌现的一个特殊群体，近年来呈现出的诸如民工潮、民工荒、农民工结构性失业等问题得到了社会各界的广泛关注，但是以往的研究多是针对外出就业的农村劳动力的生存状况、权益保障等所做的研究，很少从就业结构的角度剖析农村劳动力以及城镇劳动力的就业选择及其效应。过去的研究多侧重于对城乡统筹就业的规模进行研究，有关就业质量的分析较少，而最终影响城乡统筹就业和城乡劳动力市场一体化的是就业质量而非就业数量。因此，厘清转移劳动力就业的数量与质量之间的关系和作用，有助于深化农村劳动力外出就业的理论。

3. 创新城乡统筹的就业结构理论

Chenery, Robinson, Syrquin (1986) 结合发展中国家经济发展情况提出了就业结构转换滞后于产值结构的理论，其非均衡模型将经济分解成传统部门和现代部门两类，指出农业劳动力转移到现代部门能够促进经济增长[1]；Todaro (1969) 则在考虑了城市提供就业岗位的局限性即失业存在的基础上，分析了就业结构转换的影响因素，即城市就业机会与城市失业人数，创立了托达罗人口流动模型[2]；舒尔茨（Schults, 1987）的"改造传统农业理论"认为农业劳动者需要依靠新技能和新知识来提高自身作为生产要素的效率，以实现农业的经济增长和就业的广泛深入，从而拓宽其就业范围，强调了人力资本说[3]。

纵观国外有关就业结构转换的理论模型和观点，我们发现国外学者对于就业结构的研究大都侧重于从产业结构的角度来分析，缺乏对农民工就

---

[1] Chenery, H., Robinson, S. and Syrquin, M. 1986. *Industrialization and Growth: A Comparative Study*. London: Oxford University Press. pp. 25 – 96.

[2] Michael P. Todaro. 1969. "A Model of Labor Migration and Urban Unemployment in Less Development Countries", *American Economic Review* 59: 138 – 148.

[3] 西奥多·舒尔茨：《改造传统农业》，商务印书馆，1987，第 12~186 页。

业的地域结构、城乡结构、劳动者素质结构等的多元化深入研究，所提出的理论和模型大多以作者当时所处的时代和国家的农村劳动力转移现状为研究对象，而基本没有专门针对城乡劳动力市场分割最为严峻的中国的劳动力市场进行的系统深入的分析。因此，本书所侧重的中国城乡统筹背景下城乡劳动力就业结构优化的分析能在国外劳动力市场理论的基础上创新我国特色的劳动力就业结构优化理论，具有重要的理论研究意义。

（二）现实意义

1. 促进我国和谐统一劳动力市场的构建

实现城乡劳动力市场一体化是我国统筹城乡就业，改变城乡二元结构，实现全面建设小康社会的关键；是加速农村富余劳动力向非农产业和城镇转移，发挥市场机制调节作用，优化配置城乡人力资源的战略举措和重要途径；也是促进农民增收，推进城乡协调发展的重大任务和现实选择。按照全国两会和"十二五"规划的内容，统筹城乡发展，排在第一位的就是要建立和谐统一的劳动力市场，让农村居民和城镇居民一起享受经济发展的成果，共享城镇公共基础设施以及社会保障的福利。现实的问题是我国劳动力市场仍然存在二元分割局面，各种制度和政策限制着劳动力的自由流转，而这种的不自由流转很大程度上导致了就业结构的不合理，如能优化我国城乡劳动力的就业结构，将极大地促进城乡劳动力市场的一体化进程，对于统筹城乡经济社会和谐发展也大有益处。

2. 促进我国城乡劳动力就业结构的优化

城乡劳动力一体化指的是农村劳动力不仅大量转移至城镇，而且融入城镇的生活环境和就业环境。优化就业结构既强调城乡劳动力的就业的产业结构合理，也强调城乡结构协调、地域结构合理以及素质结构提高。

3. 推进我国城镇化进程，优化城镇化发展效应

农村劳动力转移到城镇是社会经济发展到一定阶段的必然趋势，劳动力从第一产业中不断转移出来，向第二、第三产业转入，会不断加快城镇化进程，推动劳动力在产业间的合理配置，从而促进地区经济发展。

4. 为政府相关部门制定农村劳动力转移就业等政策提供有益参考

目前我国存在的农民工问题和不少地区"招工难与就业难并存"的劳动力市场供求结构性矛盾及其体制性原因也是亟须解决的重大实践问题和深层次理论问题。本书所研究的内容包含劳动力就业、教育、社会保障以及地区发展等内容，能够为政府的经济决策部门、教育部门和社会保障等相关部门提供有利于农民工就业结构优化及城乡统筹教育、社会保障和经济发展的对策建议，具有较强的针对性和现实指导意义。

第二节 国内外文献研究综述

一 国外相关研究

英国经济学家阿瑟·刘易斯（William Arthur Lewis，1954）较早地阐述了人口流动模型中工业部门和农业部门劳动力的流动规律，即两部门的工资收入差异是劳动力流动的根本原因，而这种流动会随着工资的趋同而停止，同时他在两部门结构发展模型中强调了在工资存在差异的情况下劳动力会从农业部门向工业部门转移，阐述了城乡一体化趋势下农村劳动力就业结构转换的方向[①]。20世纪60年代，美国经济学家拉尼斯（Ranis，1961）和费景汉（Fei. Join C. H，1961）在刘易斯模型的基础上深入研究了农业部门和工业部门之间的关系，提出了"工业化"的对策，即将农业剩余劳动力全部转移到工业中去，从而实现劳动力市场的一体化；他们还把发展中国家的农业劳动力结构转换分为三阶段来分析，研究了发展中国家经济结构转换促使就业结构转换的条件[②]。乔根森（D. W. Jorgenson，

[①] W. A. Lewis. 1954. "Economic Development with Unlimited Supplies of Labor", *Manchester School of Economic and Social Studies* 22：153.

[②] Gustav Ranis and J. C. H. Fei. 1964. *Development of the Labor Surplus Economics：Theory and Policy*. New York：Richard D. Irwin. pp. 15 – 78.

1967）认为劳动力剩余为农村劳动力流向工业部门提供条件，并促使工业部门的劳动生产率提高，这种良性循环最终会导致农业人口转移过程中工资的不断上升①；托佩尔（Topel，1986）也认为"如果允许劳动力自由流动，个人将选择到未来收入最高的地区就业，那么区域间同质劳动力的工资差异就会由于劳动力的自由流动而缩小"②，他们的理论内涵类似刘易斯的人口流动模型，即认为在劳动力转移中实现工资趋同从而实现劳动力市场的一体化。20世纪60年代末70年代初，美国经济学家托达罗（M. Todaro，1969）在《欠发达国家的劳动迁移与城市失业模型》一文中构建了托达罗模型。他将劳动力转移的决策因素归纳为两点：一是城乡之间工资的差异，二是农村劳动力的就业机会，即就业概率③。他在刘易斯、乔根森研究的基础上进一步提出了劳动力市场一体化的另一内涵：就业机会的同等化。

近年来国际上对中国城乡劳动力市场的研究也较为关注，如 Michael C. Seeborg, Zhenhu Jin 和 Yiping Zhu（2000）分析了中国农村劳动力向城镇流动的原因及其含义，认为传统的新古典模型并不能充分解释中国存在的大规模城乡劳动力迁移，而市场分割的社会学理论和制度经济学可以作为有益补充加以解释；他们认为，中国城乡地区的政策改革减少了劳动力市场的障碍和提供了进城农民工的就业机会，其中劳动合同制的发展和私营部门的出现起到了特别重要的作用④。Audra J Bowlus, Terry Sicular（2003）通过采用面板数据考察家庭劳动力需求和供给的可区分性来对中国农村劳动力资源的配置进行调研，发现中国农村要素市场依然不发达，劳动力在一些地区过剩而在其他地区短缺，在广阔的乡村里存在大量的就业机会，而这些

---

① 乔根森：《过剩农业劳动力和两重经济发展》，1967，据百度百科：http://baike.baidu.com/view/1567559.htm，最后访问日期：2010年12月31日。
② R. H. Topel. 1986. "Local Labor Markets", *Journal of Political Economy* 94: S111 – S143.
③ Michael P. Todaro. 1969. "A Model of Labor Migration and Urban Unemployment in Less Development Countries", *American Economic Review* 59: 138 – 148.
④ Michael C. Seeborg, Zhenhu Jin and Yiping Zhu. 2000. "The New Rural – urban Labor Mobility in China: Causes and Implications", *Journal of Socio-Economics* 29: 39 – 56.

就业和乡村之间的资源流动一样将促进乡村内部的竞争性资源配置[1]。Thomas Hertel，Fan Zhai（2006）则运用分家庭的循环动态可计算一般均衡（CGE）模型评估了中国一些关键要素市场的改革对城乡不平等和收入分配的影响，模拟结果显示土地租赁市场和户口制度的改革既增强了非农劳动力的流动性，又明显缩小了城乡收入差距；而且加入世贸组织和要素市场改革共同显著地提高了中国经济的效率和平等[2]。Thomas Glauben，Thomas Herzfeld 和 Xiaobing Wang（2008）根据 1986～2002 年的浙江省相关数据实证分析了中国农业家庭的劳动力市场参与行为，认为劳动力市场决策与家庭、耕地和村组织等有显著的相关关系，且教育是关键的决定性因素，女性家庭成员具有从事非农工作的更大可能性[3]。Suqin Ge，Dennis Tao Yang（2011）从新古典的视角研究了中国劳动力市场的发展，发现基于多重数据来源的经验证据无法证实刘易斯转折点在中国已经到来，反而城乡部门的工资较一致地连续增长；农民工在迁移限制条件提高时扩大了非农工作，跨省迁移的原因主要是预期收益和当地的就业情况，同时教育的报酬逐渐向国际标准靠拢[4]。John Knight，Quheng Deng 和 Shi Li（2011）则运用 2002 年和 2007 年的家庭调查数据对中国近期存在的农民工短缺和农村劳动力过剩的难题进行了分析，认为由于制度性原因这两种现象在当前和未来的一段时间内很可能仍然并存[5]。

---

[1] Audra J. Bowlus and Terry Sicular. 2003. "Moving toward Markets? Labor Allocation in Rural China", *Journal of Development Economics* 71：561 - 583.

[2] Thomas Hertel and Fan Zhai. 2006. "Labor Market Distortions, Rural - urban Inequality and the Opening of China's Economy", *Economic Modelling* 23：76 - 109.

[3] Thomas Glauben, Thomas Herzfeld and Xiaobing Wang. 2008. "Labor Market Participation of Chinese Agricultural Households: Empirical Evidence from Zhejiang Province", *Food Policy* 33：329 - 340.

[4] Suqin Ge and Dennis Tao Yang. 2011. "Labor Market Developments in China: A Neoclassical View", *China Economic Review* 22：611 - 625.

[5] John Knight, Quheng Deng and Shi Li. 2011. "The Puzzle of Migrant Labour Shortage and Rural Labour Surplus in China", *China Economic Review* 22：585 - 600.

二 国内相关研究

(一) 城乡劳动力的就业结构研究

要实现中国劳动力市场的一体化，就需要在区域之间、城乡之间、不同的所有制部门之间进行劳动力资源的合理配置，建立起一个统一的劳动力市场[①]。而要建立起城乡之间一体化的劳动力市场则需要实现城乡劳动力市场上就业结构的优化升级。那么城乡劳动力市场一体化背景下所要求的就业结构应该如何定义呢，国内学者们提出的观点各异。

漆向东（2005）认为，就业结构的内涵应从城乡结构、三次产业结构、所有制结构、技术结构这四个角度去定义[②]。王丽娟、刘彦随（2007）认为就业结构就是指地区国民经济各部门所拥有的劳动力数量、比例及其相互关系[③]。周兵、冉启秀（2008）则进一步指出，就业结构是在一定时期内社会再生产过程中就业人口构成及其劳动者的就业结构比例关系，其维度包括城乡结构、产业结构、地区结构、性别结构、素质结构、年龄结构、所有制结构及其行业结构等[④]。而李文星、袁志刚（2010）在分析了我国就业结构失衡的限制原因后指出，就业结构应该具体指产业就业结构、区域就业结构和城乡就业结构三个维度[⑤]。尽管对于就业结构的划分，学者们意见不一，但这些观点中都存在一个共同之处，即肯定产业结构（国民经济的部门结构）是就业结构的重要组成部分，而事实上，国内学者也大多从产业结构这个角度来系统阐述就业结构的变化和劳动力市场的一体化。

[①] 蔡昉：《中国劳动与社会保障体制改革 30 年研究》，经济管理出版社，2008，第 239～246 页。
[②] 漆向东：《在城乡统筹发展中优化就业结构》，《经济问题探索》2005 年第 5 期。
[③] 王丽娟、刘彦随、翟荣新：《苏中地区农村就业结构转换态势与机制分析》，《中国人口资源与环境》2007 年第 6 期。
[④] 周兵、冉启秀：《产业结构演变与就业结构协调发展分析》，《中国流通经济》2008 年第 7 期。
[⑤] 李文星、袁志刚：《中国就业结构失衡：现状、原因与调整政策》，《当代财经》2010 年第 3 期。

1. 就业的产业结构研究

我国现阶段就业的产业结构失衡主要表现在第一产业就业人数高于第二、第三产业就业人数，且第一产业的就业比重太高，而第三产业的就业比重较低[1][2]。如果用偏离度来分析，则会出现第一产业的结构偏离度从较高的正偏离趋向零偏离靠拢，而第二产业和第三产业的结构偏离度会从较高的负偏离趋向零偏离靠拢，这种结构偏离度远离均衡且多年呈居高不下态势[3][4]。有学者运用灰色关联分析方法定量分析了我国三大产业的就业结构与产业结构的滞后程度，滞后时间分别为9、8、3年[5]，尽管该数据只是根据现时的就业结构滞后产业结构的数据计算的，不能代表未来就业结构与产业结构之间差距的拟合时间，但是已经足够说明我国就业的产业结构失衡这一严峻问题的存在。所有制结构与行业结构的剧烈变动会通过就业结构的形式表现出来[6]，而产业的就业结构偏差主要归因于我国农业劳动力转移的速度过慢，而现代化工业生产中又普遍采用以技术或资本替代劳动的生产方式，以及第三产业的增长仍然缓慢[7]。我国第三产业的就业人员比重不仅低于发达国家，甚至还低于某些发展中国家[8]。除了我国的经济增长方式这个动因外，制度性、经济性和社会性等因素也制约着我国就业结构的产业均衡[9][10][11]。

---

[1] 王志峰、黎玉柱、肖军梅：《改革开放以来我国三大产业就业吸纳能力研究》，《新西部》2007年第2期。

[2] 郝坤安、张高旗：《中国第三产业内部就业结构变动趋势分析》，《人口与经济》2006年第6期。

[3] 李冠霖：《第三产业投入产出分析》，中国物价出版社，2002，第27～196页。

[4] 黄洪琳：《中国就业结构与产业结构的偏差及原因探讨》，《人口与经济》2008年第4期。

[5] 王庆丰：《中国就业结构滞后问题研究》，《华东经济管理》2009年第9期。

[6] Cai Fang and Wang Meiyan. 2010. "Growth and Structural Changes in Employment in Transition China", *Journal of Comparative Economics* 38: 71 - 81.

[7] 喻桂华、张春煜：《中国的产业结构与就业问题》，《当代经济科学》2004年第5期。

[8] 李晓嘉、刘鹏：《我国产业结构调整对就业增长的影响》，《山西财经大学学报》2006年第1期。

[9] 黄洪琳：《中国就业结构与产业结构的偏差及原因探讨》，《人口与经济》2008年第4期。

[10] 李群芳、孙贺先、尹继东：《中部产业结构与就业结构相关性分析》，《学习与实践》2007年第8期。

[11] 李文：《城市化滞后的经济后果分析》，《中国社会科学》2001年第4期。

产业间就业结构的优化，尤其是所有制结构的调整，能加快推动第二、三产业对农村劳动力的吸纳，促进非农就业，对解放农村剩余劳动力、增加就业量、促进劳动力在产业间的配置比例及推动我国有效就业都有着深远影响[1]。有学者认为，就业结构的这种优化效应可以从产业结构与就业结构之间的协整关系中得到答案，第一产业的增加值与就业人数不存在长期的稳定均衡关系，相反，第二、三产业的增加值与就业人数却存在着明显的协整关系，即对就业起着促进带动作用，第二产业的产值每增加1%可带动就业增加0.3069%，第三产业的产值每增加1%可带动就业增加0.6026%。很明显，第三产业的就业带动作用要优于第二产业[2]。因此我国未来就业的产业结构调整应重点倾向于大力发展第三产业。

高铁梅、范晓非（2011）则从农业、劳动密集型行业及收入差距等角度建立了计量经济模型，论证和检验了中国劳动力市场的结构转型，得出以下结论：由农业总产出曲线计算的农业劳动边际产出在2005年之前均为负值，2006年开始转为正值，并且快速增长；从制造业和建筑业劳动力供给模型可以看出2004年之后劳动供给曲线明显向上倾斜；从全国、城镇和农村的基尼系数及城镇库兹涅茨曲线可以看出收入差距有缩小的趋势，说明我国城镇出现了代表经济阶段性变化的库兹涅茨倒U型曲线的转折点，表明中国已在2005年后越过刘易斯第一转折点（即短缺点），进入劳动力有限供给阶段[3]。

2. 就业的地域结构研究

由于我国优先发展东部沿海地区的政策支持，我国东、中、西三部地区呈现经济的阶梯式发展，尤其是东部地区的经济远比中西部地区发展迅速和超前。表现在地区就业的产业结构上也是相当明显，东部地区第一产业就业人员比重远低于西部地区，而第二、第三产业就业人员又远高于西

---

[1] 漆向东：《在城乡统筹发展中优化就业结构》，《经济问题探索》2005年第5期。
[2] 李玉凤、高长元：《产业结构与就业结构的协整分析》，《统计与决策》2008年第4期。
[3] 高铁梅、范晓非：《中国劳动力市场的结构转型与供求拐点》，《财经问题研究》2011年第1期。

部地区①。自 20 世纪 80 年代以来，我国经济发展上的不平衡导致了工资收入存在差异，从而使得人口从中西部地区向沿海地区和大城市迁移和流动，这种地域就业结构的特性使我国的就业增长按高低程度可划分为：就业高增长地区、就业低增长地区和就业紧缩地区②。如果按照就业地区距离家乡的远近来划分，则可以把农村劳动力转移的就业结构分为：户籍所在地乡镇内就业、户籍所在地乡镇外与县或县级市以内就业、户籍所在县或县级市以外与地级市以内就业、户籍所在地级市以外与省以内就业和户籍所在省以外就业五种类型，东部地区的调查结果显示，户籍所在省内就业即就地转移就业的占到近一半（43.8%）③。这个数据也反映了我国农村富余劳动力除了向外省发达地区输出外还有就近转移的趋势。

3. 就业的城乡结构研究

城乡就业结构的内涵包括城市和农村两个劳动力市场上劳动者就业的待遇、环境等要素。我国的劳动力市场由于城乡户籍分割而分为城市和农村两个不同的市场。城市的劳动力市场又可以分为不完全竞争市场和完全竞争市场，其中城市的不完全竞争市场主要是不向农民工开放的那部分正规就业的主要劳动力市场，而那部分向农民工开放的则是非正规就业的次要劳动力市场④。也有学者按照制度性的分割将我国城乡劳动力市场细分为城市的体制内劳动力市场（正规就业部门）、体制外劳动力市场（农村劳动力市场和城市非正规就业部门）⑤。必须承认的是，在农村劳动力市场上的劳动者所从事的工作也大多属于非正规就业。

---

① 周兵、冉启秀：《产业结构演变与就业结构协调发展分析》，《中国流通经济》2008 年第 7 期。
② 杨云彦、徐映梅、向书坚：《就业替代与劳动力流动：一个新的分析框架》，《经济研究》2003 年第 8 期。
③ 陶相根、张福明：《山东省农村劳动力的就业结构与启示——基于对山东省 17 地市 1068 户农民调查的研究》，《山东社会科学》2010 年第 4 期。
④ 课题组（史忠良等）：《建立我国城乡协调的劳动力市场研究》，《当代财经》2006 年第 1 期。
⑤ 吴宏洛：《论劳动力市场的制度性分割与非农就业障碍》，《福建师范大学学报》2004 年第 5 期。

农民工问题也使城市的非正规就业劳动力市场成为近年来学者们研究的热点。在正规部门的劳动力市场上，劳动者的工资收入、社会保障、工作种类、工作环境都要优于非正规劳动力市场上的劳动者。在非正规部门的劳动力市场上，劳动者往往不能享受与正规部门就业同等的工资报酬和福利待遇，基本很难建立正规的雇佣合约关系[1]。袁霓（2010）通过调查分析 1997~2006 年我国城镇正规与非正规就业者的工资收入和医疗保险覆盖率数据（如 2006 年正规就业者平均为 1377.59 元和 76.93%，而非正规就业者平均为 867.18 元和 34.45%）证实了以上论点[2]。

吴要武、蔡昉（2006）对我国 66 个城市劳动力市场上的非正规就业进行了调查统计，发现按照三种口径计算的非正规就业比例为 42.0%、46.7%、48.2%；非正规就业人数为 6551.5 万人、7278.0 万人、7512.5 万人。并且还发现非正规就业者的工资收入只是正规就业者的 64%，但是其工作时间却是正规就业者的 120%，其受教育水平显著低于正规就业者，在非正规部门就业的女性比例要高于男性等一些非正规就业者的个体特征[3]。蔡昉（2007）通过梳理关于劳动力市场发育和就业状况的统计数据，并结合微观调查数据，对城乡就业增长和结构变化进行了描述，根据有关劳动力市场的指标，准确反映了随着经济增长和改革开放的深入，劳动力市场发育水平提高、就业总量增长和结构多元化以及城镇就业压力缓解和农村剩余劳动力大幅度减少的事实，批评了传统的"就业零增长""农村剩余劳动力一成不变"等判断。同时他还通过对人口转变过程的阐释，预测了劳动力市场供求的变化趋势，做出刘易斯转折点即将到来的判断，并揭示了这个转折点对中国经济持续增长提出的挑战[4]。

石莹（2010）运用 2010 年度诺贝尔经济学奖得主戴蒙德、莫滕森和

---

[1] 蔡坚、朱蔚青：《非正规就业与农民劳动力非农就业》，《湖北经济学院学报》2007 年第 5 期。
[2] 袁霓：《中国城镇非正规就业的自选择性与性别特征分析》，《统计与决策》2010 年第 13 期。
[3] 吴要武、蔡昉：《中国城镇非正规就业：规模与特征》，《中国劳动经济》2006 年第 2 期。
[4] 蔡昉：《中国劳动力市场发育与就业变化》，《经济研究》2007 年第 7 期。

皮萨里季斯发展起来的劳动力市场搜寻匹配理论，研究发现中国劳动力市场同样存在着显著的"失业"和"空岗"并存现象。过高的期望和家庭保障等是大学生就业匹配效率低下的主要因素，技能低、盲目搜寻、保留工资提高等则是农民工非正规就业、民工潮和民工荒并存等现象的主要原因，并且这些影响因素在其他劳动力市场中也有着明显体现①。郝团虎、姚慧琴（2012）则通过吸收二元制劳动力市场分割理论的基本假设和对制度变量的讨论，建立了中国农村剩余劳动力转移的"二元市场与二元劳动力"模型，解释了中国农村剩余劳动力转移的特点和中国劳动力市场的特殊结构对其的重要影响。他们认为，政府的强制性制度障碍导致"S型的人力资本投资曲线"的产生，从而使城市居民在主要劳动力市场具有政策和人力资本优势；作为对福利制度缺失的替代，"隐形补贴"等诱致性制度创新导致农村剩余劳动力在次要劳动力市场具有成本优势②。

4. 就业的技术结构研究

所谓技术就业结构是指技术的专业结构和层次结构。具体表现为劳动力的供给与需求的专业性结构或供求双方的技术层次性结构，我国的技术就业结构失调也称为结构性失业③。

我国现阶段城乡劳动者的技术水平和受教育程度都呈现出较大的差异，尤其是在拥有全国2/3劳动力的农村，教育程度在近年来虽然有所提升，但和城市相比仍有很大差异，这种技术水平和职业技能上的差异将会加剧结构性失业的状况④。随着我国信息技术经济的进一步发展，劳动密集型企业逐渐被技术资本所替代，从而释放出更多的低技能劳动者，这将使我国就业结构的城乡差距、地域差距更为显著⑤。

---

① 石莹：《搜寻匹配理论与中国劳动力市场》，《经济学动态》2010年第12期。
② 郝团虎、姚慧琴：《中国劳动力市场结构与农村剩余劳动力转移》，《经济理论与经济管理》2012年第4期。
③ 漆向东：《在城乡统筹发展中优化就业结构》，《经济问题探索》2005年第5期。
④ 潘士远、林毅夫：《中国的就业问题及其对策》，《经济学家》2006年第1期。
⑤ 邓葱：《浅析我国产业结构升级下的就业问题》，《党政干部学刊》2008年第8期。

5. 就业的劳动者特征结构研究

城乡劳动力市场上的劳动者特征结构也日益被学者们作为就业结构的研究重点。劳动者的年龄、性别、受教育水平等因素也是构成城乡劳动者就业结构不均衡的重要原因。处于农村劳动力市场上的劳动者，要想获得与城市劳动者相同的待遇或者就业机会，往往因为年龄、性别和受教育程度而受到歧视。

对于农村劳动者的年龄结构学者们意见不一。章铮、杜峥鸣等（2008）认为，进入城市就业的农民工群体大多是青壮年，这与城市企业用工追求高效率和年轻化有关。这种针对农民工的用工需求使得很多在劳动密集型制造业和服务业工作的农民工基本不能在城镇定居[①]。陈东有、周小刚（2008）基于对江西省500多位农民工就业的调查，发现处于农村劳动力市场上的农民工年龄结构特点是以31~40岁为主，年龄偏大；性别结构上呈现男多女少的特征；教育程度上以初中文化及初中文化以下为主；技术上以低技能为主且技能与迁移距离成正比[②]。史清华，程名望（2010）则依据我国农村固定观察点2003~2006年的相关数据分析得出结论，我国农村劳动力外出就业的年龄趋于上升，从农户家庭成员的年龄与性别分布中可以看到，农村劳动者的年龄按15~24岁，25~34岁，35~44岁，45~54岁，55~64岁这种阶段划分的话，呈现均匀分布状态，且随着年龄增加其人数并没有明显短缺。此外，他还分析出青壮年男性劳动力规模要大于女性，个体工资水平与受教育时间呈正向变动关系[③]。

对于劳动者素质结构的研究，学者们根据城乡不同的背景进行了分析。张二震、任志成（2005）认为劳动者素质结构的升级主要是指在各产

---

① 章铮、杜峥鸣、乔晓春：《论农民工就业与城市化——基于年龄结构—生命周期分析》，《中国人口科学》2008年第6期。
② 陈东有、周小刚：《农民工省内转移就业流动特点和结构分析——基于对江西省526位农民工的调查》，《江西社会科学》2008年第11期。
③ 史清华、程名望：《我国农村外出劳动力结构与收入水平关系研究》，《当代经济研究》2009年第4期。

业内部,由低端向高端提升的过程,简单讲就是指劳动者技能的提升①。边文霞(2009)以北京市为研究对象,发现北京地区劳动者呈现高技能化趋势,劳动者生产效率远大于其创造的价值②。臧旭恒、赵明亮(2011)分析了垂直专业化分工对中国劳动力市场就业结构的影响机理,在改进垂直专业化分工测算方法的基础上进行了实证分析,研究结果显示,中国工业部门参与垂直专业化分工总体上降低了对熟练劳动力的相对需求,非熟练劳动力的相对需求增加;中低技术行业的回归分析显示这一影响更为显著;而高技术行业的回归分析显示垂直专业化分工增加了熟练劳动力的相对需求,但回归系数弹性要小于总体行业回归和中低技术行业回归的弹性③。

(二)城乡劳动力市场一体化与就业结构优化的关系研究

1. 就业结构优化对于城乡劳动力市场一体化的影响

李文(2005)从城市化和就业的产业结构角度分析了我国就业结构滞后对城乡劳动力市场一体化的影响,发现如果就业结构随着产业结构演变,那么城乡劳动力分布会比较合理,反之,则会出现城乡劳动力分布失衡的情况④。

崔巍(2005)以辽宁省为例分析了农村剩余劳动力转移缓慢的原因,发现农村劳动力就业的产业结构失衡(劳动力主要滞留在第一产业)使农业剩余劳动力就地转移受限,进而阻碍城乡劳动力市场一体化的实现⑤。王萍(2006)则认为就业结构的失衡将会引起二元经济结构转换中的结构

---

① 张二震、任志成:《FDI与中国就业结构的演进》,《经济理论与经济管理》2005年第5期。
② 边文霞:《就业结构内涵、理论与趋势分析——以北京市为例》,《北京工商大学学报》2009年第5期。
③ 臧旭恒、赵明亮:《垂直专业化分工与劳动力市场就业结构——基于中国工业行业面板数据的分析》,《中国工业经济》2011年第6期。
④ 李文:《城市化滞后的经济后果分析》,《中国社会科学》2001年第4期。
⑤ 崔巍:《农村剩余劳动力转移过程中的政府职能问题研究——以辽宁省为例》,东北大学硕士学位论文,2005,第2~16页。

性扭曲，进一步扩大城乡间经济水平的差距①。而苏大伟（2007）构建了城乡统筹就业的指标体系，将就业结构纳入了统筹城乡就业的指标，对城市和农村的劳动力市场上就业结构的衡量采用不同指数，即肯定了就业结构作为城乡劳动力市场一体化的一个重要内容。作者利用灰色聚类方法对陕西省的城乡劳动力市场进行了相关实证分析，得出结论：陕西省的就业结构基本符合发达国家的就业经验，即就业结构基本符合产业结构调整的规律且非农就业的比例迅速增长②。

张永锋（2010）对区域城乡协调发展水平与就业结构进行了相关性分析，发现劳动者就业的产业结构变化与经济发展水平的变化同样具有较强的相关性，他选择非农就业人口来表示就业结构，发现非农就业人口比重高的地区城乡协调发展水平也较高，且城乡收入差距相应较小，这一发现印证了就业结构的优化能够有效缩小城乡劳动力市场的差距，对构建一体化的城乡劳动力市场有重要启示③。张文、徐小琴（2010）基于江西省的统计数据，通过建立线性回归模型对城乡劳动力市场一体化的结构性因素进行了计量分析，结果发现就业结构的调整即农村劳动力非农就业增加对缩小城乡收入差距有重要影响，即第一产业就业人员比重的下降会缩小城乡收入差距，从而对城乡劳动力市场一体化产生正向的作用，从经验数据上证明了就业结构优化对城乡劳动力市场一体化的重要促进意义④。

2. 城乡劳动力市场一体化对就业结构优化的影响

孟宪生（2007）以吉林省就业结构为研究对象探讨了就业结构与劳动

---

① 王萍：《中国农村剩余劳动力乡城转移问题研究》，东北财经大学博士学位论文，2006，第12~92页。
② 苏大伟：《基于灰色系统理论的城乡统筹就业研究》，西安理工大学硕士学位论文，2007，第5~37页。
③ 张永锋：《区域城乡协调发展水平测度及时空演变——以西北地区为例》，西北大学硕士学位论文，2010，第4~43页。
④ 张文、徐小琴：《城乡劳动力市场一体化的结构性因素分析——基于江西省的实证研究》，《企业经济》2010年第4期。

力市场一体化的关系，他认为就业结构是否合理直接反映一个国家或地区劳动力资源的配置效率，城乡一体化的重要标志和主要内容是庞大的农村人口转化为城市人口，农村人口的比重降低①。随着城乡一体化这一过程的实现，劳动力的就业结构也会发生相应的变化。国务院发展研究中心（2010）定量分析了我国农民工市民化对经济结构的影响，发现随着我国农民工市民化的进程，我国居民对服务的消费比重和水平将提高，从而促进服务业的发展②。这种城乡居民趋同的消费结构也会间接促进我国就业结构的优化。

3. 城乡劳动力市场一体化与就业结构优化的辩证关系

蔡昉（2008）把劳动力市场一体化的主要内容分为：劳动力市场的区域一体化、部门一体化和城乡一体化，即强调了劳动力就业的区域结构、部门结构和城乡结构。他认为要实现劳动力资源配置的市场化，就需要在区域之间、城乡之间和不同的所有制部门之间建立起统一的劳动力市场，而只有这几个维度的劳动力市场上的劳动力自由流动才能推进我国劳动力市场一体化的水平提高。作为权威专家，蔡昉的观点反映了劳动力市场一体化与就业结构优化之间存在着相互促进的辩证关系③。

第三节 研究内容与研究目的

一 研究内容

本书的研究内容主要分为八部分，具体按照以下分析框架展开：

---

① 孟宪生：《吉林省中长期就业问题研究》，东北师范大学硕士学位论文，2007，第3~25页。
② 国务院发展研究中心课题组：《农民工市民化对扩大内需和经济增长的影响》，《经济研究》2010年第6期。
③ 蔡昉：《中国劳动与社会保障体制改革30年研究》，经济管理出版社，2008，第239~246页。

第一部分 导论

（1）研究背景与研究意义

（2）国内外文献研究综述

（3）研究内容与研究目的

（4）研究方法与技术路线

第二部分 城乡劳动力市场一体化与就业结构优化的理论分析

（1）城乡劳动力市场一体化与就业结构优化的基本内涵和目标模式

（2）城乡劳动力市场一体化与就业结构优化的实现条件

（3）城乡劳动力市场一体化与就业结构优化的关系

第三部分 我国城乡劳动力市场一体化与就业结构优化的现状和问题

（1）我国城乡劳动力市场一体化与就业结构优化的现状分析

（2）我国城乡劳动力市场一体化与就业结构优化存在的主要问题

第四部分 我国城乡劳动力市场一体化与就业结构优化效应的制约因素

（1）制度性因素：城乡分割的户籍制度和社会保障制度

（2）经济性因素：城乡有别的产业结构和资金投入

（3）社会性因素：城乡不同的教育文化水平和思想观念

第五部分 我国城乡劳动力市场一体化与就业结构优化效应的实证分析

（1）横向分析：基于2009年31个省级地区城乡居民收入差距与就业结构演化数据的关联性研究

（2）纵向分析：基于1978～2009年我国城乡居民收入差距与就业结构演化数据的关系研究

第六部分 我国城乡劳动力市场一体化的路径选择与总体思路

（1）国内外城乡劳动力市场一体化路径的经验借鉴

（2）我国城乡劳动力市场一体化演进的路径选择：体制市场化—政府服务化—社会法制化

（3）我国城乡劳动力市场一体化的总体思路、基本目标和战略步骤

第七部分 我国城乡劳动力市场一体化的制度创新与对策建议

（1）户籍管理制度城乡统一化：推进城乡劳动力资源的自由合理流动

和优化配置利用

（2）就业保障制度城乡统筹化：促进社保全国自由转移和劳动力公平竞争就业

（3）教育培训资源城乡共享化：构建网络化的城乡人力资源开发和就业服务体系，提高劳动力素质

（4）产业结构调整城乡合理化：加速农村工业化和城镇化进程，提升就业结构非农化水平

（5）公共财政分配城乡协调化：加强农村劳动力就业的金融支持，缩小城乡居民收入差距

（6）市场监督调控城乡一致化：建立健全法制化的城乡劳动者就业权益保护机制

第八部分　结论

二　研究目的

就业结构优化是城乡劳动力市场一体化的重要内容，而现今我国农村劳动力转移就业存在着产业结构滞后、城乡结构失调以及素质结构落后等问题，严重阻碍了城乡就业的统筹。因此，本书在阅读整理大量相关文献资料的基础上，通过对我国东、中、西部的抽样调查和数据分析，来探讨我国农村劳动力外出就业的现状、问题及其制约因素，实证分析我国城乡劳动力市场一体化的就业结构优化效应，以期提出城乡劳动力就业结构优化的基本思路和切实可行的对策建议，从而推进我国城乡劳动力市场一体化进程。

第四节　研究方法与技术路线

一　研究方法

本书以科学发展观为指导，坚持理论联系实际，广泛搜集国内外文献

资料，充分利用前期研究成果，在进行实际调研的基础上研究我国城乡劳动力市场一体化的就业结构优化效应与演进路径。研究方法主要有：

（1）运用相关分析法与回归分析法，实证研究我国31个省级地区城乡居民收入差距与就业结构演化的相关性，横向分析我国城乡劳动力市场一体化的主要影响因素。

（2）运用协整分析法和因果关系分析法，实证研究1978~2009年我国城乡居民收入差距与就业结构演化的关系，纵向分析我国城乡劳动力市场一体化的就业结构优化效应。

（3）运用比较分析法，对国内外各地城乡劳动力市场一体化的经验做法进行横向和纵向的比较分析。

（4）运用问卷调查和典型调查等抽样统计分析法，获取东、中、西等典型地区在城乡劳动力市场一体化方面的数据，实证分析城乡劳动力市场一体化的现状、问题及其制约因素。

（5）运用逻辑演绎推理和归纳法，研究当前中国特殊社会背景下城乡劳动力市场一体化就业结构优化的路径选择和总体思路，并提出相应的制度创新和对策建议。

二　技术路线

本书研究的技术路线与逻辑关系见图1-2。首先，从科学发展观和劳动力市场供求的理论层面深入分析城乡劳动力市场一体化与就业结构优化的内涵、目标模式和实现条件及其相互关系；其次，对当前我国城乡劳动力市场一体化与就业结构优化方面的现状和存在的主要问题进行全面分析整理，并深入探讨相关制度性、市场性、社会性等制约因素；再次，在借鉴国内外经验的基础上系统探讨我国城乡劳动力市场一体化演进的路径选择、总体思路和基本目标；最后，对我国建立城乡一体化劳动力市场的制度创新进行系统研究，并提出一系列针对性和可操作性较强的建议和措施。

```
┌─────────────────────────────────────────────┐
│  城乡劳动力市场一体化与就业结构优化的理论分析  │
└─────────────────────────────────────────────┘
                      ⇓
┌─────────────────────────────────────────────┐
│ 我国城乡劳动力市场一体化与就业结构优化的现状与问题 │
└─────────────────────────────────────────────┘
         ↙                              ↘
┌──────────────────────────┐   ┌──────────────────────────┐
│ 我国城乡劳动力市场一体化就业结构优化 │⇔│ 我国城乡劳动力市场一体化就业结构优化 │
│      效应的制约因素        │   │      效应的实证分析        │
└──────────────────────────┘   └──────────────────────────┘
                      ⇓
┌─────────────────────────────────────────────┐
│  我国城乡劳动力市场一体化的路径选择与总体思路   │
└─────────────────────────────────────────────┘
                      ⇓
┌─────────────────────────────────────────────┐
│  我国城乡劳动力市场一体化的制度创新与对策建议   │
└─────────────────────────────────────────────┘
```

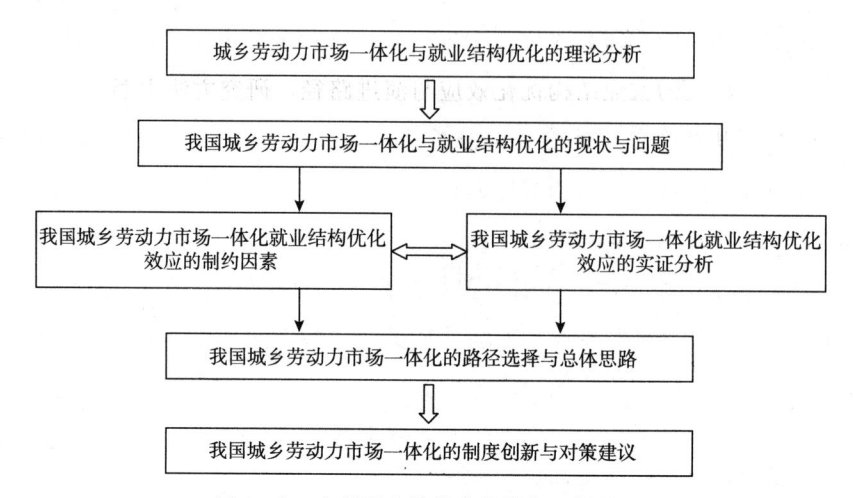

图 1-2　本书研究的技术路线与逻辑关系

第二章 城乡劳动力市场一体化与就业结构优化的理论分析

第一节 城乡劳动力市场一体化与就业结构优化的基本内涵和目标模式

一 城乡劳动力市场一体化的基本内涵和目标模式

（一）城乡劳动力市场一体化的基本内涵

城乡一体化在我国是一个相对较新的概念，主要是针对我国户籍、劳动就业、社会保障、教育培训及土地使用等城乡不同制度政策而形成的城乡二元分割提出来的。对此的研究近年来也不少，但尚无统一权威的标准定义，大多用"城乡统一""城乡统筹发展""城乡协调发展"等类似提法。有学者认为，城乡一体化的本质是我国城乡二元结构下由地方政府主导的强制性制度创新，内在动因在于市场经济下资源优化配置、规模效应等所孕育的巨大制度收益空间[1]；或者认为，城乡一体化的基本要义是城乡之间生产要素的合理流动、优化配置以及所产生的贸易收益的合理

---

[1] 陈学华、赵洪江：《城乡一体化动因及结果：基于制度创新的视角》，《农村经济》2007年第8期。

分配①。

也有学者主要从促进城乡共同发展的角度,认为城乡一体化就是要改变计划经济体制下形成的城乡差距发展战略,取消城乡间的不平等待遇,打破城乡界限、开放城市,促使各种生产要素自由流动,改变城乡分割、各自发展的模式,发挥城市先进生产力和先进文化的扩散辐射作用,最终实现城乡共同繁荣进步,建立起地位平等、开放互通、互补互促、共同进步的城乡经济社会发展新格局②。还有学者强调了城市与乡村在经济、社会、生态环境、空间布局上的整体协调发展,认为城乡一体化的核心内容在于城乡的协调发展,即把城市与乡村建设成一个相互依存、相互促进的统一体,互为资源、互为市场、互为环境、互相服务,在经济社会环境效益统一的前提下,促使整个城乡经济持续稳定协调发展,实现共同繁荣的目标③。

另有观点认为,城乡一体化是通过城乡依托、协调发展和共同繁荣而形成的新型城乡关系,是在一定区域范围内城乡两个异质系统在经济、社会、生态和空间上日益优化组合从而消除城乡差别的变化过程;是随着生产力发展而促进城乡居民生产生活方式和居住方式变化的过程,是城乡人口、资源、资本、技术等要素互相融合、互相服务,逐步达到城乡在经济、社会、生态上协调发展的过程;其关键是要改变长期形成的城乡二元经济结构,使城乡实现政策上的平等、产业上的互补和待遇上的一致,让农民享受到与市民同样的文明和福利,促使城乡经济社会全面协调可持续发展④。

综上所述,我们认为,城乡一体化就是指在社会经济发展过程中,从城乡生产要素的合理配置出发,通过改革创新,打破城乡分割二元结构体

---

① 张泓、柳秋红、肖怡然:《基于要素流动的城乡一体化协调发展新思路》,《经济体制改革》2007年第6期。
② 顾益康、绍峰:《全面推进城乡一体化改革》,《中国农村经济》2003年第1期。
③ 刘家强、唐代盛、蒋华:《城乡一体化战略模式实证研究》,《经济学家》2003第5期。
④ 郜兴启:《城乡一体化进程中的制度创新研究》,四川大学硕士学位论文,2006。

制的束缚，运用法律、经济、行政等各种调控手段，完善城乡结构与功能，统筹协调城乡利益分配，使城乡成为职能分工有所不同却又紧密联系的有机整体，进而实现城乡资源的优化配置和充分利用以及城乡经济社会的持续协调发展，最终在生产力高度发展的基础上达到城乡差距基本消除、城乡关系完全融洽的和谐共生状态。

因此，城乡一体化的劳动力市场，也就是劳动力资源能够在城乡之间自由流动，充分发挥市场机制的资源配置作用，城乡协调发展、统一开放、竞争有序的现代生产要素市场。具体是指在劳动力的市场交换过程中，对城市劳动力与农村劳动力都实行统一的、没有任何制度性壁垒和政策歧视的规则，充分发挥市场在资源配置中的基础性作用，统筹协调、优化配置城乡劳动力资源，使之能够自由地从供给过剩向供给不足、从效益低向效益高的部门流动的人力资源市场。

而城乡劳动力市场一体化的主要含义，有观点认为，就是指在劳动力的市场建设和交易过程中，通过改革使进城就业农民工与城市居民处于相同的市场，享有公平的待遇、完整的合法权益与平等的就业机会，消除原有的制度性分割现象，清除对农民工的就业歧视，破除城市中出现的城乡劳动力之间各种不平等的制度限制，实现城乡劳动力地位平等、互补互促的发展过程，使城乡劳动者实现公平竞争和自由流动[①]。我们则认为，城乡劳动力市场一体化是劳动力市场从城乡二元分割状态向城乡一体化状态转变的演化过程，其具体内涵也就是打破城市劳动力与农村劳动力在制度、政策上的界限，逐步清除体制性障碍，消除城乡分割的二元结构，构建相互协调的新型城乡关系，以劳动者自身素质作为就业的主要依据，建立城乡统一的劳动就业制度、社会保障制度、教育培训制度和市场监督调控制度，使城乡劳动力都能享受相同的就业服务待遇，形成统一开放、规范完善、竞争有序的劳动力市场，实现城乡劳动力资源自由流动、合理配

---

① 郭南芸：《城乡协调的劳动力市场研究》，江西财经大学硕士学位论文，2005。

置和充分利用，从而缩小并最终消除城乡居民收入的不平等①。简而言之，城乡劳动力市场一体化的核心是权利平等，关键是要素流动，前提是制度创新，目标是市场导向的就业机制。

劳动力市场的城乡一体化程度通常可用三个基本指标来衡量：①城乡劳动力市场交换行为的普遍程度（城乡劳动力的流动范围和频率）；②城乡劳动力市场价格（工资）机制作用的发挥程度；③城乡劳动力市场交换行为的规范化程度②。

（二）城乡劳动力市场一体化的目标模式

城乡劳动力市场一体化就是要打破劳动力市场的城乡分割，实现城乡劳动力市场的地位平等、统一开放、竞争有序、信息共享和协调发展，它应具备以下几个特征③。

1. 城乡劳动力流动自由化，实现人力资源的优化配置和充分利用

劳动力平等有序地在城乡之间自由流动是实现劳动力资源在各地区、各部门优化配置与合理利用的充分条件，是经济社会发展的必然要求。城乡劳动力市场一体化就是要在政府的宏观调控指导下能够充分发挥市场对劳动力资源的基础性配置作用，突破各种制度性、社会性阻碍，促进劳动力在城乡之间自由、平等、有序的双向流动，实现劳动力市场的城乡协调发展。

2. 城乡社会保障制度合理化，实现城乡劳动力公平竞争和平等就业

在竞争性的市场经济中，市场化配置劳动力资源必然会形成劳动者失业、工伤、医疗等风险，而城乡不统一、不合理的社会保障制度明显不利于减轻劳动者的风险和促进农村劳动力的转移就业。城乡劳动力市场一体化要求建立健全城乡合理的社会保障制度，按照城乡生活方式的差异（如农民有一定的土地保障）建立完善符合各自要求的社会保障体系，既可以满足城乡

---

① 张洁云：《城乡劳动力市场一体化水平研究》，河海大学硕士学位论文，2007。
② 郭南芸：《城乡协调的劳动力市场研究》，江西财经大学硕士学位论文，2005。
③ 张勇、尹继东等：《城乡协调劳动力市场建设研究》，江西人民出版社，2006。

劳动者不同的保障需求，又能够保证城乡劳动力公平竞争和平等就业。

3. 城乡教育培训资源共享化，形成网络化的城乡人力资源开发和就业服务体系

劳动力资源的开发是一个根据社会需要进行劳动者能力和素质培养的过程，是劳动力市场发展的基础条件。城乡劳动力市场一体化必须根据社会的需要来统筹城乡教育培训资源，建立城乡共享、协调互助的信息化与网络化人力资源开发和就业服务体系，加大农村人力资源开发力度，缩小城乡劳动力素质之间的差异，实现城乡劳动力素质的协调开发和共同提高，真正促进城乡劳动力的平等有效就业。

4. 城乡劳动力市场监督调控一致化，形成法制化的城乡劳动者权益保护体系

城乡劳动者在合法利益和安全保障方面享有同等的权利，是有效实现城乡劳动力平等流动和配置利用的基本保证。城乡劳动力市场一体化需要有法制化和科学化的城乡一致的监督管理调控体系，以消除城乡劳动力资源使用成本上的差异，规范完善劳动力供求、中介管理、劳动仲裁、工资形成与竞争机制，保障城乡劳动者的安全健康、工资报酬等正当权益免遭损害，营造有利于城乡劳动力平等就业的法制环境，确保劳动力市场的城乡协调发展。

城乡劳动力市场一体化的目标模式如图 2-1 所示。

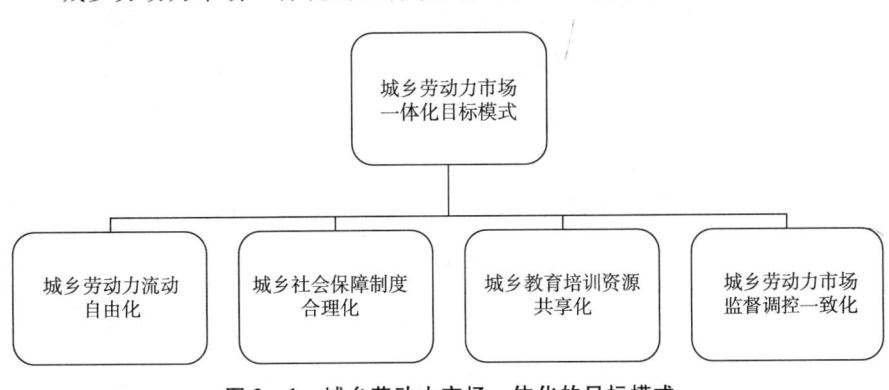

图 2-1　城乡劳动力市场一体化的目标模式

二 就业结构优化的基本内涵和目标模式

（一）就业结构优化的基本内涵

要实现中国劳动力市场的一体化，就需要在区域之间、城乡之间、不同的所有制部门之间进行劳动力资源的合理配置，建立起一个统一的劳动力市场[1]。而要建立起城乡一体化的劳动力市场则需要实现城乡劳动力市场上就业结构的优化升级。那么城乡劳动力市场一体化背景下所要求的就业结构应该如何定义呢，国内学者们提出的观点各异。

如前所述，有的学者认为，就业结构的内涵应从城乡结构、三次产业结构、所有制结构、技术结构这四个角度去定义[2]。也有一些学者认为，就业结构就是指地区国民经济各部门所拥有的劳动力数量、比例及其相互关系[3]。而一些学者则是进一步指出，就业结构是在一定时期内社会再生产过程中就业人口构成及其劳动者的就业结构比例关系，具体维度包括城乡结构、产业结构、地区结构、性别结构、素质结构、年龄结构、所有制结构及其行业结构等[4]。另外一些学者在分析了我国就业结构失衡的限制原因后指出，就业结构应该具体指产业就业结构、区域就业结构和城乡就业结构三个维度[5]。尽管学术界对就业结构的界定与划分，意见不统一，但所持观点基本上存在一个共同之处，即肯定产业结构（国民经济的部门结构）是就业结构的重要组成部分。事实上，国内大多数学者也主要是从产业结构的角度来系统阐述就业结构的变化和劳动力市场一体化

---

[1] 蔡昉：《中国劳动与社会保障体制改革30年研究》，经济管理出版社，2008，第239页。
[2] 漆向东：《在城乡统筹发展中优化就业结构》，《经济问题探索》2005年第5期。
[3] 王丽娟、刘彦随、翟荣新：《苏中地区农村就业结构转换态势与机制分析》，《中国人口资源与环境》2007年第6期。
[4] 周兵、冉启秀：《产业结构演变与就业结构协调发展分析》，《中国流通经济》2008年第7期。
[5] 李文星、袁志刚：《中国就业结构失衡：现状、原因与调整政策》，《当代财经》2010年第3期。

问题。

　　而早在 1986 年我国学者姜渔就对就业结构进行了较为全面的定义。他认为就业结构是指社会劳动力在国民经济各部门、各行业、各地区、各领域的分布、构成和联系，是反映一国经济发展阶段的重要标尺①。喻磊（2007）也认同了其对就业结构广义和狭义的划分，狭义的就业结构指就业的产业结构，而广义的就业结构则除了产业结构外，还包括职业、城乡、行业、性别、年龄、所有制、技术、地区等多种结构②。吴霖（2006）则指出就业结构是按不同研究目的而分类的各类就业者所占就业总量的比例，他主要从就业的产业结构、地区结构和所有制结构三个方面来定义中国的就业结构并展开研究③。而卢岳一末（2009）的观点和喻磊相似，也认为就业结构的内涵分为两种，一种是劳动者的基本结构，包括学历、技能、年龄、性别等在内的劳动者素质结构；另一种是劳动者在不同产业间的数量对比关系，即我们通常认为的就业的产业结构。卢岳一末倾向于第二种解释，因而他研究的就业结构优化更多的是指产业结构的升级，并认为人们的消费次序会决定劳动力在三次产业部门间配置的次序以及层次④。而伍海亮（2009）则认为就业结构即社会劳动力分配结构，是指国民经济各部门所占用的劳动力数量、比例及相互关系。在他的研究中侧重与劳动者就业的产业结构，即劳动者在各产业间的分布以及数量对比⑤。

　　上述划分为本书研究城乡劳动力市场一体化的就业结构优化问题提供了参考。对于就业结构的含义，我们采纳较为完整的描述，即将就业

---

① 姜渔：《中国就业结构研究》，山西人民出版社，1986年。
② 喻磊：《浙江省就业结构演变的研究》，浙江大学硕士学位论文，2007。
③ 吴霖：《江苏就业结构调整与产业结构优化的实证研究》，南京航空航天大学硕士学位论文，2006。
④ 卢岳一末：《转型期我国三次产业结构变化与就业结构变化的关联效应研究》，武汉科技大学硕士学位论文，2009。
⑤ 伍海亮：《我国产业结构与就业结构非均衡发展的分析》，首都师范大学硕士学位论文，2009。

结构划分为广义和狭义两种,从狭义上讲,就业结构指劳动力在三次产业间就业人数的分配,而从广义上讲则指劳动力在产业间、地域间、所有制企业、城乡间、劳动者素质(受教育程度、年龄、性别、技能等)等方面的分配。

那么相应的就业结构优化就是在就业结构含义的基础上引入均衡、合理、有序的概念。如有学者认为就业结构优化体现为就业人数在三次产业间比例的优化,所有制经济成分间的优化、不同行业不同技术层次间结构的优化以及其他角度划分的某种结构的构成间的优化。具体来看,就业的产业结构优化是指就业在三次产业间的分配符合产业发展的规律,就业的城乡结构优化是指城市化程度以及工业化水平都较高,使得农村剩余劳动力的转移速度与幅度都处于较高水平。就业的技术结构优化,则是指一国或地区科学技术总体发展水平较高、高技术产业和中低技术水平的产业在产业构成中所占份额合理,劳动力的受教育程度和职业技能水平都普遍较高,引起劳动者对职业的偏好程度提升[1]。

也有观点认为,从产业结构上看,就业结构优化是指大量农村劳动力的就业从无效状态转变为有效状态,实际的有效就业规模扩大,就业总量增加,劳动力在各产业间就业的比例趋于合理,就业结构转换水平跟得上产业结构的升级;从城乡结构上看,就业结构优化是指农村劳动力的大规模城镇化转移与非农化就业,实现乡村就业比重的下降,城镇就业比重的攀升,就业的城乡结构得到优化,从而发挥我国就业的结构性效应,增加有效就业总量;从所有制结构上看,就业结构优化是指城镇国有单位和集体单位的就业比例下降,而非公经济单位就业增加;从技术结构上看,就业结构优化是指劳动力市场上供求双方的技术层次性结构平衡。如此优化后的就业结构才能发挥其均衡和优化效应,实现就业质量和数量的双重提高[2]。总而言之,我们认为,就业结构优化就是指劳动力资源在产业间、

---

[1] 漆向东:《在城乡统筹发展中优化就业结构》,《经济问题探索》2005年第5期。
[2] 漆向东:《我国就业增长的结构效应分析》,《中州学刊》2009年第4期。

地域间、城乡间、所有制部门间、劳动者素质间等各方面处于分配均衡、配置合理和利用充分的一种状态。

（二）就业结构优化的目标模式

要实现就业结构优化，就需要从就业安置、社会保障、教育培训等多方面提供条件，就业结构实际上并不是单纯的就业问题，而是关系到我们国家的产业发展方向、地区发展对策和城乡统筹协调等的重大经济社会问题。一般来说，就业结构优化要具备以下几个特征：

第一，从产业结构来看，劳动力在三次产业间的分配要大体与产业结构演变相一致，不应存在过大的偏差，同时随着经济的发展在三次产业间实现"三、二、一"的阶梯状分布态势。

第二，从地域结构来看，劳动力就业应该结合各地发展水平优化地域分布，合理有序地就近转移，不应一窝蜂地向东部发达城市盲目过度转移，应伴随城镇化和工业化进程将农村剩余劳动力逐步转向中西部的中小城市或小城镇，为地区经济发展贡献人力资源。

第三，从城乡结构来看，城乡协调的就业结构应是在城市就业基本饱和时加快提高积累广大农村和城镇的人力资本，为农业现代化和乡镇企业发展提供优质劳动力。

第四，从所有制结构来看，优化的就业结构应是在市场机制作用下越来越多的劳动力转向私营企业和个体户等非公经济部门，而国有企业、集体企业和机关事业单位的劳动力吸纳逐渐减少，形成非公就业为主的市场化、多元化的所有制就业局面。

第五，从劳动者素质结构来看，就业结构优化应该形成劳动者受教育程度高、职业技能强、就业年龄构成与人口年龄构成一致，就业性别结构与人口性别结构趋同的态势。

就业结构优化的目标模式如图 2-2 所示。

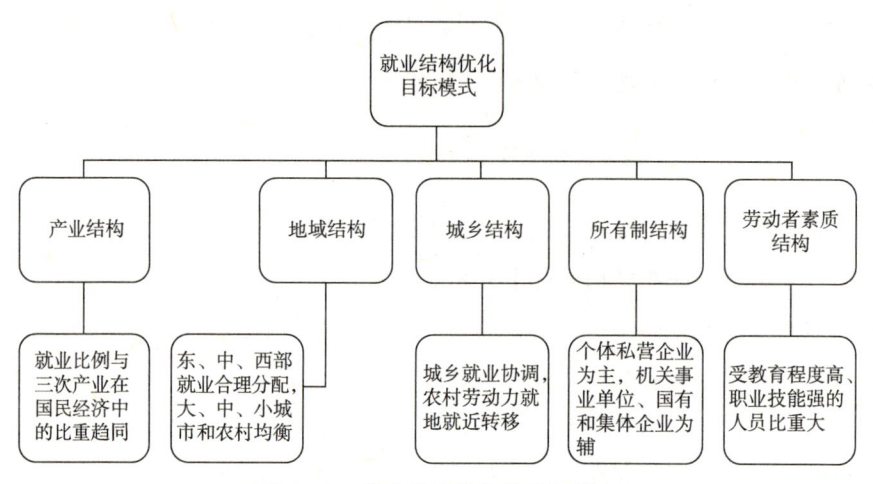

```
                    就业结构优化
                     目标模式
    ┌──────────┬──────────┼──────────┬──────────┐
  产业结构    地域结构    城乡结构   所有制结构  劳动者素质
                                                  结构
    │          │          │          │          │
 就业比例与  东、中、西部  城乡就业协调, 个体私营企业 受教育程度高、
 三次产业在  就业合理分配, 农村劳动力就  为主,机关事  职业技能强的
 国民经济中  大、中、小城  地就近转移   业单位、国有  人员比重大
 的比重趋同  市和农村均衡              和集体企业为
                                      辅
```

图 2-2 就业结构优化的目标模式

第二节 城乡劳动力市场一体化与就业结构优化的实现条件

一 城乡劳动力市场一体化的实现条件

城乡劳动力市场一体化通常是在工业化与城市化水平快速提高时期逐渐实现的。它一般应满足以下两点基本要求：一是要消除各种阻碍市场起积极作用的因素，发挥市场机制的基础性作用，通过价格信号和公平竞争来优化配置、合理利用城乡劳动力资源；二是政府要采取积极的就业政策，建立劳动力市场监管调控体系，解决信息不完全、运行不规范、损害劳动者利益、失业严重等市场机制失灵的问题[①]。城乡劳动力市场一体化的目的在于实现城乡劳动力的公平竞争与平等就业，实现劳动力市场的城乡协调发展；关键是要打破城乡劳动力市场的二元分割，充分发挥市场的资源配置作用，促进城乡劳动力的充分就业；其有效途径也就在于通过改革创新来消除那些不平等的歧视性制度，形成公平的劳动力市场制度安排，解决城乡劳动力待遇不同的问题，让进城农民工同样享有公平的就业

---

① 张勇、尹继东等：《城乡协调劳动力市场建设研究》，江西人民出版社，2006。

机会和完整的合法权益①。

因此，为实现城乡劳动力市场一体化，就必须培养劳动力市场机制，强化市场功能，完善市场服务体系，实施城乡人力资源开发战略，提高劳动力供给质量，均衡城乡劳动力市场供求，同时健全城乡劳动力权益保障机制，满足城乡经济社会协调发展的需要。具体而言，城乡劳动力市场一体化的实现条件一般应具有以下五个②：

（一）建立平等的劳动力市场法规体系和运作机制

第一个实现条件是加强制度创新，建立平等的劳动力市场法规体系和运作机制。

劳动力市场在竞争机制作用下具有一定的自我调节、恢复均衡功能，但现实还有市场调节的自发性、盲目性和滞后性等导致的劳动力市场紊乱问题，因而现代市场经济应是有宏观调控的法治经济，劳动力市场只有在完善的法律法规体系下才能规范运行。城乡劳动力市场一体化要求通过加大制度创新力度，建立城乡平等的劳动力市场法规体系，制定规范的市场运行规则，维护社会公共利益和公平竞争的市场机制。

城乡劳动力市场由二元分割向一体化演进是一个较长的渐进过程，其中主要障碍就是城乡二元户籍制度的存在，因而实现城乡劳动力市场一体化的根本条件就是必须彻底改革城乡二元户籍制度以及相关的法规体系，真正消除阻碍城乡劳动力自由迁徙的各种制度性壁垒和政策限制，从平等的公民权角度出发构建城乡平等的法律法规体系，进一步完善劳动力市场运行机制和政府的宏观调控，使城乡劳动力真正获得平等就业的机会，为城乡劳动力资源的市场配置提供坚实的法制保障。

（二）建立城乡合理的社会保障体系

第二个实现条件是完善农村社会保障机制，建立城乡合理的社会保障

---

① 张洁云：《城乡劳动力市场一体化水平研究》，河海大学硕士学位论文，2007。
② 张勇、尹继东等：《城乡协调劳动力市场建设研究》，江西人民出版社，2006。

体系。

城乡劳动力市场二元分割的一个重要特征是城镇社会保障体系相对健全，而农村社会保障体系很不完善，使农民的就业、生活缺乏安全保障，明显不利于农村劳动力转移就业。因此，城乡劳动力市场一体化要求完善农村社会保障机制，减少各种对农村劳动者的风险损害，通过建立完善全国统筹、城乡平等的养老保险、医疗保险、工伤保险和最低生活保障制度以及农村大病保险和合作医疗制度等，形成覆盖城乡、合理有效的社会保障体系。

建立城乡合理的社会保障体系的重点在于通过出台相关法规和政策制度，尽快建立完善最低生活保障、社会保险和商业保险等多种方式并存的维护农村居民权益的安全保障体系和农村社会保障机制，提高作为弱势群体的农民的社会保障水平，消除社会保障体系的城乡二元结构，促进城乡劳动力资源的协调配置和市场的一体化发展。

（三）建立城乡统一的就业促进体系

第三个实现条件是完善劳动力市场中介组织，建立城乡统一的就业促进体系。

完善规范的职业中介机构是劳动力市场充分发挥其就业促进、信息沟通等功能的重要载体，也是劳动者与用人单位的沟通桥梁和城乡统一规范的就业促进体系的核心基础。城乡劳动力市场一体化必须统筹城乡就业，打破城乡封锁，消除就业歧视，加强劳动力市场中介机构建设，并建立专门的管理部门和平等开放的服务场所，为本地和外来城乡劳动力提供同等的信息咨询、职业介绍（登记）、职业指导、职业培训、失业登记、就业扶持、社保缴费、劳动人事代理等一条龙服务。

为此，政府应该根据人口规模、地域面积、发展水平等对城乡劳动力市场的基础设施建设给予适度的资金投入和政策优惠，加强劳动力市场的信息管理和统计工作，建立跨区域实时联网的城乡劳动力市场信息网络，及时披露劳动力供求信息，提高劳动力市场的运行效率，同时运用市场机制引导广大社会资金进入这一服务性行业，发展多种形式的劳动就业中介组织，从而建立能够适应城乡劳动力自由流动就业，促进人力资源合理配置和利用的、网络化、信息化的就业促进体系。

（四）建立城乡一体化的人力资源开发体系

第四个实现条件是统筹协调城乡教育培训资源，建立城乡一体化的人力资源开发体系。

通常，劳动者的文化技能素质越高，其稳定就业和工资报酬较高的概率越大。贫富差距在一定程度上体现了不同人的能力素质差距。而劳动力市场的自由公平竞争规则只是形式上的平等，实质上由于现存城乡劳动力之间人力资本投资差距较大引起的素质差异导致无法实现平等竞争，这并不能保证城乡劳动力市场协调发展。城乡一体化的人力资源开发体系是城乡劳动力市场一体化的重要支撑条件。只有统筹协调城乡教育培训资源，建立城乡统一的人力资源开发体系，不断增强城乡劳动者尤其是广大农村劳动力的文化知识、道德素养和职业技能，才能促进农村富余劳动力的有效转移和稳定就业，为城乡经济社会协调发展提供充足的合格人才。

建立城乡一体化的人力资源开发体系需要消除人力资本投资的城乡差距，因而应改革现存教育培训资源城市偏向政策，确保进城农民工子女的公平受教育权，加大农村人力资本投资尤其是在基础教育、职业技能教育和医疗卫生方面的公共财政投资，加快农村人力资本的积累，同时运用财政补贴政策，根据市场需求大力开展和强化实用性强的城乡劳动力职业技能培训，使城乡劳动力能够适应社会就业岗位的变化，从而提高人力资源的配置效率，真正实现城乡劳动力的自由、公平和有效的竞争。

（五）营造良好的劳动力市场运行秩序和环境

第五个实现条件是完善劳动力市场管理，营造良好的劳动力市场运行秩序和环境。

劳动力市场的运行秩序和环境也会影响劳动力资源通过市场机制实现

优化配置的作用。如果劳动力市场运行秩序不规范、环境恶劣，则会抑制市场机制传导正确信号、灵活配置劳动力资源的积极作用，导致劳动力供求之间的脱节，从而无法形成统一完善、配置有效的劳动力市场体系，不能适应经济发展快速变化和充分就业的需要。

因此，要实现城乡劳动力市场一体化，还必须改革完善劳动力市场管理体制，建立健全相关规章制度，构建城乡统一的劳动力市场监督调控体系，在规范化管理下实行市场化运作，主要通过市场来配置城乡劳动力资源，营造良好的劳动力市场运行秩序和环境。政府部门应通过制定城乡统一的劳动力市场运行规则，弥补市场机制的不足，完善劳动监察与劳动仲裁制度，依法监控劳动力市场的运行，维护城乡劳动力市场的公平竞争秩序，有效保障就业公平和劳动力供求双方的合法权益，促进城乡劳动力市场的总量平衡和结构合理，为城乡劳动力市场一体化发展提供良好的运行条件①。

二　就业结构优化的实现条件

就业结构优化要求在城乡劳动力市场中建立一种均衡、合理、高效的就业运行机制，从而实现劳动力在三次产业间、部门间、地域间、城乡间的自由流动和合理配置，发挥人力资本的最大优势，为城乡一体化劳动力市场的构建以及和谐社会的构建输送动力。

就业结构优化是城乡劳动力市场一体化的一项重要内容和评价指标，没有优化的就业结构，更不能谈一体化的城乡劳动力市场，因此要实现城乡劳动力市场一体化，首先要构建良好的就业结构优化环境，为劳动力在产业间、部门间、地域间及城乡间的合理配置提供良好的制度和政策环境。

因此，为实现就业结构优化，就必须优化三次产业结构的资金、技术

---

① 徐小琴：《江西城乡劳动力市场一体化的问题与对策研究》，南昌大学硕士学位论文，2009。

和人力等生产要素的配置,积极发展新型农业和第三产业;调整和完善所有制结构,形成多种所有制共同发展的局面,同时从政策和制度上积极鼓励私营企业和个体户经济的发展;制定完善东、中、西部经济协调发展的对策,打造大、中、小城市健全的求职平台,培育成熟的职业指导和就业培训市场;消除制约农村劳动力转移的户籍制度、土地制度和社会保障制度的障碍;提高农村劳动力的整体文化素质和技能,为农民非农化和市民化创造有利条件,改善优化就业的城乡结构,从而满足城乡劳动力市场一体化对就业结构优化的要求。

具体而言,就业结构优化的实现条件一般有以下四个:

(一) 促进产业结构升级换代,延长三次产业的产业链

就业的产业结构失衡是就业结构优化亟须解决的重要问题。目前我们国家的就业结构远滞后于产业结构,第一产业就业人数过多,而第三产业就业人数过少,尽管从改革开放之初的"一、二、三"就业格局转变为了"一、三、二"的就业格局,但是第一产业就业人数过多的局面仍然没有转变。形成这种就业格局的根本原因还要归根于三次产业的发展程度,改革开放以来,我国的科学技术得到了突飞猛进的发展,人民的生活水平也得到了很大的提高,对服务业、高新技术的需要也上了几个台阶,这使第三产业获得了很大的发展,而传统的第一产业也由于种植养殖技术的更新以及人多地少的矛盾释放出大量的农村剩余劳动力,这部分剩余劳动力由于自身素质的局限性大部分转向建筑业和制造业,这才形成第一产业就业人数减少而第三产业就业人数增加的局面。因此优化就业的产业结构最重要的是要加大对第三产业的投资力度,促进新型农业的发展,加快产业结构升级和经济结构转型,从而带动就业结构的优化。

另外,要更新三次产业中使用的技术,延长各产业链条,推动集约化经营和产业化生产,提高三次产业的就业吸纳能力,尤其是新型农业和第三产业的吸纳能力。以农业为例,要加快农业生产方式的现代化转变,创建"研-产-供-销"一条龙的农业产业化链条。在农产品研发上,注重

对农产品的深加工和营销环节,使农民由传统的种养型农业劳动者转变为农业工人或非农产业生产者、经营者以至城市市民,扩宽农村劳动力的就业空间①。

(二) 协调东、中、西部地区经济发展,平衡地域就业结构

由于地区开放程度和地域优势的不同,我国的经济发展基本呈现"东、中、西"由高到低的阶梯状发展态势。而正是由于各地经济发展水平的差异才导致农村劳动力由欠发达地区向发达地区的转移,这种转移多是以经济利益为导向,如果能够消除或者缩小这种经济利益的差异,或许就能控制甚至平衡农村劳动力的转移,实现地域内的合理流动和配置。因此,近些年我国实施的"西部大开发""振兴东北""促进中部崛起"等战略正符合了协调地域间经济发展的需要,需要继续推进这些战略的贯彻落实并监督其有效地实施。

(三) 消除城乡劳动力流动的制度性障碍,提高中小城市的就业吸纳能力

当前就业结构优化的最重要问题之一是就业的城乡结构优化。要实现城乡就业结构优化首先必须打破阻碍劳动力在城乡间自由流动的体制性障碍,诸如户籍制度、土地制度、社会保障制度等人为的不合理限制,给予劳动力流动宽松的社会大环境。其次要对劳动力的非农化转移提供政策性引导,通过产业政策的支持,在中西部地区大力发展工业园区经济,逐步承接劳动密集型产业和发展新兴战略性产业,使得劳动力由向大城市和东部沿海发达地区转移逐渐转变为向中小城市和就地就近地区转移,既缓解了大城市人口过度膨胀而城市承载力不足的畸重现象,又能带动中西部省份和中小城市的经济发展,实现劳动力资源在城乡间的合理配置和充分利用,可谓一举多得。

---

① 张红宇:《统筹城乡经济社会发展的基本思路》,《农村经济》2004年第2期。

（四）积极推进多种所有制经济的发展，鼓励私营经济和自主创业

私营企业和个体经济是我国经济持续发展的新鲜血液，从近五年的统计数据可以看到，国有单位、城镇集体单位、股份合作单位、联营单位的就业人数不仅没有增加，反而有不同程度的减少；相反，有限责任公司、股份有限公司、私营企业、个体户的就业人数均有较大程度的增加，尤其是私营企业和个体户的就业人数增长速度最快。这一方面突出了我国在所有制的市场化改革上已见成效，另一方面也反映出私营企业和个体户对劳动力就业的强大吸收作用。如果城市之间、乡村之间、城乡之间的各种所有制经济在经济利益驱动下，在产业发展上能够形成垂直分工或水平分工，产生某种形式的利益联合，那么就业结构也会因此而得到优化[①]。

第三节 城乡劳动力市场一体化与就业结构优化的关系

城乡劳动力市场一体化是劳动力市场从城乡二元分割状态向城乡一体化状态转变的过程，实现城乡劳动力市场一体化的过程需要从制度、政策上破除制约劳动力转移和分配的障碍，在就业、教育培训、社会保障等方面享有平等的待遇，这一过程实质上也是实现就业结构优化所必要的条件。因此城乡劳动力市场一体化与就业结构优化之间不是简单的包含与被包含关系，而是相互促进、相互牵动的互动关系。

从广义上看，就业结构优化是城乡劳动力市场一体化的一部分，包含于城乡劳动力市场一体化中。而城乡劳动力市场一体化构成了就业结构优化的物质基础，决定着就业结构优化的程度。城乡劳动力市场一体化必然会导致就业结构的转换优化，而就业结构的调整优化也必然会推进城乡劳动力市场一体化的进程。

---

① 漆向东：《我国就业增长的结构效应分析》，《中州学刊》2009年第4期。

一 城乡劳动力市场一体化对就业结构优化的拉动作用

城乡劳动力市场一体化是从劳动力角度提出的城乡统筹协调概念，是更广程度上的就业结构优化。城乡劳动力市场一体化过程中会扫除就业结构优化的制度性、市场性和社会性障碍，为就业结构优化创造良好的劳动力市场环境，营造平等的就业机会，对就业结构优化具有强大的拉动作用。

二 就业结构优化对城乡劳动力市场一体化的推动作用

就业结构优化是就业的产业结构、行业结构、所有制结构、城乡结构和劳动者素质结构等的多重优化，每个层次之间是相互联系相互促进的关系，是劳动力市场一体化发展的具体表现。在实现就业结构优化的过程中，各产业、各行业、各地区之间的均衡化发展都会促进政府进一步完善劳动力市场的构建，带动城乡经济社会的协调发展，进而推动城乡劳动力市场一体化。

第三章 我国城乡劳动力市场一体化与就业结构优化的现状和问题

第一节 我国城乡劳动力市场一体化与就业结构优化的现状分析

一 我国农村劳动力外出就业现状的调查分析

本书研究成员及所指导的学生利用2010年寒暑假期分别到上海、北京、山东（济宁）、广东（广州、深圳）、江西（南昌、赣州、萍乡、上饶、宜春）、陕西（安康、汉中）、四川（成都）等东、中、西部地区的一些城市进行了随机抽样的外出就业农村劳动力问卷调查，共发放1000份问卷（见附录），回收有效问卷609份，得到2万多个相关数据，通过对其进行整理分析，得出当前我国农村劳动力（农民工）外出就业的基本现状特征：

（一）农民工素质结构分析

所调查的农民工以男性和青壮年为主，已婚者居多。从性别上看，男性占68.9%，女性占31.1%；从年龄上看，20~35岁的农民工占总数的51%，16~20岁和50~60岁这两个年龄段的农民工分别占7.5%和11.3%（见图3-1）；从婚姻状况来看，有配偶者占66.98%，未婚者占31.13%。

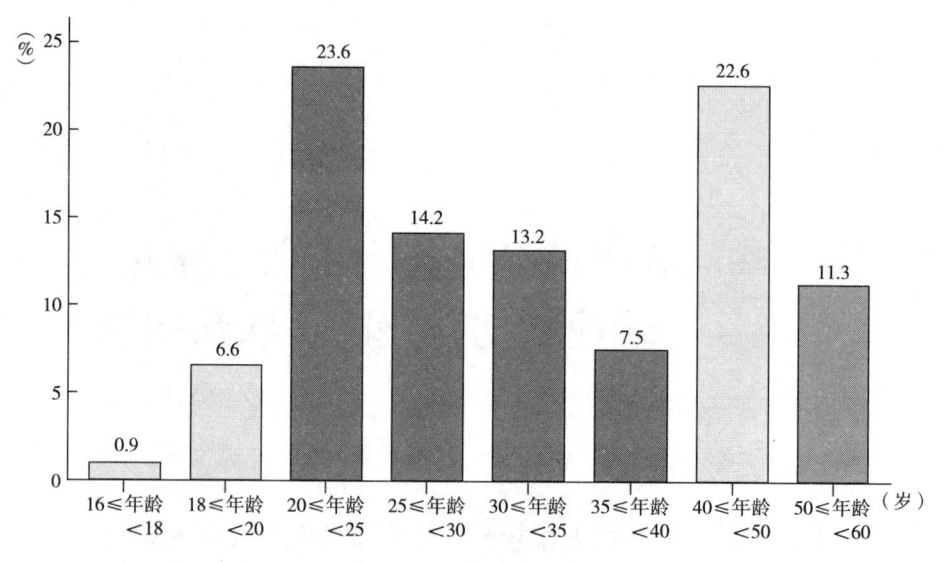

图 3-1 农民工的年龄分布

在教育文化程度方面，所调查农民工的最高学历偏低，以初中为主。未受过教育者占3.8%，小学学历占17.9%，初中学历占49.1%，高中及以上学历仅占22.6%（见图3-2）。

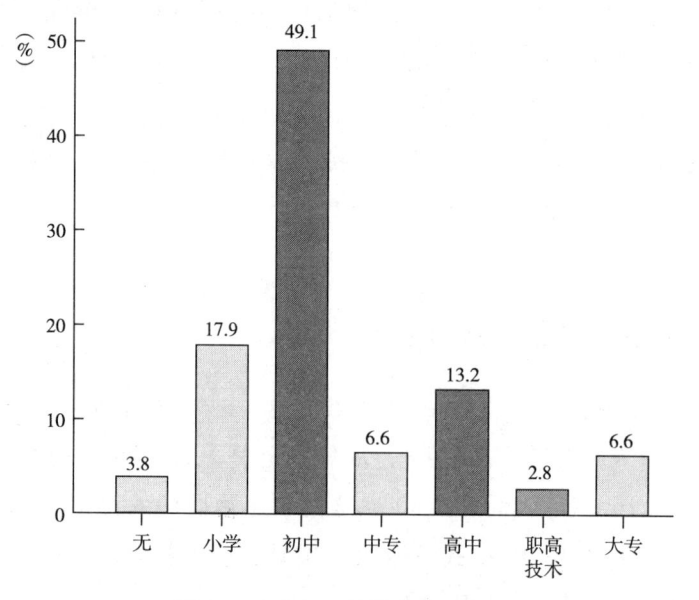

图 3-2 农民工的最高学历分布

第三章　我国城乡劳动力市场一体化与就业结构优化的现状和问题

在职业技能培训方面，过半数农民工未接受过职业技能培训，且受教育程度越高者接受职业技能培训的比率越大。职业技能培训时间为零的占 61.9%，接受过一个月以上技能培训的比例占 29.3%（见图 3 - 3）。小学学历者接受过职业技能培训的比例约为 26.3%，初中为 46.2%，中专为 42.9%，大专为 42.9%，职高/技校占 100%。

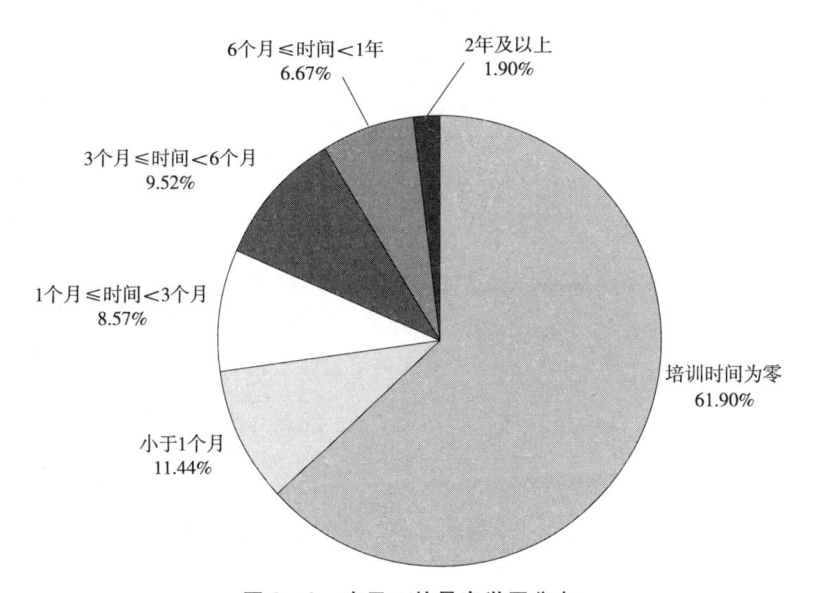

图 3 - 3　农民工的最高学历分布

（二）农民工地域结构分析

从农民工输出地来看，以东部地区和中部地区为主。东部地区占 44%，中部地区占 31%，西部地区仅占 25%（有可能是由于调查地主要为中东部农民工就业所在地）。

从农民工输入地来看，经济发达的东部地区输入的农民工比例最大，占绝对多数。东、中、西、东北地区农民工输入的比例分别为：83%、13.2%、2.8% 和 0.9%（见图 3 - 4）。

从农民工输入输出地之间的交通费用来看，基本上是中长距离的转移，推测其为近距离就业和跨地区就业并重。交通费用在 51~300 元以内的占 77.4%，

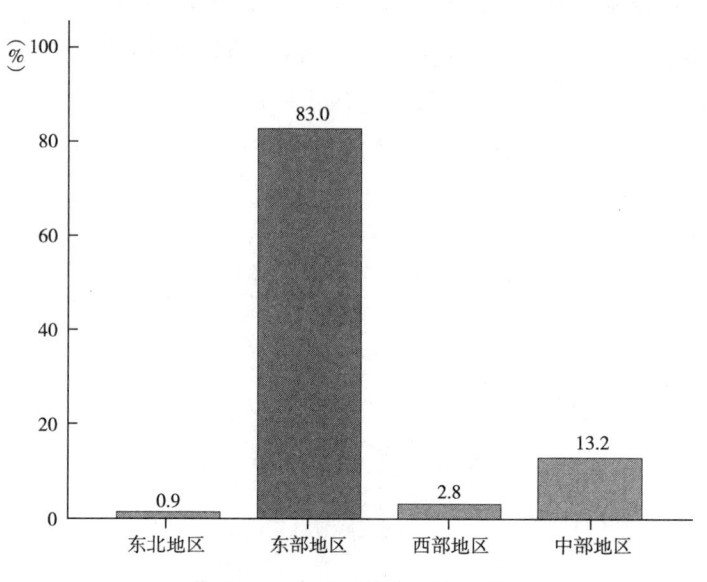

图 3-4　农民工的输入地分布

50元及以下和高于300元的比例分别为12.3%和10.4%（见图3-5）。

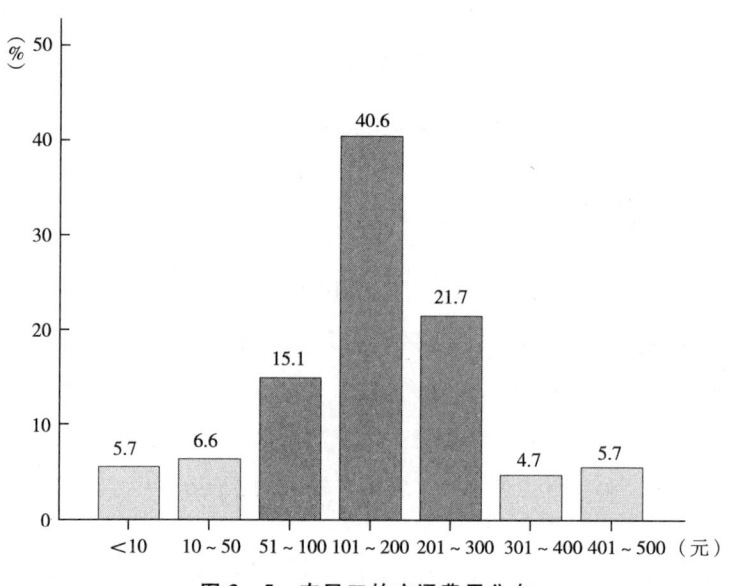

图 3-5　农民工的交通费用分布

(三) 农民工行业结构分析

从农民工的从业行业来看，主要集中在建筑业、制造业和服务业。其中建筑业等占32.1%，纺织、服装业等占17%，机械、冶金等制造业占12.3%（见图3-6）。

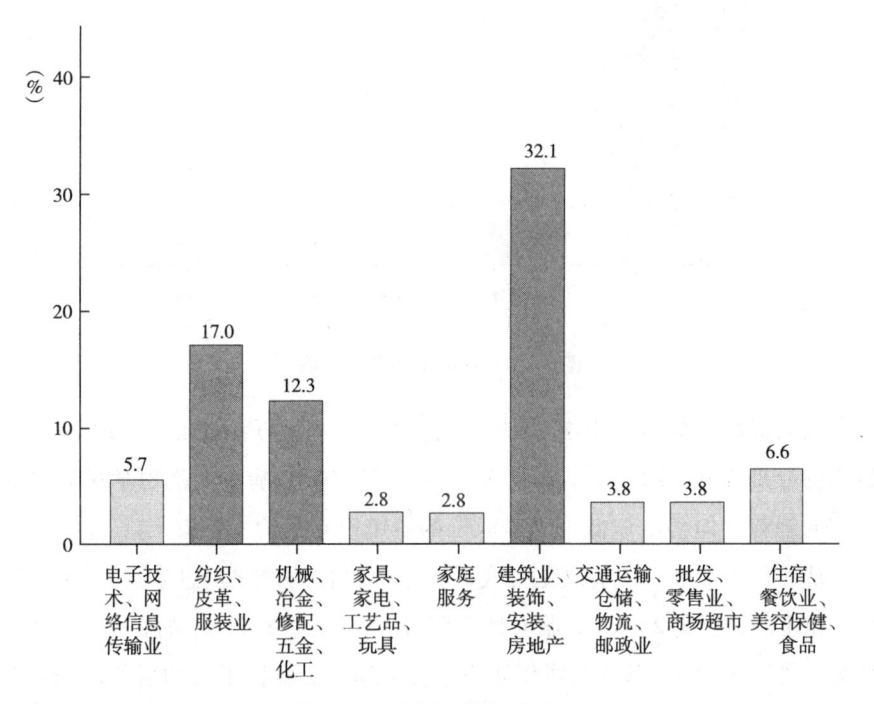

图3-6 农民工的行业分布

从其工作的职业性质来看，受雇工人占大多数。工人比例占79.2%，专业技术人员仅占7.5%，只有4.7%的农民工以自我雇佣（个体工商户）形式就业（见图3-7）。

(四) 农民工收入及居住条件分析

农民工的平均月收入区间主要为1000~5000元。从数据上看，1000~2000元、2000~3000元、3000~5000元月收入的比例分别为14.2%、46.2%、25.5%，可见农民工的月收入由于通胀和"民工荒"原因较以往

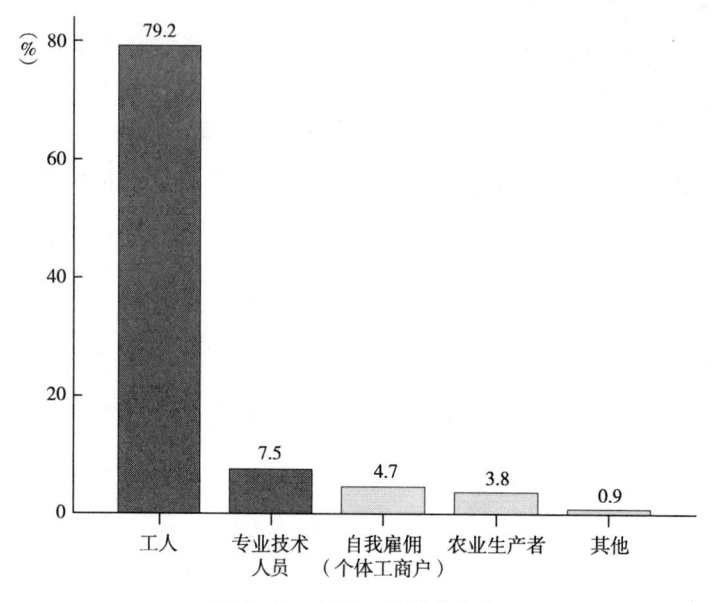

图 3-7 农民工的职业分布

有了较大提高。同时，小学、中专、初中、高中学历者月收入超过 2000 元的比例分别为 68.4%、57.1%、84.6%、85.7%，基本上呈现学历高者收入高的趋势，但仍明显低于同等职位的城镇职工平均工资收入。

从居住条件来看，单位免费或低租金提供住房的比例过半，占 57.5%，自己租房的比例为 23.6%，临时性工棚占 6.6%，仅有 2.8% 的农民工购买商品房（见图 3-8）。从人均居住面积来看，50% 的农民工人均居住面积不到 5 平方米，人均居住面积为 5~10 平方米和 10~20 平方米的分别占 20.8% 和 19.9%（见图 3-9）。

（五）农民工权益保障分析

从平均日工作时间来看，农民工劳动时间普遍较长，工作强度较大，且行业间差异明显。平均日工作时间在 8~10 小时的占 34%，10~12 小时的占 38.7%，12~14 小时的占 19.8%。且工作时间在 10~14 小时的农民工从事的行业主要是经常加班的纺织业、机械制造业和建筑业，而家政服务、物业管理等行业的平均日工作时间基本在 8~10 小时之间（见图 3-10）。

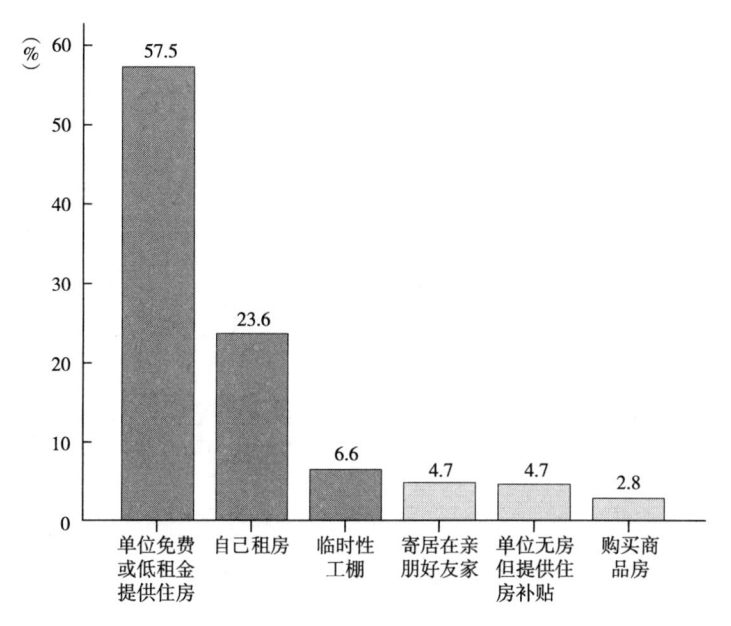

图 3-8 农民工的居住条件分布

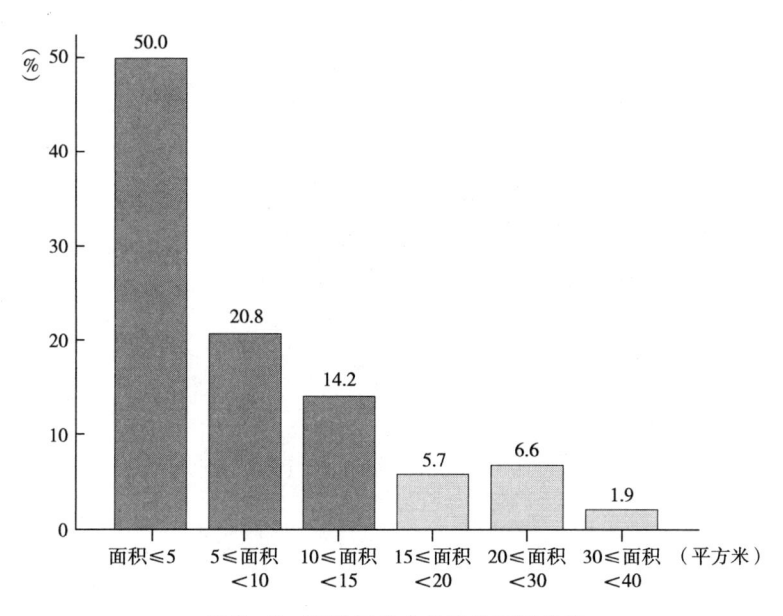

单位免费或低租金提供住房：57.5
自己租房：23.6
临时性工棚：6.6
寄居在亲朋好友家：4.7
单位无房但提供住房补贴：4.7
购买商品房：2.8

图 3-9 农民工的人均居住面积分布

面积≤5：50.0
5≤面积<10：20.8
10≤面积<15：14.2
15≤面积<20：5.7
20≤面积<30：6.6
30≤面积<40：1.9
（平方米）

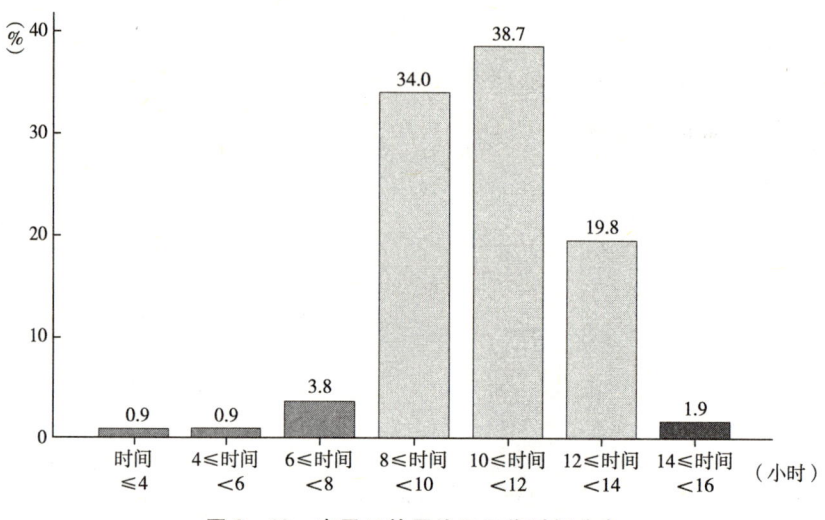

图 3-10 农民工的平均日工作时间分布

从工资拖欠情况来看，当前农民工的工资发放相比过去普遍更加及时，经常拖欠的也已很少，65.09%的农民工反映用人单位几乎没有拖欠工资的情况（见图 3-11）；从劳动环境看，农民工的工作环境较以往也有所改进，71.7%的农民工反映其工作环境"一般可以接受"，仅有 7.5%的农民工反映"十分恶劣"，还有 17.9%的农民工则反映"比较不错"。

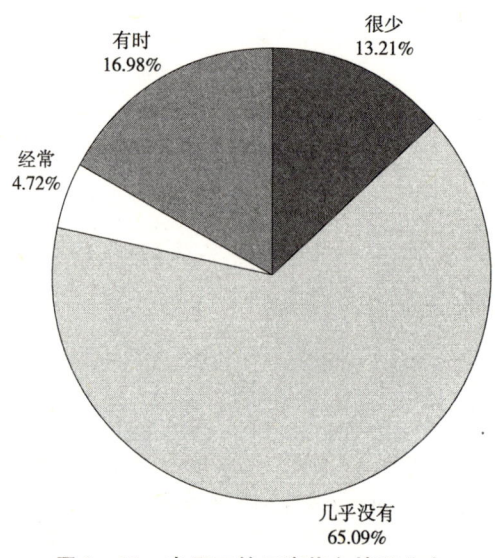

图 3-11 农民工的工资拖欠情况分布

第三章 我国城乡劳动力市场一体化与就业结构优化的现状和问题

从合同签订情况来看，超过六成的农民工没签过合同。没签过合同、1年以内合同、1~2年合同、2~3年合同签订的比例分别为61.3%、17.9%、10.4%、8.5%（见图3-12）。从社会保险参加情况来看，农民工参加城镇职工社会保险的比例总体很低，63.2%的农民工在就业地没有参加任何社会保险，且农民工参加的社会保险比例最大的是工伤保险，比例占到24.5%，其次是基本养老保险（21.3%）和基本医疗保险（19.7%）。而据人保部的官方统计，2010年末全国参加城镇基本养老保险的职工人数为19402万人，其中参保的农民工人数为3284万人，占比为16.9%，占全国外出农民工数量15335万人的21.4%；参加城镇职工基本医疗保险的职工人数为17791万人，其中参保的农民工人数为4583万人，占比为25.8%，占外出农民工数量的29.9%；参加失业保险人数为13376万人，其中参保的农民工人数为1990万人，占比为14.9%，占外出农民工数量的13%；参加工伤保险人数为16161万人，其中参保的农民工人数为

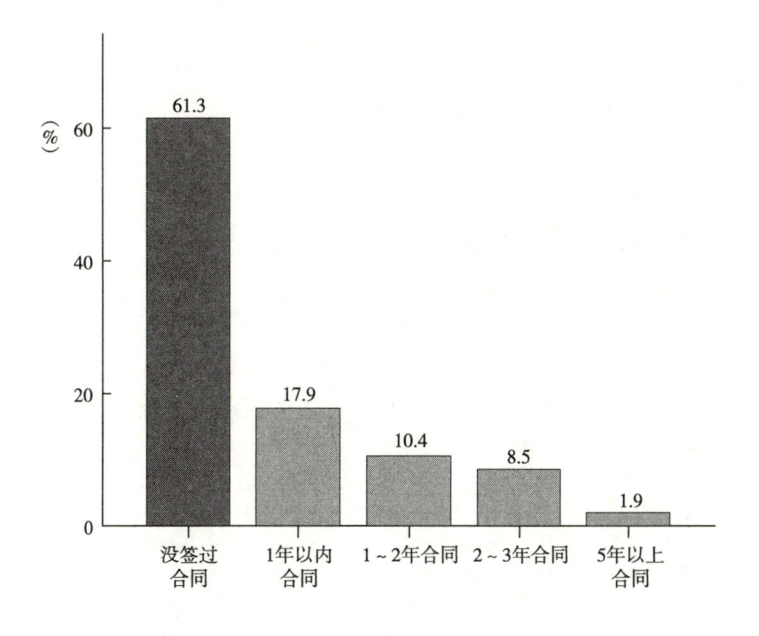

图3-12 农民工的合同签订情况分布

6300万人，占比为39％，占外出农民工数量的41.1％[1]。另据全国总工会2010年关于新生代农民工的一项调查显示，目前新生代农民工中，享有养老、医疗、失业保险的比例分别仅为21.3％、34.8％和8.5％[2]。从农民工在家乡参加和享受的农村社会保障待遇来看，所调查的农民工大部分在家乡都参加了新型农村合作医疗制度并享受其待遇，该比例占86.8％，其他农村社会保障项目则欠缺，而且还有12.3％的农民工没有参加和享受家乡的任何社会福利保障。而据人社部的官方统计，2010年末全国参加新型农村社会养老保险人数10277万人，仅占全部农村人口数67113万人的15.3％。

（六）农民工就业途径分析

从寻找工作的主要途径来看，大部分农民工通过亲朋好友的介绍来寻找工作。城市人力资源市场、当地职业中介机构介绍、报纸电视路牌广告、互联网信息和单位下乡招工的比例分别仅为5.7％、3.8％、3.8％、3.8％、2.8％（见图3-13）。从所调查的农民工对劳动力市场的认识来看，58.5％的农民工没去过劳动力市场，19.8％的农民工反映劳动力市场的工作人员态度不冷不热、例行公事，甚至还有7.5％的农民工反映他们态度恶劣，只收费不办实事（见图3-14）。

二 我国城乡劳动力就业结构现状的演化分析

本书按照就业的产业结构、行业结构、地域结构、所有制结构、城乡结构和劳动者素质结构六方面，根据统计年鉴的就业相关数据，整理出我国就业结构的六大现状特征，并运用图表对就业结构的演化特点和趋势进

---

[1] 人力资源和社会保障部：《2010年度人力资源和社会保障事业发展统计公报》，2011年7月20日，人力资源和社会保障部官方网站：http://www.mohrss.gov.cn/page.do?pa=40288020240500280124088260702d7&guid=e60c0ef72ddd4e8eb968ac5f11900f59&og=8a81f0842d0d556d012d111392900038，最后访问日期：2011年8月10日。

[2] 《媒体解读强征五险：企业可能因高社保费率裁员》，新浪网，2001年12月9日，http://news.sina.com.cn/c/2011-12-09/023623601400.shtml，最后访问日期：2011年12月15日。

第三章 我国城乡劳动力市场一体化与就业结构优化的现状和问题

行描述性统计分析。

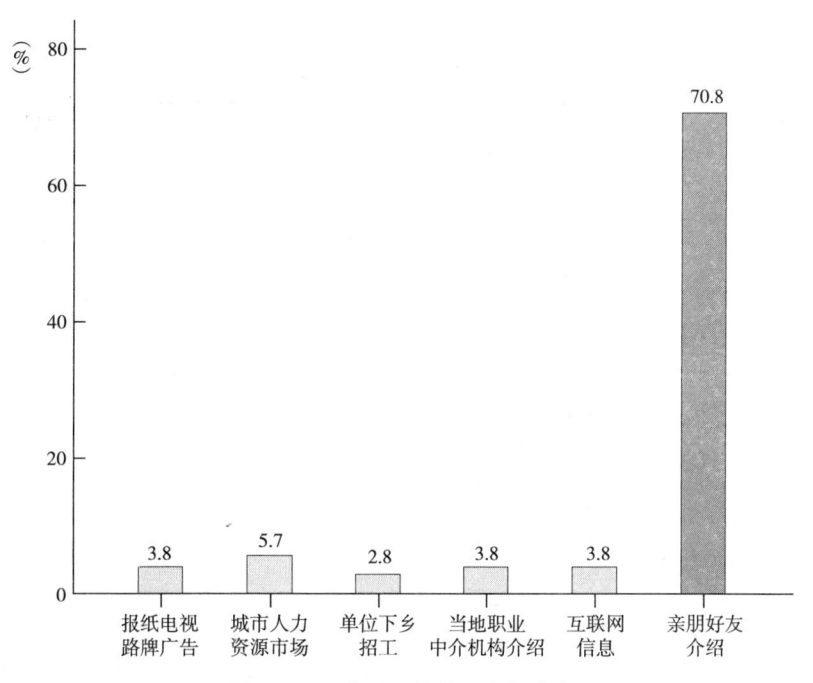

图 3-13 农民工的就业途径分布

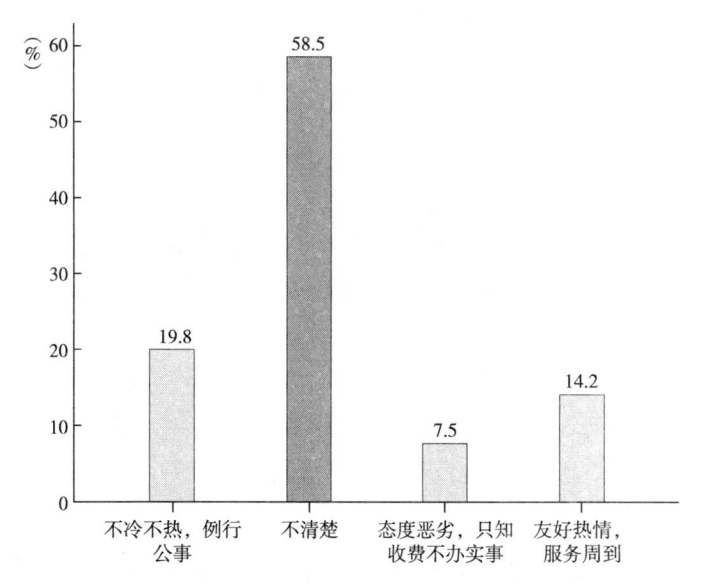

就业途径	比例(%)
报纸电视路牌广告	3.8
城市人力资源市场	5.7
单位下乡招工	2.8
当地职业中介机构介绍	3.8
互联网信息	3.8
亲朋好友介绍	70.8

图 3-14 农民工对劳动力市场的认识情况分布

认识情况	比例(%)
不冷不热，例行公事	19.8
不清楚	58.5
态度恶劣，只知收费不办实事	7.5
友好热情，服务周到	14.2

（一）就业的产业结构现状

1. 就业的产业结构转换分析

我国三大产业的产值结构变化是随着我国经济体制变革和经济政策推行逐步演变的。

改革开放以来，我国农业的产值比重不断下降，工业和服务业等二、三产业的比重则不断增加；1978 年起第二产业产值比重就已远远超过第一产业，到 1985 年则开始出现第三产业产值比重超过第一产业的现象；三次产业的产值结构由 1978 年的 28.2∶47.9∶23.9"工农业为主的初级结构"转换为 2009 年的 10.3∶46.3∶43.4"非农产业为主的中级结构"，可见我国产业结构的优化效应明显，工业化成效显著（见表 3-1），这与我国改革开放之初实施的优先发展重工业以及之后逐步推行市场经济的政策是分不开的。

相比产业的产值结构转换来看，三大产业的就业比重也呈现相似的转换趋势，但是从转换时间上来看，明显滞后于产值结构的转换。直到 1994 年，我国劳动力就业面最广的第三产业的就业比重才首次超过第二产业，但是 30 多年来，第二产业和第三产业的就业人数始终没能超过第一产业，仅在最近几年第三产业的就业比重才逐渐上升接近第一产业，并有超过第一产业的趋势。我国就业比重由 1978 年的 70.5∶17.3∶12.2"农业畸重的初级结构"转换为 2009 年的 38.1∶27.8∶34.1"平均分布的中级结构"，就业结构虽然较改革开放之初有很大的改善，但是仍滞后于产值结构的优化（反映了我国城镇化进程滞后于工业化进程）。

我国的就业结构相对于发达国家而言，仍然差距巨大，如美国为 1.4∶20.6∶78.0（2007 年数据），法国为 3.4∶23.3∶73.2（2007 年数据）。另外，即使与同类发展中国家的就业结构相比，也有较大差距，如巴西为 20.5∶21.5∶57.9（2005 年数据），菲律宾为 36.1∶15.1∶48.8（2007 年数据），埃及为 30.9∶21.5∶47.5（2005 年数据），马来西亚为 14.8∶28.5∶56.7（2007 年数据）。

第三章 我国城乡劳动力市场一体化与就业结构优化的现状和问题

表3-1 我国三大产业的产值结构与就业结构

单位:%

年份	第一产业		第二产业		第三产业	
	产值比重	就业比重	产值比重	就业比重	产值比重	就业比重
1978	28.2	70.5	47.9	17.3	23.9	12.2
1979	31.3	69.8	47.1	17.6	21.6	12.6
1980	30.2	68.7	48.2	18.2	21.6	13.1
1981	31.9	68.1	46.1	18.3	22.0	13.6
1982	33.4	68.1	44.8	18.4	21.8	13.5
1983	33.2	67.1	44.4	18.7	22.4	14.2
1984	32.1	64.0	43.1	19.9	24.8	16.1
1985	28.4	62.4	42.9	20.8	28.7	16.8
1986	27.2	60.9	43.7	21.9	29.1	17.2
1987	26.8	60.0	43.6	22.2	29.6	17.8
1988	25.7	59.3	43.8	22.4	30.5	18.3
1989	25.1	60.1	42.8	21.6	32.1	18.3
1990	27.1	60.1	41.3	21.4	31.6	18.5
1991	24.5	59.7	41.8	21.4	33.7	18.9
1992	21.8	58.5	43.4	21.7	34.8	19.8
1993	19.7	56.4	46.6	22.4	33.7	21.2
1994	19.8	54.3	46.6	22.7	33.6	23.0
1995	19.9	52.2	47.2	23.0	32.9	24.8
1996	19.7	50.5	47.5	23.5	32.8	26.0
1997	18.3	49.9	47.5	23.7	34.2	26.4
1998	17.6	49.8	46.2	23.5	36.2	26.7
1999	16.5	50.1	45.8	23.0	37.7	26.9
2000	15.1	50.0	45.9	22.5	39.0	27.5

续表

年份	第一产业		第二产业		第三产业	
	产值比重	就业比重	产值比重	就业比重	产值比重	就业比重
2001	14.4	50.0	45.1	22.3	40.5	27.7
2002	13.7	50.0	44.8	21.4	41.5	28.6
2003	12.8	49.1	46.0	21.6	41.2	29.3
2004	13.4	46.9	46.2	22.5	40.4	30.6
2005	12.1	44.8	47.4	23.8	40.5	31.4
2006	11.1	42.6	47.9	25.2	40.9	32.2
2007	10.8	40.8	47.3	26.8	41.9	32.4
2008	10.7	39.6	47.4	27.2	41.8	33.2
2009	10.3	38.1	46.3	27.8	43.4	34.1

资料来源：国家统计局《中国统计年鉴2010》。

从图3-15则可以看出，随着工业化和信息化的发展，我国产业结构的演变逐渐趋于合理化和高度化，第一产业产值比重由28.2%大幅下降到10.3%，第二产业产值比重保持平稳由47.9%微降到46.3%，第三产业产值比重则由23.9%显著增加到43.4%，三次产业的产值结构已由改革开放初期的"二、一、三"低级水平升级为当前的"二、三、一"中级水平并朝着"三、二、一"高级水平优化发展。

从图3-16也可以看到，在工业化和城镇化的推动下，我国三次产业的就业比重也有较大转变，第一产业的就业比重由改革开放之初的70.5%下降到38.1%，幅度是三大产业之最；第二、三产业分别由17.3%和12.2%平稳增加至27.8%和34.1%，就业结构趋于优化，但还需加速农村劳动力的非农就业和城镇化进程，使得就业结构的转换升级跟上产业结构演变的速度，提高就业结构的质量和合理化水平。

2. 就业的产业结构偏离分析

为了考察我国就业的产业结构协调情况，我们采取产业结构偏离度来

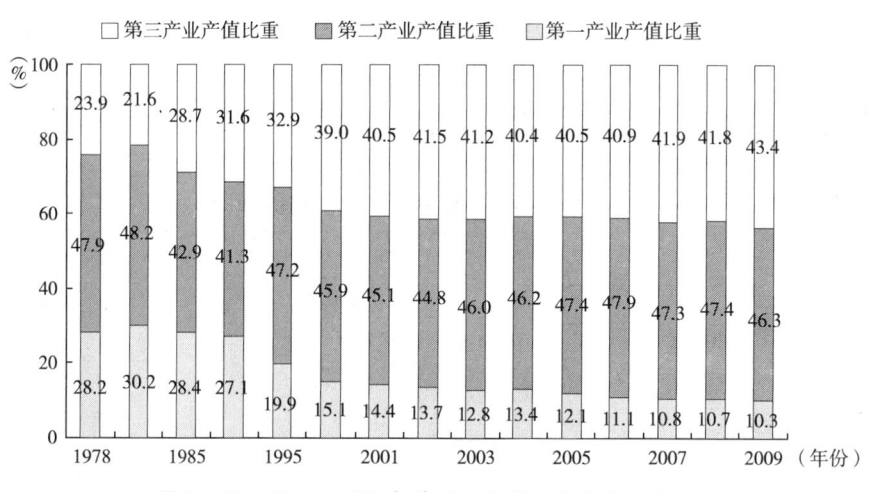

图 3-15　1978~2009 年我国三大产业产值结构的演变

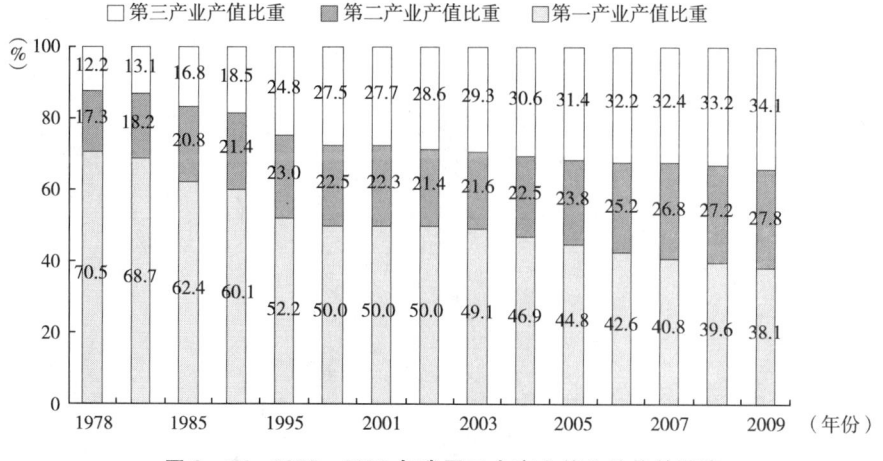

图 3-16　1978~2009 年我国三大产业就业结构的演变

测度我国就业的整体协调性。产业结构偏离度 = 第 i 产业的增加值占 GDP 的比值／第 i 产业就业人数占总就业人数的比值 -1；其中：$i=1$，2，3。

我们采取学术界对结构偏离度的普遍解读：当结构偏离度趋向于 0 时，该产业的就业结构与产业结构基本达到均衡，就业的产业结构相对比较合理；当结构偏离度大于 0 时，说明该产业劳动生产率较高，就业不足，可以吸纳更多的劳动力，以使产业发展与就业吸纳能力保持一致；当结构偏离度小于 0 时，说明该产业劳动生产率较低，存在劳动力过剩或隐性失业，需要转移出去。

我国 1978～2009 年三次产业的就业的产业结构偏离度数据见表 3-2。

表 3-2 1978～2009 年我国就业的产业结构偏离度

年 份	第一产业	第二产业	第三产业
1978	-0.6002	1.7674	0.9619
1979	-0.5521	1.6762	0.717
1980	-0.5608	1.6496	0.6492
1981	-0.5319	1.5197	0.6183
1982	-0.5097	1.4329	0.6182
1983	-0.5055	1.3732	0.5803
1984	-0.4979	1.1652	0.5392
1985	-0.5442	1.0618	0.7066
1986	-0.5542	0.9965	0.694
1987	-0.5531	0.9617	0.6651
1988	-0.5667	0.9549	0.6675
1989	-0.5823	0.9829	0.7521
1990	-0.5488	0.9318	0.7056
1991	-0.5892	0.9527	0.7823
1992	-0.6275	1.0021	0.7553
1993	-0.6506	1.0789	0.5907
1994	-0.6361	1.0515	0.4595
1995	-0.6195	1.0511	0.3251
1996	-0.6101	1.0228	0.2605
1997	-0.6335	1.0059	0.2945

续表

年份	第一产业	第二产业	第三产业
1998	-0.6475	0.9665	0.357
1999	-0.6713	0.9894	0.4005
2000	-0.6987	1.0407	0.4189
2001	-0.7122	1.0203	0.4605
2002	-0.7251	1.093	0.4499
2003	-0.7394	1.1282	0.4073
2004	-0.7144	1.0545	0.3197
2005	-0.7294	0.9902	0.2901
2006	-0.7391	0.9027	0.2714
2007	-0.736	0.7664	0.2929
2008	-0.729	0.7444	0.2597
2009	-0.7285	0.6653	0.2715

资料来源：根据《中国统计年鉴 2010》和《中国人口和就业统计年鉴 2010》相关数据计算而得。

从表 3-2 的数据可以看出：

（1）改革开放以来，我国第一产业的结构偏离度一直为负值，且其偏离度的绝对值呈现不断缓慢增大趋势。说明第一产业对劳动力的吸纳作用在不断下降，第一产业内的隐性失业问题并没有得到缓解反而相对逐渐严重（低产值对应高就业的非均衡），还存在大量的农业剩余劳动力需要向非农产业转移，以实现产业与就业之间的结构协调。

（2）第二产业的结构偏离度在 2007 年以前基本上大于 1，只有少数年份在低于 1 但高于 0.90 的小范围内徘徊，而 2007 年该指标从前一年的 0.9027 大幅下降到 0.7664，并有继续下降向相对均衡靠拢的优化趋势（高产值对应低就业的非均衡）。说明第二产业在 2007 年以前作为工业化的主战场其吸纳劳动力的能力一直较大，但其后由于我国经济发展方式的服务化转变而有偏离度缩小的趋势，开始呈现产业结构与就业结构间的协调发展。

(3) 第三产业的结构偏离度一直为正值。1994 年以前这一指标一直大于 0.5，1994 年以后这一指标都低于 0.5，且呈现不断下降趋于 0 的基本趋势。说明该产业吸收了大量从其他产业（主要为农业）转移过来的劳动力，并趋向于产业结构与就业结构的协调均衡。但是从我国三大产业的产值和就业分布来看，这种协调是低水平的协调（较低产值对应较低就业的相对均衡），未来以现代服务业为主导的第三产业发展伴随着其产值贡献的进一步上升必然会增大对劳动力就业的吸纳，从而提升就业结构的合理化和水平的高度化。

（二）就业的行业结构现状

就业的行业结构作为就业的产业结构的重要内容，能更具体地反映出我国产业结构内部的变化，因此本课题采用《中国劳动统计年鉴 2010 年》中所提供的 1978～2002 年分行业的就业统计数据来对此进行分析，相关指标的演变见图 3-17。

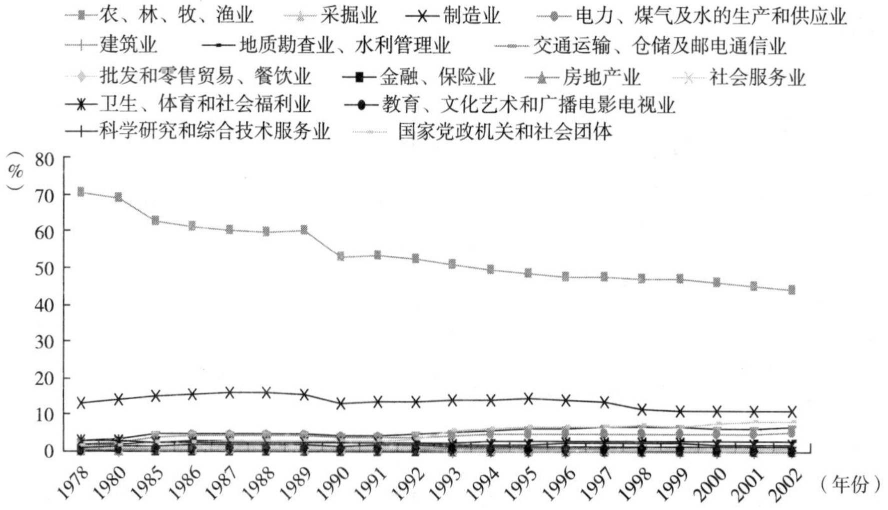

图 3-17 1978～2002 年我国就业的行业结构演变

从分行业的就业人数变化来看，我国 1978～2002 年就业人数大体有了不同程度的增加，只有采掘业、地质勘查业、水利管理业就业人员有小幅的下降。

但是从各行业就业人数所占的比重来看，就业比重下降的有：农林牧渔业，就业人数增加4169万人，就业比重却下降了26.47个百分点；制造业，就业人数增加2975万人，就业比重下降2.01个百分点；采掘业，就业人数减少94万人，就业比重下降0.81个百分点；教育、文化、艺术和广播电影电视业，就业人数增加472万人，就业比重下降0.6个百分点；地质勘查业、水利管理业，就业人数减少80万人，就业比重下降0.31个百分点；卫生、体育和社会福利业，就业人数增加130万人，就业比重下降0.24个百分点；科学研究和综合技术服务业，就业人数增加71万人，就业比重下降0.01个百分点。

就业比重上升的有：批发和零售贸易、餐饮业，就业人数增加3829万人，上升了3.9个百分点；建筑业，就业人数增加3039万人，上升了3.15个百分点；社会服务业，就业人数增加915万人，就业比重上升了1.04个百分点，交通运输、仓储及邮电通信业，就业人数增加1334万人，就业比重上升了0.96个百分点；国家党政机关和社会团体，就业人数增加608万人，就业比重上升了0.29个百分点；金融、保险业，就业人数增加264万人，就业比重上升了0.27个百分点；电力、煤气及水的生产和供应业，就业人数增加183万人，就业比重上升了0.13个百分点；房地产业，就业人数增加87万人，就业比重上升了0.08个百分点。

从就业人数增加的情况来看，增加最多的前五个行业分别是：农林牧渔业、批发和零售贸易餐饮业、建筑业、制造业和交通运输仓储及邮电通信业，分别增加就业人数4169万人、3829万人、3039万人、2975万人和1334万人，这前五个行业都是属于第一、二产业的范畴，说明2002年前，对劳动力起主要吸纳作用的还是第一、二产业，就业结构优化效应表现不佳。

然而值得庆幸的是，一些带动经济迅速发展的第三产业及新兴产业在吸纳劳动力就业方面也作出了积极贡献，如教育文化艺术和广播电影电视业、金融保险业、卫生体育和社会福利业、房地产业、科学研究和综合技术服务业这五大行业的就业人员分别增加：472万人、264万人、130万人、87万人和71万人。

我国就业的行业结构现状也可直观地反映在图3-18。虽然就业的行业结构变化反映出我国不同时期经济发展的侧重点不同，但是我国经济发展的总体趋势仍然是：保证工业和服务业的迅速发展，以工业带动农业，实现行业间协调发展。

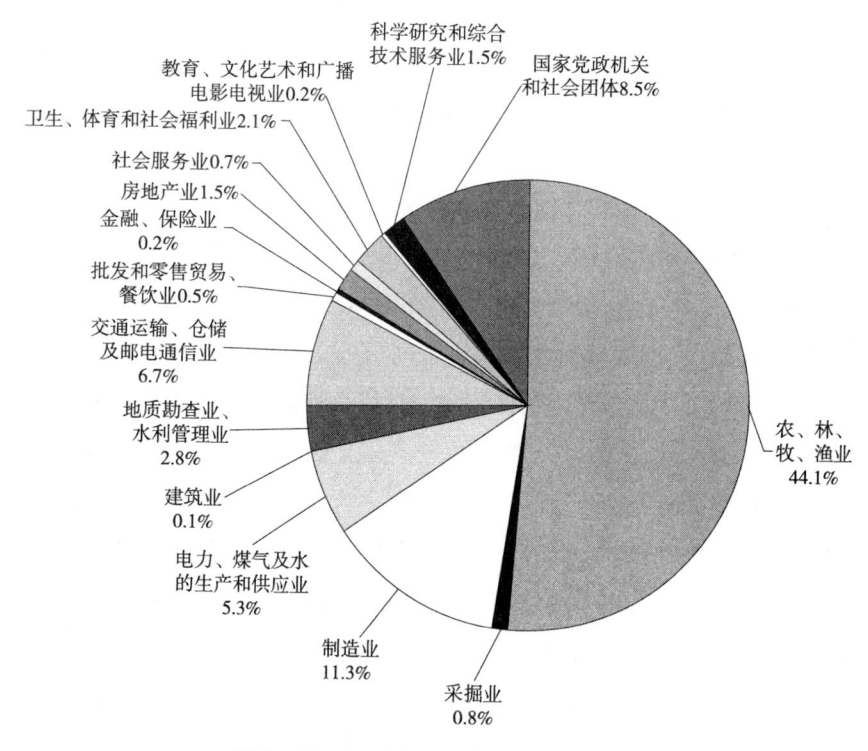

图3-18 2002年我国就业的行业结构

（三）就业的地域结构现状

1. 就业的地域结构演变分析

由于受资料数据可获得性的限制，我们以1999年和2009年各省级地区就业人员占全国总就业人数的比重作为指标进行对比分析,以反映十年以来我国就业人员在不同地区分布(地域结构)的现状及其演变(见表3-3和图3-19)。

表3-3 1999年和2009年我国各地区的产值与就业分布(地域结构)

单位:%

地 区	地区生产总值占全国比重		就业人员占全国比重	
	1999年	2009年	1999年	2009年
北 京	2.48	3.33	1.00	1.67
天 津	1.65	2.06	0.67	0.68
河 北	5.21	4.72	5.44	5.20
山 西	1.72	2.01	2.30	2.13
内蒙古	1.45	2.67	1.63	1.52
辽 宁	4.76	4.16	2.87	2.92
吉 林	1.90	1.99	1.76	1.58
黑龙江	3.30	2.35	2.69	2.25
上 海	4.60	4.12	1.08	1.24
江 苏	8.78	9.43	5.75	6.05
浙 江	6.12	6.29	4.26	5.10
安 徽	3.32	2.75	5.30	4.92
福 建	4.05	3.35	2.61	2.89
江 西	2.24	2.10	3.14	2.99
山 东	8.74	9.28	7.52	7.27
河 南	5.22	5.33	8.33	7.94
湖 北	4.40	3.55	4.12	4.03
湖 南	3.79	3.58	5.59	5.21
广 东	9.65	10.81	6.02	7.53
广 西	2.23	2.12	3.97	3.82

续表

地区	地区生产总值占全国比重		就业人员占全国比重	
	1999 年	2009 年	1999 年	2009 年
贵 州	1.04	1.07	3.16	3.12
云 南	2.12	1.69	3.64	3.64
西 藏	0.12	0.12	0.20	0.23
陕 西	1.70	2.24	2.85	2.56
甘 肃	1.06	0.93	1.85	1.88
青 海	0.27	0.30	0.39	0.38
宁 夏	0.28	0.37	0.43	0.44
新 疆	1.33	1.17	1.07	1.11
海 南	0.54	0.45	0.52	0.58
重 庆	1.71	1.79	2.62	2.51
四 川	4.23	3.87	7.17	6.60

资料来源：根据《中国统计年鉴2000》和《中国统计年鉴2010》相关数据计算而得（其中，全国数据为各省级地区数据的加总合计数）。

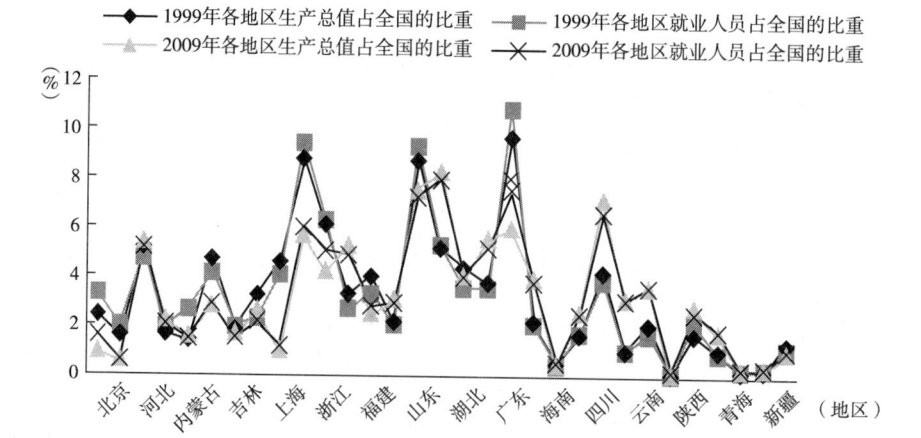

图 3-19 1999 年和 2009 年我国各地区的产值与就业比重

从表 3-3 和图 3-19 可以看出，目前各地区就业人员占全国总就业人数的比重（即就业的地域结构水平）主要还是由各地区人口数量的多少所决定的，通常人口大省的就业比重都比较大（如 2009 年河南、广东、山东、四川、江苏、湖南、河北、浙江等都超过 5%），而人口较少的省份，其就业比重都较小（如 2009 年西藏、青海、宁夏、海南、天津等都不足 1%）。

随着近年来新型工业化和城镇化的发展以及农村劳动力的转移就业，我国就业的地域结构受到了地区经济发展的明显影响，各地区的就业比重有较大的合理化演变。从 1999 年至 2009 年，广东、北京、上海、江苏、浙江等东部沿海地区的就业比重由于经济相对发达、劳动力需求较大而普遍明显上升，而山西、黑龙江、安徽、河南、四川等中西部地区则由于经济相对欠发达、劳动力需求小于供给而普遍大幅下降，总体上我国就业的地域结构趋于优化。

2. 就业的地域结构偏离分析

为了更准确考察我国就业的地域结构协调情况（劳动力资源的地域配置状态），我们采取地域结构偏离度这一指标来测度我国就业与经济的区域协调性。其中，地域结构偏离度＝某地区的生产总值占全国的比重/该地区的就业人数占全国的比重－1。当地域结构偏离度趋向于 0 时，表明该地区的就业结构与经济结构基本达到均衡，就业的地域结构相对比较合理，就业对国民经济的贡献达到全国平均水平；当地域结构偏离度大于 0 时，表明该地区相对其他地区而言，劳动生产率较高，就业的经济贡献较大，就业相对不足，还可以吸纳更多的劳动力，以使经济发展与就业吸纳力保持一致；当地域结构偏离度小于 0 时，表明该地区的劳动生产率相对较低，就业的经济贡献较小，存在劳动力过剩或隐性失业，需要转移出去或加快本地经济发展以扩大就业。

我国 1999 年和 2009 年各地区就业的地域结构偏离度数据见表 3-4 和图 3-20。

表 3-4　1999 年和 2009 年我国就业的地域结构偏离度

地区	就业的地域结构偏离度		地区	就业的地域结构偏离度	
	1999 年	2009 年		1999 年	2009 年
北京	1.48	0.99	湖北	0.07	-0.12
天津	1.46	2.03	湖南	-0.32	-0.31
河北	-0.04	-0.09	广东	0.60	0.44
山西	-0.25	-0.06	广西	-0.44	-0.45
内蒙古	-0.11	0.76	海南	0.04	-0.22
辽宁	0.66	0.42	重庆	-0.35	-0.29
吉林	0.08	0.26	四川	-0.41	-0.41
黑龙江	0.23	0.04	贵州	-0.67	-0.66
上海	3.26	2.32	云南	-0.42	-0.54
江苏	0.53	0.56	西藏	-0.40	-0.48
浙江	0.44	0.23	陕西	-0.40	-0.13
安徽	-0.37	-0.44	甘肃	-0.43	-0.51
福建	0.55	0.16	青海	-0.31	-0.21
江西	-0.29	-0.30	宁夏	-0.35	-0.16
山东	0.16	0.28	新疆	0.24	0.05
河南	-0.37	-0.33			

资料来源：本课题组根据表 3-3 中相关数据计算而得。

从表 3-4 和图 3-20 的数据可以看出，进入 21 世纪以来，我国各地区就业的地域结构偏离度从 14 个省份为正值、17 个省份为负值转变成 13 个省份为正值、18 个省份为负值，数值发生转化的有 3 个省份（内蒙古从负值变为正值，即劳动力从相对过剩转为相对不足，而湖北和海南从正值变为负值，即劳动力从相对不足转为相对过剩），劳动力总体供大于求的地域特征基本保持不变；其中偏离度绝对值缩小的省份有 16 个（上海、北京、福建、陕西、辽宁和浙江较为显著），绝对值扩大的省份有 14 个

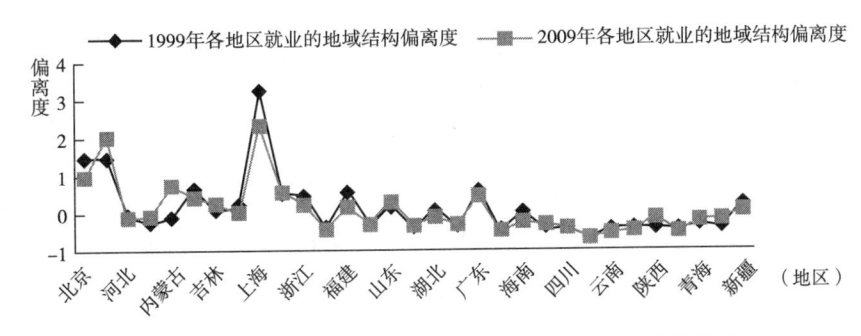

图 3-20　1999 年和 2009 年我国各地区就业的地域结构偏离度

（内蒙古、天津、吉林和海南较为显著），数值较小的省份（绝对值不超过0.3，反映劳动力市场相对均衡）从 10 个省份增加到 15 个省份，数值较大的省份（绝对值超过 0.6，反映劳动力市场较不均衡）仍保持 5 个省份（由上海、北京、天津、辽宁和贵州转变为上海、北京、天津、内蒙古和贵州），表明我国就业的地域分布结构基本上呈现劳动力供求总体仍不均衡但已趋于均衡的优化趋势。这也说明了多数经济发达地区为维持经济的持续增长而不断吸纳外来劳动力就业，而欠发达地区大多通过加大本地投资、发展产业经济，促进农村剩余劳动力对外转移，从而推进了多数地区经济发展与劳动力就业之间的结构协调，提升了地区就业结构的合理化水平。

（四）就业的所有制结构现状

就业的所有制结构可以是简单分为国有单位、集体单位和其他单位三大类别的构成结构，也可以是细分为国有单位、集体单位、有限责任公司、股份有限公司、乡镇企业、私营企业和个体户等多种所有制单位的构成结构。因此，为了从宏观和微观两种层面来把握我国就业的所有制结构，本书从以下两个层面进行了分析。

1. 就业的所有制结构——概括分析

根据《中国劳动统计年鉴 2010》中的分登记注册类型城镇单位就业人员年末人数及构成（见表 3-5 和图 3-21）可以看到，国有单位的就业人数从 1978 年的 7451 万人下降为 2009 年的 6420 万人，就业比重下降了 27.3 个百分点，集体单位的就业人数也从 1978 年的 2048 万人下降为 618 万人，就业比重下降了 16.7 个百分点，唯有其他单位的就业人数从改革开放之初的零就业增加到 5535 万人，就业比重增长了 44 个百分点，可见我国改革开放之后实施的"以公有制为主体，多种所有制经济共同发展"的战略已经起到了效果。

表 3-5 1978~2009 年我国城镇单位就业的所有制结构

单位：万人，%

年份	就业人员			就业比重		
	国有单位	集体单位	其他单位	国有单位	集体单位	其他单位
1978	7451	2048	0	78.4	21.6	0.0
1979	7693	2274	0	77.2	22.8	0.0
1980	8019	2425	0	76.8	23.2	0.0
1981	8372	2568	0	76.5	23.5	0.0
1982	8630	2651	0	76.5	23.5	0.0
1983	8771	2744	0	76.2	23.8	0.0
1984	8637	3216	37	72.6	27.0	0.3
1985	8990	3324	44	72.7	26.9	0.4
1986	9333	3421	55	72.9	26.7	0.4
1987	9654	3488	72	73.1	26.4	0.5
1988	9984	3527	97	73.4	25.9	0.7
1989	10108	3502	132	73.5	25.5	1.0
1990	10346	3549	164	73.6	25.2	1.2
1991	10664	3628	216	73.5	25.0	1.5
1992	10889	3621	282	73.6	24.5	1.9
1993	10920	3393	536	73.5	22.9	3.6
1994	10890	3211	747	73.3	21.6	5.0
1995	11261	3147	894	73.6	20.6	5.8
1996	11244	3016	962	73.9	19.8	6.3

续表

年 份	就业人员			就业比重		
	国有单位	集体单位	其他单位	国有单位	集体单位	其他单位
1997	11044	2883	1109	73.5	19.2	7.4
1998	9058	1963	1675	71.3	15.5	13.2
1999	8572	1712	1846	70.7	14.1	15.2
2000	8102	1499	2011	69.8	12.9	17.3
2001	7640	1291	2235	68.4	11.6	20.0
2002	7163	1122	2700	65.2	10.2	24.6
2003	6876	1000	3094	62.7	9.1	28.2
2004	6710	897	3492	60.5	8.1	31.5
2005	6488	810	4106	56.9	7.1	36.0
2006	6430	764	4519	54.9	6.5	38.6
2007	6424	718	4882	53.4	6.0	40.6
2008	6447	662	5084	52.9	5.4	41.7
2009	6420	618	5535	51.1	4.9	44.0

资料来源:《中国劳动统计年鉴 2010》。

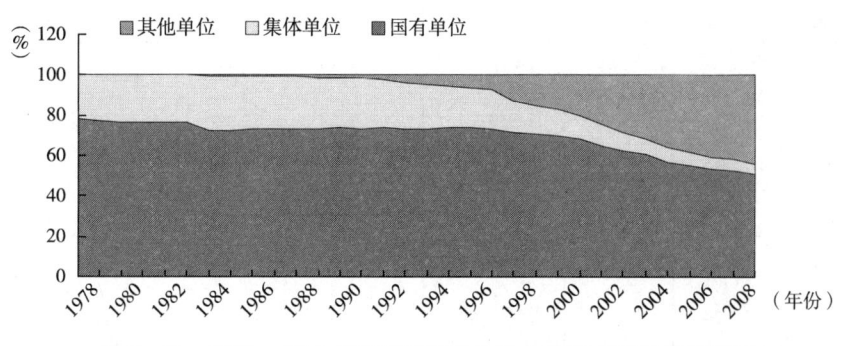

图 3-21 1978~2009 年我国城镇单位就业的所有制结构演变图

2. 就业的所有制结构——具体分析

从前文中我们知道随着改革开放后市场经济的运行,滋生出了大批市场经济的产物——其他单位,吸纳了我国将近一半的劳动力。那么,所谓的"其他单位"究竟包含哪些经济主体呢?我们采纳中国统计年鉴的划分方法,除了国有单位和集体单位外,经济主体还包含有限责任公司、股份有限公司、乡镇企业、私营企业和个体户等在内的多种非公有制经济主体。在本书中,我们把城镇地区和乡村地区的私营企业及个体户的就业人员,按照私营就业人数和个体就业人数分别加总放在一起分析,相关数据见表3-6和图3-22。

表3-6 1978~2009年我国就业的所有制结构

单位:%

年 份	国有单位	集体单位	有限责任公司	股份有限公司	乡镇企业	私营企业	个体户
1978	18.56	5.10	0	0	7.04	0	0.04
1980	18.93	5.72	0	0	7.08	0	0.19
1985	18.03	6.66	0	0	13.99	0	0.90
1990	15.98	5.48	0	0	14.31	0.26	3.25
1991	16.28	5.54	0	0	14.67	0.28	3.52
1992	16.46	5.47	0	0	16.06	0.35	3.73
1993	16.35	5.08	0	0.25	18.48	0.56	4.40
1994	16.62	4.87	0	0.43	17.81	0.96	5.60
1995	16.54	4.62	0	0.47	18.90	1.40	6.78
1996	16.31	4.37	0	0.53	19.59	1.70	7.28
1997	15.82	4.13	0	0.67	18.69	1.93	7.79
1998	12.82	2.78	0.69	0.58	17.75	2.42	8.66
1999	12.01	2.40	0.84	0.59	17.79	2.83	8.74
2000	11.24	2.08	0.95	0.63	17.78	3.34	7.03
2001	10.46	1.77	1.15	0.66	17.92	3.72	6.52
2002	9.71	1.52	1.47	0.73	18.02	4.62	6.43
2003	9.24	1.34	1.69	0.79	18.24	5.78	6.23

续表

年 份	国有单位	集体单位	有限责任公司	股份有限公司	乡镇企业	私营企业	个体户
2004	8.92	1.19	1.91	0.83	18.44	6.67	6.10
2005	8.56	1.07	2.31	0.92	18.82	7.68	6.46
2006	8.42	1.00	2.51	0.97	19.21	8.62	6.75
2007	8.34	0.93	2.70	1.02	19.60	9.42	7.14
2008	8.32	0.85	2.83	1.08	19.94	10.20	7.45
2009	8.23	0.79	3.12	1.23	19.99	11.04	8.44

注：表中的私营企业和个体户就业比重为《中国统计年鉴2010》中城镇与乡村两部分相关数据的合计数。

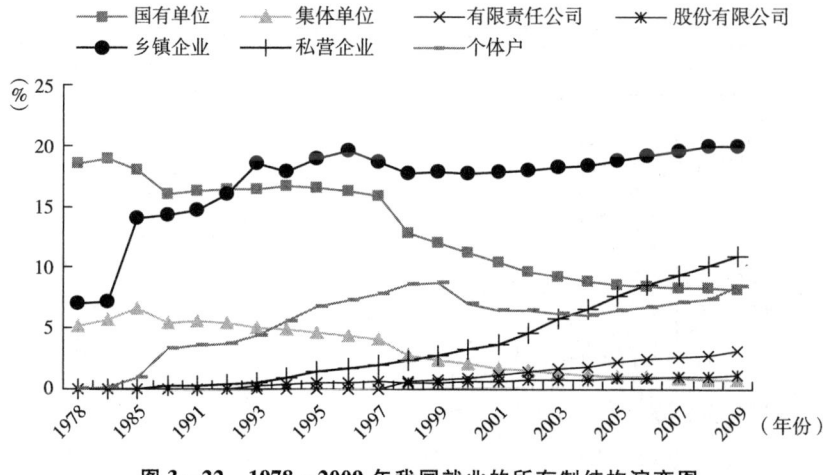

图 3-22　1978～2009 年我国就业的所有制结构演变图

根据表 3-6 和图 3-22，我们发现乡镇企业的就业比重在 31 年间增长最快，增长了 12.95 个百分点，其次是私营企业和个体户，分别增长了 11.04 和 8.40 个百分点，增长相对较少的是有限责任公司和股份有限公司，分别仅增长 3.12 和 1.23 个百分点，但是考虑到有限责任公司和股份有限公司是改革开放中期后的新兴产物，且相对于乡镇企业、私营企业和个体户而言其就业的进入门槛要高，所以它们的就业吸纳作用也已经很明显。

(五) 就业的城乡结构现状

1. 就业的城乡结构演变分析

就业的城乡结构优化直接关系到城乡劳动力市场一体化的城乡就业均等。从我们整理的中国统计数据来看（见表3-7和图3-23），我国就业人数一直在增加，31年间城镇就业人数增加了21606万人，城镇就业比重增长了16.21个百分点，乡村就业人数增加16237万人，乡村就业比重则下降了16.21个百分点。从这些数据中我们不难发现，乡村就业比重的降低与农村劳动力向城镇转移有巨大关系。但是2:3的城乡就业结构与我国城乡经济发展程度相比仍然是滞后的，说明农村还存在较多的剩余劳动力，需要进一步的推进农村城镇化、农业工业化和农民非农化进程。

表3-7 1978~2009年我国就业的城乡结构

单位：万人，%

年 份	就业人员		就业比重	
	城镇	乡村	城镇	乡村
1978	9514	30638	23.69	76.31
1980	10525	31836	24.85	75.15
1985	12808	37065	25.68	74.32
1990	17041	47708	26.32	73.68
1991	17465	48026	26.67	73.33
1992	17861	48291	27.00	73.00
1993	18262	48546	27.34	72.66
1994	18653	48802	27.65	72.35
1995	19040	49025	27.97	72.03
1996	19922	49028	28.89	71.11
1997	20781	49039	29.76	70.24
1998	21616	49021	30.60	69.40
1999	22412	48982	31.39	68.61

第三章 我国城乡劳动力市场一体化与就业结构优化的现状和问题

续表

年份	就业人员		就业比重	
	城镇	乡村	城镇	乡村
2000	23151	48934	32.12	67.88
2001	23940	49085	32.78	67.22
2002	24780	48960	33.60	66.40
2003	25639	48793	34.45	65.55
2004	26476	48724	35.21	64.79
2005	27331	48494	36.04	63.96
2006	28310	48090	37.05	62.95
2007	29350	47640	38.12	61.88
2008	30210	47270	38.99	61.01
2009	31120	46875	39.90	60.10

资料来源：《中国统计年鉴2010》。

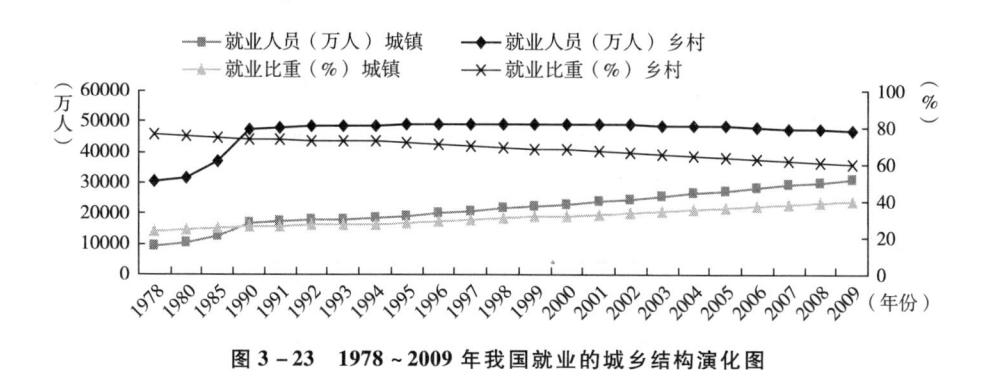

图3-23 1978~2009年我国就业的城乡结构演化图

2. 就业的城乡结构偏离度分析

为了考察劳动者就业的城乡结构协调程度，我们提出了城乡结构偏离度指标，来测度我国人口的城乡分布与就业的城乡分布之间的差距以反映我国城镇就业和乡村就业是否存在不协调状况。

"城乡结构偏离度"的数值等于"城镇或乡村人口占总人口比重"除

以"城镇或乡村就业人口占总就业人口的比重"的商减去1。

对于城乡结构偏离度的含义,我们解读如下:当结构偏离度趋于零时,说明城乡人口与就业比较协调;大于零时,说明人口比重大于就业比重;小于零时,说明人口比重小于就业比重。

我国1978~2009年的城乡结构偏离度水平如表3-8所示。

表3-8 1978~2009我国就业的城乡结构偏离度

年 份	城镇就业偏离度	乡村就业偏离度	年 份	城镇就业偏离度	乡村就业偏离度
1978	-0.2436	0.0756	1999	0.1080	-0.0494
1980	-0.2197	0.0727	2000	0.1276	-0.0604
1985	-0.0767	0.0265	2001	0.1489	-0.0726
1990	0.0034	-0.0012	2002	0.1634	-0.0827
1991	0.0101	-0.0037	2003	0.1765	-0.0928
1992	0.0170	-0.0063	2004	0.1860	-0.1011
1993	0.0238	-0.0089	2005	0.1928	-0.1087
1994	0.0311	-0.0119	2006	0.1849	-0.1088
1995	0.0383	-0.0149	2007	0.1789	-0.1102
1996	0.0550	-0.0224	2008	0.1716	-0.1097
1997	0.0722	-0.0306	2009	0.1677	-0.1113
1998	0.0899	-0.0396			

资料来源:根据《中国统计年鉴2010》相关数据计算整理而得。

从表3-8可以看出:

(1)我国城镇就业偏离度基本上大于零,且呈现不断增大趋势。说明城镇人口比重大于城镇就业比重,反映了城镇地区尤其是大城市本身存在着一定的失业和老龄化情况,再加上农村人口的转移流入,使得城镇的就业容量相对有所减少。

(2)我国乡村就业偏离度基本上小于零,且其绝对值也呈现不断增大趋势。说明乡村人口比重小于乡村就业比重，反映了乡村人口不断向城镇转移，使得乡村人口不断减少，而相应的乡镇企业、私营企业、个体户就业人数不断增加，乡村就业容量反而呈现相对扩大趋势。

因此，我国农村劳动力转移就业的方向可以逐渐由大城市逐渐转向中小城市以至小城镇和乡村，由传统的受雇佣就业转向自主创业、带动就业以实现更高程度的充分就业。

（六）就业的劳动者素质结构

我国2009年就业的劳动者素质结构数据见表3-9和图3-24。

表3-9　2009年我国就业的劳动者素质结构（教育-职业）

单位：%

受教育程度	单位负责人	专业技术人员	办事人员和有关人员	商业、服务业人员	农、林、牧、渔、水利业生产人员	生产运输设备操作人员及有关人员	其他
总　计	1.0	5.8	4.0	13.9	57.5	17.6	0.3
未上过学	0.1	0.4	0.3	3.5	92.0	3.6	0.1
小学	0.2	0.7	0.6	6.4	81.9	10.0	0.1
初中	0.7	2.2	1.8	15.1	57.8	22.1	0.3
高中	2.2	11.3	8.9	27.0	25.2	25.0	0.4
大学专科	4.1	35.7	23.5	18.7	4.3	13.3	0.4
大学本科	5.4	47.7	26.6	11.9	1.1	6.9	0.3
研究生	5.7	62.7	21.0	6.7	0.9	3.0	0.1
男	1.5	5.4	4.9	12.8	53.1	21.9	0.3
未上过学	0.2	0.6	0.6	3.3	89.5	5.6	0.2
小学	0.4	0.8	1.0	6.1	78.4	13.0	0.2
初中	1.0	2.2	2.3	13.3	54.9	26.0	0.3
高中	2.8	8.8	9.3	22.3	27.1	29.3	0.4

续表

受教育程度	单位负责人	专业技术人员	办事人员和有关人员	商业、服务业人员	农、林、牧、渔、水利业生产人员	生产运输设备操作人员及有关人员	其他
大学专科	5.6	28.9	26.5	17.3	4.6	16.5	0.5
大学本科	7.4	42.4	28.4	11.8	1.2	8.3	0.3
研究生	7.1	62.8	20.5	6.0	0.9	2.9	
女	0.5	6.2	2.9	15.0	62.7	12.4	0.2
未上过学	0.1	0.3	0.1	3.6	93.1	2.7	0.1
小学	0.1	0.5	0.2	6.6	85.1	7.3	0.1
初中	0.3	2.2	1.1	17.6	61.7	16.8	0.2
高中	1.2	15.5	8.3	34.6	22.0	18.0	0.4
大学专科	2.1	44.5	19.6	20.5	3.8	9.1	0.3
大学本科	2.6	55.2	24.1	12.0	0.9	4.9	0.3
研究生	3.4	62.7	21.9	7.8	1.1	3.1	0.2

资料来源:《中国劳动统计年鉴2010》。

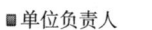

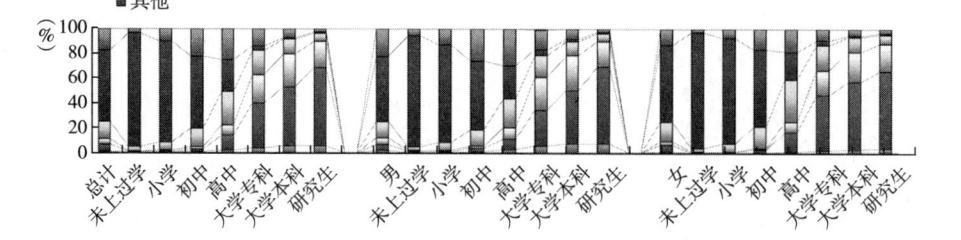

图 3-24 我国 2009 年就业的劳动者素质结构图

从表 3-9 和图 3-24 可以看到,我国分教育程度的就业情况呈现学历越高,工作的内容越体面或越正式,而学历越低则工作性质越低级、越辛苦的态势。具体来看,未上过学和小学学历者分别有 92% 和 81.9% 的人从事的是农、林、牧、渔、水利业，而具有专科、本科、研究生学历的劳动者大部分担任专业技术人员、办事人员。

劳动者素质结构在不同性别上表现也不一样。女性劳动者相对于男性劳动者而言，从事农、林、牧、渔、水利业的概率要更高，而作为单位负责人、专业技术人员和办事人员而就职的概率要更小，而且这种情况并没有随着学历的提高有所减弱，总而言之，女性在劳动力市场上受到重视的程度一般相对要更小。

第二节 我国城乡劳动力市场一体化与就业结构优化存在的主要问题

经过多年的改革、探索和发展，我国在统筹城乡就业，优化就业结构方面取得了一定的成效，初步建立较为完整的劳动力市场体系，但距离真正意义上的城乡一体化劳动力市场还有较大的差距，目前仍然存在不少的问题和不足[1][2]。

一 城乡劳动力市场二元分割现象未改，就业的行业结构和所有制结构不合理

由于长期以来政府部门实施"先城镇，后农村"的歧视性政策和城镇户口福利性户籍制度所形成的体制性障碍至今尚未完全消除，城乡资源分配不公平现象仍然较为突出，我国劳动力市场的城乡二元分割格局目前依然存在。当前城乡劳动力在就业和社会保障等方面，还没有建立起统一规范、竞争有效的管理制度和长效机制，农村劳动力和外来劳动力进入城镇就业仍然存在不少不合理的歧视现象，经常遭遇同工不同酬、同工不同

---

[1] 张文、尹继东：《中国中部地区农村劳动力转移与人力资源开发问题研究》，中国财政经济出版社，2007。

[2] 张文、尹继东、万军花：《中部地区城乡劳动力市场一体化的问题与对策》，《求实》2005年第5期。

权、子女就学难、没有社会保险等不公平的限制，农民工进城就业一直主要限制在建筑业、制造业以及传统服务业等一些脏、累、苦、差的低收入行业，严重制约了农村富余劳动力自由、稳定、有效地向城镇转移就业，很大程度地剥夺了大多数农民的平等发展权利和机会，违背了现代社会的公正理念和机会平等原则，束缚了劳动者的活力和创造性，不利于城乡经济社会协调发展，阻碍了城乡劳动力市场一体化的实现。

目前我国城乡劳动者的就业竞争仍有失公平，城镇劳动力市场实际上被分割为一级（主要）劳动力市场和二级（次要）劳动力市场。城镇的本地劳动力通常在相对工资高、环境好、福利优、工作稳的一级劳动力市场就业，如行政事业单位、大中型国有企业、现代服务业等较高层次的正规部门；而农村和外地劳动力由于受到不公正的制度性歧视一般只能在工资低、环境差、福利劣、工作不稳的二级劳动力市场就业，如加工制造业、建筑业、交通运输业、批发零售业、餐饮业等低层次的劳动密集型行业和生产建设基层，从而造成城乡劳动力的职业岗位分割，就业的所有制结构和行业结构不均衡。城乡二元劳动力市场主要通过户籍歧视而不是素质差异将大多数具有农民身份的劳动力排斥在城镇一级劳动力市场之外，剥夺了农民工与城镇劳动力平等竞争就业的权利和机会，限制了城乡劳动力的自由流动，进一步扩大了城乡收入差距。我国农村转移劳动力通常60%左右转移到第二产业，多从事工业制造和建筑生产；40%左右转移到第三产业，多从事餐饮、旅馆、商品零售等传统服务业。

二　城乡劳动力市场体系不完善，就业服务功能不健全，导致城乡就业结构失衡

（一）城乡劳动力市场的就业服务体系不完善

虽然目前我国的劳动力市场（或人才市场）遍布城乡各地，绝大多数城市（镇）的劳动力市场也已初具规模，但城乡劳动力市场的布局和发展还不尽合理，就业服务体系城乡不平衡，不少乡镇劳动力市场的基础设施

建设由于经费不足而普遍滞缓；同时劳动力市场体系还不完善，运行机制不够健全，市场运作不够有效规范，劳动力流动渠道不通畅，职业中介服务机构政企、政事不分和缺乏公平竞争的问题依然存在，各类民办职业介绍所欺诈、蒙骗求职者的现象较为严重，政府部门对劳动力（人才）市场的多头分割管理与工作低效率尚未彻底改变，这些都制约着劳动力市场功能的发挥和市场机制的发育，与城乡一体化的要求相差较大，就业的城乡结构不均衡程度加大，不适应城乡协调发展的需要。

（二）城乡劳动力市场的供求信息网络建设不平衡

劳动力市场主要通过提供供求双方的信息来配置劳动力资源。但是我国劳动力市场与用人单位、劳动力职业培训机构并没有真正建立起长久稳定的良好联系，劳动者个人素质也不高，并没有很好地发挥劳动力市场的信息枢纽功能，劳动力资源的配置效益不高。多数大中小城市和城镇相互之间虽可以通过互联网络共享劳动力市场信息，但不少经济欠发达的乡村地区缺乏专业技术人员和网络运行维护费用，劳动力市场信息网络系统建设落后，普遍未实现与省市的实时联网，这是造成的劳动者素质结构不均衡的人为原因。同时，目前我国各地劳动力供求信息的采集、评估、发布和利用很多仍采用电话、传真、邮寄等传统方式开展，信息传递方式落后，信息采集手段单一，信息的及时性和有效性较低，供求之间严重脱节，而且城乡信息共享机制也尚未建立，传统劳动力市场信息的服务主要提供给城镇居民，未能充分发挥信息服务对跨区域劳动力资源配置和流动就业的导向作用，城镇劳动力在就业信息获取上相对农村劳动力而言具有明显优势。可见一方面就业的城乡结构不均衡会造成信息、交通、教育等资源在城乡间分配的不均衡，进而影响劳动者素质结构；另一方面，劳动者素质结构的不合理也会通过劳动者在经济工作中所发挥的作用而影响到就业的城乡结构。由此我们可以推断就业的各种结构之间存在相互影响的关系。

由于劳动力市场信息网络传输不畅，供求信息不对称，市场发育不充分，市场的交易成本较大，因而我国农村劳动力转移就业的组织化程度也不高，缺乏有组织的有序转移，通过劳动部门与中介机构组织的劳务输出比例较低，多数为自发性、盲目性的自流式转移，许多农村劳动力向城镇非农产业流动还是依赖于亲戚、朋友、老乡介绍和自己寻找这种血缘、地缘的以人际关系为主的形式来获取就业信息并外出就业，从而导致农民工的流动成本较高，转移就业率较低，不利于社会的和谐稳定。

（三）城乡劳动力市场的服务功能不健全，供求竞争有失公平

劳动力市场要发挥其有效配置利用劳动力资源、实现充分就业的功能，就必须具备有效的价格竞争机制。但由于市场性、政策性和制度性等因素的影响，劳动力市场的调控盲区大量存在，缺乏行业自律与规范化管理，我国城乡劳动力市场的合理竞争性不足，服务功能不健全，业务特色不明显，就业服务手段不适应现代经济发展的要求，不能很好地满足各层次人力资源配置的需要，导致城乡劳动力就业竞争不公平，农村转移劳动力仍然集中于城镇非正规部门，且在行业职业进入和工资报酬等方面都受到歧视。城乡二元分割下劳动力市场机制明显扭曲，劳动力价格并不能真实反映劳动力资源的稀缺程度和市场供求关系，从而严重影响市场功能的发挥，制约着劳动力资源的合理流动与有效配置。

由于制度因素和劳动者文化素质因素的限制，我国农村转移就业劳动力很难进入城镇主要劳动力市场而被强制流入从属（次要）劳动力市场。大量农村劳动力的涌入又使得从属劳动力市场变得十分拥挤，劳动者间的竞争更加激烈，从而压低了农村劳动力的交易价格（工资），最终导致近年来从东部沿海蔓延到中西部城市的区域性结构性"民工荒"现象。大量农民工十多年来一直是在经济相对发达的城镇从属劳动力市场中就业，从业范围局限在建筑工、电子工、缝纫工、服务员等脏、累、险、差的工作。与就业岗位的有限相比，由于农村劳动力的供给相对无限，大量劳动者在这一地区市场（行业）中竞争就业，劳动力价格被压得很低，一旦长期低于劳动力价值时，理性的农村劳动力自然就会退出该地区或行业，返乡务农或就近就业，直至工资收入提高。

三 城乡劳动力资源开发不充分，职业培训体系不统一，劳动者素质结构低下

由于我国大多数农村经济发展落后，农民收入较低，政府资金投入不足，城乡教育培训资源配置不平衡，使得农村的基础教育与职业教育比较落后，城乡劳动力职业培训体系不完善、不统一，尚未形成以市场需求为导向的人力资源开发机制，缺乏人力资源优化发展的制度保障，一些职业培训机构运作不规范、收费高，培训形式化，针对性和有效性不强，也使农民工参加不起或不愿意参加培训，从而导致广大农村劳动力的文化素质和职业技能难以提高，外出务工时只能从事脏、苦、累、差的体力型的低技能简单工作。据调查，当前我国农村劳动力的素质比较低，明显不如城镇劳动力和其他发达国家农村劳动力，初中和小学文化程度的比重高达80%左右，且大多数缺乏职业技能。随着产业结构的调整和高新技术的快速发展，简单加工的传统劳动密集型产业逐渐向技术密集型产业转化，对工人的技能要求越来越高。而低素质、低技能的农村劳动力，待遇低、替换率高、流动性大，很难适应现代企业发展对劳动者素质提高的要求，造成劳动力有效供给不足，满足不了企业的用人需求，劳动力市场供求结构性矛盾突出，从而影响了农村富余劳动力的有效转移和劳务经济的稳定发展，不利于当前我国城乡经济社会的快速协调发展。

四 城乡劳动者的社会保障体系不健全

合理有效的社会保障制度是现代社会保护劳动者基本生存权利的制度安排。尽管当前我国社会保障的覆盖程度已相对较高，但是城乡之间、地区之间仍然存在不同的制度、不同的标准、不同的保障水平，社会保险的转移机制还没有完全建立。由于社会保障还没有建立完善全国统一的转移接续政策，养老保险的统筹部分（社保的大头）还很难转移接续，返乡农民工并不能充分享受到在打工地所交的社保待遇，这对流动就业人员没有太大价值，从而使不少外来农村劳动力不愿意缴费参加社保，制约了城乡统筹就业和城乡劳动力市场一体化。因此，城乡社会保障制度的不统一，农村社会保障体

系的不完善，也成为我国农村富余劳动力转移就业的最大障碍之一。受经济条件、生活水平的影响，目前我国社会保障体系同劳动力市场一样仍然呈现城乡二元结构，城市（镇）已基本建立起较全面的社会保障体系，城镇劳动者多数基本上享受失业、养老、医疗、工伤、生育五大社会保险和最低生活保障，而农村社会保障体系刚刚开始探索构建，尚未完整形成，广大农村劳动者（包括实现了职业转变的农民工）由于被认为有土地作为就业和养老的保障以及农民工维权机制的缺失，除了大多数参加了新型农村合作医疗，少数参加了新型农村社会养老保险外，基本上享受不到较好的社会保障，只有少数进城农民工能享受基本社会保险，且参保率较低、退保率较高，总体上农民社保覆盖面窄、保障水平低。

五 劳动力市场监控机制不健全，农村劳动力合法权益保障不力

我国在统筹城乡就业、促进农村劳动力转移的过程中，由于相关法律法规不完善，政府监管执法力度不够，劳动力市场监督调控机制仍不健全，城乡劳动力市场的规范有效运行很难得到保证，导致城乡劳动者尤其是大量非正规部门就业的农村外出务工劳动力的合法权益经常受到侵害，难以得到充分及时保障，例如用人单位非法用工、不与农民工签订劳动合同、不为农民工缴纳社会保险、劳动条件恶劣、随意增加工作强度和时间、克扣或拖欠工资等。另外非法职业中介机构坑蒙拐骗、欺诈劳动者现象还比较突出，加上由于制度缺失导致的政府有关部门对劳动力市场的管理不到位或不作为又加重了农民工权益受害程度，严重制约着我国城乡劳动力市场的一体化。彻底解决这些问题的关键还是要建立作为长期制度安排的劳动者权益保护监控体系和长效机制[1][2]。

---

[1] 郭南芸：《城乡协调的劳动力市场研究》，江西财经大学硕士学位论文，2005。
[2] 徐小琴：《江西城乡劳动力市场一体化的问题与对策研究》，南昌大学硕士学位论文，2009。

第四章 我国城乡劳动力市场一体化就业结构优化效应的制约因素

城乡劳动力市场一体化及其就业结构优化效应受到多种微观与宏观复杂因素的制约和影响，如制度性因素、经济性因素、社会性因素等（见图4-1）。因此，要促进城乡劳动力市场一体化，提高其就业结构优化效应，就有必要分析其制约因素，了解其中起主要作用的根本因素。这对于深入认识城乡劳动力市场一体化及其就业结构优化效应的规律以及设计出更加合理有效的制度安排和对策措施具有重要的意义。

图4-1 城乡劳动力市场一体化就业结构优化效应的制约因素

第一节 制度性因素：城乡分割的户籍制度和社会保障制度

一 城乡分割的户籍制度

根据2010年第六次全国人口普查主要数据公报，居住在城镇的人口为

665575306人，占49.68%；居住在乡村的人口为674149546人，占50.32%。同2000年第五次全国人口普查相比，城镇人口增加207137093人，乡村人口减少133237289人，城镇人口比重上升13.46个百分点，可见我国城镇人口正以年均2071.4万人的速度增加，这些增加的城镇人口一方面是城镇本身的人口增长造成的，另一方面则是由乡村人口转移形成的，转移速度大约为年均1332.4万人①。乡村人口转移是城镇化比率提高的主要途径。但乡村人口的转移过程中遇到的最根本障碍是在我国有着几十年历史的户籍制度，它像一道"无形的巨大鸿沟"或"看不见的高墙"横亘在城乡之间，阻碍着城乡人口与资源的自由流动和转移，而这一制度的改革一直滞后于经济体制的改革。迄今为止，小城镇的户籍制度改革已经取得显著的成效，但大城市在外来人员准入和户籍管理方面仍然很严格，城乡二元分割的局面没有根本消除。这种深刻的分割制度不仅影响着劳动力的自由流动和定居，还引申出很多隐性福利，造成城乡劳动者的区别待遇，如社会保障、教育、高考等方面的城市隐性福利人为地造成了城乡劳动者在劳动就业上的不平等。

制约我国城乡劳动力市场的一体化发展及其就业结构优化效应的发挥，其根源在于带有歧视色彩和以身份甄别为特征的城乡分割户籍管理制度。户籍管理制度是政府职能部门为维护社会治安和提供人口统计资料而对所辖居民基本状况进行相关管理的一项行政管理制度。我国现行户籍制度源于1958年的《中华人民共和国户口登记条例》，它不同于其他国家实行的居住地登记制度，而是我国高度集中计划经济体制和重工业优先发展战略下特殊制度变迁过程的产物，它将人口划分为城镇（非农业）户口和农村（农业）户口两大类，目的在于固定城乡人口和劳动力的分布，从而限制人口的区域迁移，保证城镇就业，由此形成我国城乡人口之间的法定隔离制度，农村居民不能随意改变居住地和务农身份，并衍生了排他性的

---

① 国家统计局：《2010年第六次全国人口普查主要数据公报（第1号）》，2011年4月28日，国家统计局官方网站：http://www.stats.gov.cn/tjgb/rkpcgb/qgrkpcgb/t20110428_402722232.htm，最后访问日期：2011年6月2日。

城镇劳动就业福利体制，导致劳动力市场分割成农村与城镇两个相互独立的部分，同时不同规模和发展程度的城市之间的户籍也存在着相当大的差异。从20世纪50年代末到70年代末经济体制改革开始，这种城乡分割的二元结构户籍管理制度一直得到严格执行，人口迁移尤其是从农村到城市的迁移受到严格的限制，严重阻碍了农村劳动力向城市的转移就业，违背了经济发展的基本规律。20世纪80年代以后我国户籍制度及就业政策随着改革开放的推进和劳动力等各类生产要素的开始流动有所松动，开始推行居民身份证制度并允许农民自理口粮到城镇务工经商和落户；2001年国务院批转了公安部《关于推进小城镇户籍管理制度改革的意见》，规定所有在县级市市区、县人民政府驻地镇及其他建制镇当地有合法固定住所、稳定的职业或生活来源的人员及与其共同居住生活的直系亲属，都可以根据本人意愿办理城镇常住户口，不再实行计划指标管理。从此我国各地的小城镇户籍制度改革全面推进。各地也根据各自的特点逐步放松了大中城市的户口限制，不少大中城市近年来开展了投资入户、购房入户等户籍改革试点工作[①]。城乡劳动力市场的绝对分割正在逐渐减弱。

然而，当前我国户籍管理制度（尤其在大中城市）的改革步伐依然缓慢，城乡二元户籍结构并没有消除，也没有发生根本变化，依然是限制人口自由迁徙和劳动力合理流动的主要障碍，因而农村转移劳动力在社会保障、劳动就业和子女教育等方面仍受到不同程度的歧视，进城农民工始终处于城市边缘，无法真正融入城市和城镇，农民工市民化进程十分缓慢。加上源于城市利益集团自我维护的行政干预和地方保护主义，地方政府经常会为保护本地劳动力而采取一些偏袒性政策措施，对外来尤其是农村劳动力人为设置一些如素质、投资、职业等比较高的进入门槛，从而在事实上阻碍了广大农民进入城市正规劳动力市场，很难打破劳动力市场城乡分割的状态。[②]

---

① 胡祖杰：《我国城乡统一劳动力市场问题研究》，南昌大学硕士学位论文，2007。
② 郭南芸：《城乡协调的劳动力市场研究》，江西财经大学硕士学位论文，2005。

现在我国有部分大中城市开始实施以居住证代替暂住证的政策来进行户籍制度改革，试图改变长期以来农村人口及外来人口进城后遭受到的不平等待遇现状，而事实上这种换证的措施虽然规定了持有居住证的外来人口比以前享受更多的、与城镇户籍人口接近的基本公共服务待遇，但在实际操作中并没有执行到位，而且也未能真正将附着在户籍上的各种医疗保险、养老保险、子女教育、保障性住房、就业援助等利益剥离掉，多数进城农民工依然如故，并没有因此而成为"城里人"和新市民。这种政策虽然看上去很美，但在很大程度上却是一种换汤不换药的行为，而且在十多个实施城市里由于实行的居住证政策的不统一（如在领取条件、享受待遇等方面），反而有可能会阻碍我国户籍制度的深入彻底改革[1]。可见我国户籍制度改革的进程至今仍不能满足经济社会协调发展和城乡劳动力市场一体化的内在要求和发展趋势。

二 城乡不平等的社会保障制度

由于长期以来我国农村人口过多、生产方式落后，对"土地就是农民的保障"的片面认识以及经济条件的限制，农村劳动力基本上长期被排除在养老、失业、医疗等社会保险之外，除了灾害救济和对孤寡老人的"五保"之外，农民通常很少得到来自政府的社会福利保障，现有社会保障体系也主要面向城市（镇）劳动者，城乡社会保障水平的差异很大[2]。当前在我国社会保障体系中，城镇职工的社会保障水平相对较高，基本上可享受国家规定的退休养老、疾病医疗、贫困救济、失业保险乃至休养、丧葬抚恤费等各项待遇以及其他名目繁多的补贴津贴等福利（如住房公积金、住房补贴、子女上学）。而大多数乡村还没有正规的社会保障体系，社会保障覆盖率很低，国家、集体和社会的资助也很少，一般只在合作医疗和最低生活保障方面有所体现，农民仍以家庭自我保障为主，承包的小块土

---

[1] 《多城市居住证代替暂住证，各自为阵有碍户籍制度改革》，凤凰网，2011年4月13日，http://www.ifeng.com，最后访问日期：2011年5月25日。
[2] 胡学勤、秦兴方：《劳动经济学》，高等教育出版社，2004年。

第四章　我国城乡劳动力市场一体化就业结构优化效应的制约因素

地成为了农民离不开的"根"。农村劳动力作为弱势群体,在城镇大多从事脏、累、苦、差、重、险的低收入体力劳动,加上现有社会保险跨省接转较难,农民工多数享受不到基本养老、医疗保险以及工伤、失业保险,更不用说其他可望而不可即的社会福利,社会保障水平很低,一旦遇到大灾大病或工伤事故时,基本上得不到生活保障,巨大的经济压力将使其陷入困境。城乡不平等的社会福利保障制度和政策使得农民工到城市(镇)就业缺乏安全感,也无法稳定就业和生活,不能享受城市(镇)的各种福利待遇,难以融入城市(镇),直接制约了劳动力的自由流动和城乡劳动力市场的一体化发展,亟须加大改革力度,统筹城乡社会保障制度,提高农民的社会福利保障水平[①]。

随着近几年新农村的建设和国家对农民社会保障的重视,农村养老保险参保的人数有了一定的提高。尤其是2009年国务院发布的《关于开展新型农村社会养老保险试点的指导意见》,提出了新农保基金由个人缴费、集体补助、政府补助三部分构成,缴费标准设为每年100元、200元、300元、400元、500元5个档次,地方可以根据实际情况增设缴费档次,参保人自主选择档次缴费,多缴多得。该指导意见充分体现了对农民生活的保障性,激发了农民的参保意愿。从近五年(2005~2009年)的数据来看,农村参保人数在2009年有了实质性的增加,且城乡养老保险的差距也有了较大的缩小(见表4-1)[②]。

表4-1　城乡养老保险人数差距

单位:万人

年份	总参保人数	城镇参保人数	农村参保人数	城乡参保人数之比值
2005	17487.9	12046.0	5441.9	2.2
2006	18766.3	13392.6	5373.7	2.5
2007	20136.9	14965.4	5171.5	2.9

---

① 胡祖杰:《我国城乡统一劳动力市场问题研究》,南昌大学硕士学位论文,2007。
② 《国务院关于开展新型农村社会养老保险试点的指导意见》,中国政府网,2009年9月4日,http://www.gov.cn,最后访问日期:2011年1月5日。

续表

年份	总参保人数	城镇参保人数	农村参保人数	城乡参保人数之比值
2008	21891.1	16296.0	5595.1	2.9
2009	23549.9	16272.6	7277.3	2.2

资料来源：根据《中国劳动统计年鉴2010》的相关数据整理计算得到。

但是这种差距的缩小未能维持，从2010年人力资源和社会保障事业发展统计公报的数据来看，我国城乡间社会保障的差距甚至出现反弹现象。以养老保险为例，2010年末全国参加城镇基本养老保险的人数为25707万人，比上年末增加2157万人；其中参加基本养老保险的农民工人数仅有3284万人，比上年末增加637万人；2010年末参加新型农村社会养老保险的人数为10277万人，城镇基本养老保险参保人数是新型农村社会养老保险参保人数的2.5倍。且不论城乡人口在经济社会等各方面的巨大差异，城乡间巨大的养老保险人数差异就足以证明我国城乡劳动力在社会保障方面享受的权益不均等[1]。

再从医疗保险来看，2010年末全国参加城镇基本医疗保险的人数为43263万人，这其中参加城镇职工基本医疗保险的人数为23735万人，占全国城镇基本医疗保险总参保人的54.86%，参加城镇居民基本医疗保险的人数为19528万人，占全国城镇基本医疗保险总参保人的45.14%；而2010年参加医疗保险的农民工人数仅为4583万人，只占2010年度我国农民工总量（24223万人）的18.92%，是我国城镇基本医疗保险参保人数的1/10左右。从这些数据就可以看出我国农民工医疗保险的覆盖率之低以及城乡医疗保险的参保差距[2]。

---

[1] 人力资源和社会保障部：《2010年度人力资源和社会保障事业发展统计公报》，2011年7月20日，人力资源和社会保障部官方网站：http：//www.mohrss.gov.cn，最后访问日期：2011年8月10日。

[2] 人力资源和社会保障部：《2010年度人力资源和社会保障事业发展统计公报》，2011年7月20日，人力资源和社会保障部官方网站：http：//www.mohrss.gov.cn，最后访问日期：2011年8月10日。

城乡之间医疗保险的差距除了体现在参保人数的差别上，还体现在城乡居民所享受医保的不同待遇上。根据2010年农村医疗保险新政策，农民个人缴费由每人每年10元调整至20元，而中央财政补助40元，市财政补助30元，县财政补助10元。调整后对农民来说可享受的实惠更多，每人每年可以享受门诊药费报销40元，每次补偿比例40%。各级医院的起付线不变，一级医院补偿比例上调至75%，二级医院补偿比例上调至45%，中医院补偿比例50%，但是封顶线上调到3万元，因而对于农民来说是利好政策，鼓励了不少农民参加农村医疗保险。

但是与城镇医疗保险相比，二者的差距仍然很大。2010年城镇医疗保险的费用虽比农村医疗保险要高，但是财政补助相应更高，且报销比例和报销封顶线也更高，同时城镇医疗保险对于低保对象、低收入家庭、重度残疾人员以及"三无"人员在缴费标准上有减免政策。比如成人居民中的低保对象、重度残疾人员、低收入家庭60周岁以上的老年人，缴费标准由每人每年100元降至60元，其他成年居民缴费标准由每人每年160元降至120元；城镇居民子女中低保对象和重度残疾的只需缴纳30元；"三无"人员则个人不需缴纳，由财政全额补贴。另外财政补助标准也由每人每年80元提高到120元，是农村医疗保险财政补助总额的1.5倍。报销比例也要比农村高，一级医院及药店报销75%，二级医院报销65%，三级医院报销55%。在住院报销封顶线上，居民子女及成年居民住院全年累计报销金额统一提高到7万元[①]。从这些医疗保险的政策措施来看，虽然农村居民缴费比城镇低，但事实上所享受到的医保资源却远不及城镇居民。

为了规范社会保险关系，维护公民参加社会保险和享受社会保险待遇的合法权益，使公民共享发展成果，促进社会和谐稳定，我国于2010年10月28日出台了《中华人民共和国社会保险法》（自2011年7月1

[①] 人力资源和社会保障部、财政部：《关于做好2010年城镇居民基本医疗保险工作的通知》，2010年6月1日，人力资源与社会保障部官方网站：http://www.mohrss.gov.cn，最后访问日期：2010年7月9日。

日起施行),该法规定,国家建立基本养老保险、基本医疗保险、工伤保险、失业保险、生育保险等社会保险制度,保障公民在年老、疾病、工伤、失业、生育等情况下依法从国家和社会获得物质帮助的权利;社会保险制度坚持广覆盖、保基本、多层次、可持续的方针,社会保险水平应当与经济社会发展水平相适应。根据社会保险法的相关规定,国家要建立和完善个人缴费、集体补助和政府补贴相结合的新型农村社会养老保险制度;省、自治区、直辖市人民政府可以根据实际情况,将城镇居民社会养老保险和新型农村社会养老保险合并实施;同时国家应建立和完善个人缴费、集体扶持和政府资助的新型农村合作医疗制度以及个人缴费和政府补贴相结合的城镇居民基本医疗保险制度,以缩小当前城乡居民社会保险水平的差距[①]。

第二节 经济性因素:城乡有别的产业结构和资金投入

一 城乡有别的产业结构

我国城乡产业结构的不合理也是制约城乡劳动力市场一体化的主要因素之一。我国第一产业的相对劳动生产率较低,且近年来三次产业间比较劳动生产率的差距也不断扩大,二、三产业的就业弹性又在下降,大量农村劳动力仍然主要从事低效率的农业生产以及少量的乡村工业和服务业,城镇则基本为效率相对较高的非农产业聚集地,城乡产值和人力资源配置很不合理,产业结构效益总体上还处于低水平阶段。第一产业基础薄弱,农业科技不足,人地矛盾日益突出,行业结构单一化,规模化、产业化水平过低,农业生产效益总体低下,抑制了农民持续增收和农业部门吸纳农村劳动力的能力。第二产业总量扩张明显,但生产结构不够合理,结构升级较慢,工业大而不强,技术水平较低,技术改造缓慢,资金短缺严重,低加工产品过剩,高附加值和高技术产业仍未能发展壮大,而且利用高新

---

① 《中华人民共和国社会保险法》,中国政府网,2010 年 10 月 28 日,http://www.gov.cn/flfg/2010-10/28/content_ 1732964.htm,最后访问日期:2011 年 2 月 6 日。

第四章 我国城乡劳动力市场一体化就业结构优化效应的制约因素

技术改造传统产业的力度和效果较差,经济增长质量不高,严重影响了产业结构的调整升级,进而制约了第二产业吸纳劳动力就业的能力。第三产业则增长较快,但仍存在发展滞后、技术水平低下、总量偏小以及传统服务业比重较大、现代服务业发育不足的内部发展不均衡问题,制约了其发挥吸收劳动力的主渠道作用,还需进一步完善行业结构。此外,同一行业的部门分割和地区封锁,行业的指导和协调管理不力,国有经济的低水平重复建设和分散投资,地区产业结构的雷同等都不利于我国城乡劳动力资源的合理配置[①]。

城乡有别的产业结构催生了城乡经济基础和收入水平的差距,同时导致城乡不同的就业结构,在工业化进程远快于城镇化进程的条件下,必然引发就业结构与产业结构之间的配置偏离,使城乡劳动力市场存在着显著的效率差异。根据2008年公布的第二次全国农业普查数据,2006年末农村从业人员从事第一产业的占70.8%,从事第二产业的占15.6%,从事第三产业的占13.6%。而在外出从业农村劳动力中,从事第一产业的劳动力占2.8%;从事第二产业的劳动力占56.7%;从事第三产业的劳动力占40.5%。同年末我国城镇就业的三次产业结构则是:从事第一产业的占3.7%,从事第二产业的占44.2%,从事第三产业的占52.1%[②]。

二 城乡有别的资金投入

我国正处于传统计划经济体制已被打破、市场经济体制逐步形成的经济转轨时期,经济发展水平相对不高,政府财力相对有限,尽管各级政府对劳动力市场建设的投资随着对就业问题的重视有明显增加,基本建成了省、市、县(区)、乡(镇)等各级公共就业服务和劳动保障机构体系以及不少民办职业介绍和职业培训机构,但与发达国家和地区相比,我国劳

---

① 胡祖杰:《我国城乡统一劳动力市场问题研究》,南昌大学硕士学位论文,2007。
② 国家统计局:《第二次全国农业普查主要数据公报(第五号)》,2008年2月27日,国家统计局官方网站:http://www.stats.gov.cn/tjgb/nypcgb/qgnypcgb/t20080227_402464718.htm,最后访问日期:2010年7月2日。

动力市场建设的总体投入还不足，尤其是农村劳动力市场体系投入过少，从而使得城乡劳动力供求信息网络发展滞后，未能覆盖广大农村，加上劳动力市场管理机制不健全，市场监管不完善，市场运行不规范，导致城乡劳动者的权益保障不力。我国劳动力市场资金投入的不足和城乡不平衡，导致农村劳动力市场发展严重滞后于城镇市场和经济发展，增加了农村劳动力外出就业的机会成本和转移成本，不利于农村人力资源的开发及其向非农产业和城镇转移就业，也不适应城乡经济社会协调发展的需要，制约着我国城乡劳动力市场一体化的发展和就业结构的优化。

这种劳动力市场资金投入的不足可以从其产生的效果（如农民工对劳动力市场有效性的判断）得到一定程度的说明。目前农民工寻找工作的途径仍较为单一，主要是通过亲朋好友的介绍，很少通过职业介绍机构实现就业，正规劳动力市场起的作用微乎其微。这其中最主要的原因还是劳动力市场在职业介绍、职业指导等信息供给方面做得很不够。现有的就业服务机构基本设置在城市和城镇，主要为城镇居民的就业和创业服务，而且现有的各类人力资源市场还存在职业介绍费、指导费、手续费等诸多名目的中介收费，并且求职劳动者在付出相应不低的费用后通常也不能够获得较为满意的工作，有时甚至是职业中介为多赚取介绍费的变相欺骗，让许多劳动者尤其是低收入的农民工望而却步。因此劳动力市场体系的不健全也是制约城乡劳动力市场一体化的重要市场性因素之一。

本书通过问卷调查，来分析农民工对职业介绍所、就业服务中心、人才交流中心等劳动力市场工作人员的态度判断情况，我们发现58.5%的农民工表示没有去过劳动力市场，对其工作人员态度不清楚；19.8%的农民工认为劳动力市场工作人员的态度"不冷不热，例行公事"；还有7.5%的农民工认为劳动力市场工作人员"态度恶劣，只知收费不办实事"，仅有14.2的农民工认为劳动力市场工作人员"友好热情，服务周到"（见表4-2）。

第四章 我国城乡劳动力市场一体化就业结构优化效应的制约因素

表4-2 劳动力市场工作人员的态度

单位：%

调查选项	频率	百分比	累积百分比
不冷不热，例行公事	21	19.8	19.8
不清楚	62	58.5	78.3
态度恶劣，只知收费不办实事	8	7.5	85.8
友好热情，服务周到	15	14.2	100.0

资料来源：根据本课题组的问卷调查数据整理而得。

从劳动力市场提供的就业信息来看，52.8%的受访农民工认为劳动力市场提供的信息不起作用，20.8%的受访农民工认为信息不充足，20.8%的受访农民工认为信息一般，仅有5.7%的受访农民工认为信息充足（见表4-3）。

表4-3 劳动力市场提供的就业信息

单位：%

调查选项	频率	百分比	累积百分比
不 充 足	22	20.8	20.8
不起作用	56	52.8	73.6
充 足	6	5.7	79.2
一 般	22	20.8	100.0

资料来源：根据本课题组的问卷调查数据整理而得。

另外，由于政府及社会各界对城乡教育培训资源和就业服务的资金投入配置不均衡，使得农村的基础教育、职业教育和劳动力市场建设相对更为落后，也导致农村劳动力的就业能力相对于城镇劳动力而言要更差，这反映在与公共就业服务同属人力资源开发配置或人力资本投资的教育经费投入的城乡差别上。根据《中国教育经费统计年鉴2008》的统计，2007年全国教育部门和其他部门普通小学人均教育经费支出（2752.28元）是农村小学人均教育经费支出（2463.72元）的1.117倍，其中普通小学人均事业性经费支出（2718.10元）和人均基本建设支出（34.17元）分别是农村小学人均事业性经费支出（2441.71元）和农村小学人均基本建设支出（22.01元）的1.113倍和1.552倍；普通初中人均教育经费支出（3486.77元）是农村初中人均经费支出（2926.58元）的1.191倍，其中普通初中人均事业性经费支出（3412.65元）和人均基本建设支出（74.12元）分别是农村初中人均事业性经费支出（2882.03元）和人均基本建设支出（44.54元）的1.184倍和1.664倍；普通高中人均教育经费支出（5478.99元）是农村高中人均经费支出（4031.41元）的1.359倍，其中普通高中人均事业性经费支出（5262.02元）和人均基本建设支出（216.97元）分别是农村高中人均事业性经费支出（3968.40元）和人均基本建设支出（63.02元）的1.326倍和3.443倍；职业高中人均教育经费支出（5497.46元）是农村高中人均经费支出（4227.29元）的1.301倍，其中职业高中人均事业性经费支出（5337.16元）和人均基本建设支出（160.31元）分别是农村高中人均事业性经费支出（4139.62元）和人均基本建设支出（87.67元）的1.289倍和1.829倍[①]。九年义务教育和高中阶段教育是人力资源开发和人力资本投资的起点，是培育劳动者就业、创业能力，促进城乡教育就业均衡的坚实基础。从我国长期存在的中小学城乡教育经费支出的差距（尤其是在高中阶段教育经费投入的城乡差距很大）中就可以看出我国在城乡人力资源开发投入上的明显差距。

第三节 社会性因素：城乡不同的教育文化水平和思想观念

一 城乡不同的教育文化水平

教育文化水平是反映劳动力素质的主要指标，劳动力素质越高，越容易获得较多的就业机会、取得相对稳定的职业和收入，更容易融入现代社会的各个方面，并且随着劳动力市场发育程度的提高，其回报率将在工资

[①] 教育部财务司、国家统计局社会和科技统计司：《中国教育经费统计年鉴2008》，中国统计出版社，2009。

收入中得到更充分的反映。教育水平的提高有利于劳动力素质的改善从而对经济社会的健康和谐发展起到长远的、不可替代的重要贡献。但是，由于我国在经济社会发展水平上处于不同的阶段，作为长期形成的城乡二元社会结构的结果，教育投入的城乡不平等制约着我国城乡教育的均衡发展和农村劳动力素质的进一步提高，城乡居民在受教育水平和文化素质上存在着很大的差距，这也直接制约了农民思想观念的解放和就业能力的提高，构成农村劳动力实现职业、部门和区域转移，促进城乡劳动力市场一体化和就业结构优化的内在障碍。

当前我国农民的平均教育文化素质和能力水平明显低于城镇居民，大部分农村劳动力只有小学或初中文化程度且未接受过正规职业技能培训，有专业职业技术特长的很少，因而转移就业能力普遍较差，竞争力相对较弱，就业领域比较狭窄，很难适应经济快速发展和产业现代化、高级化对高素质劳动力的迫切需求。据《中国人口和就业统计年鉴 2010》的数据，在 2009 年我国就业人员受教育程度构成中，初中及以下文化程度的比重高达 79.8%，高中文化程度的比重为 12.8%，大专及以上文化程度的比重则为 7.4%[1]。另据《中国农村统计年鉴 2011》对我国农村居民家庭劳动力文化状况的调查统计，2009 年初中及以下文化程度的比重高达 83.3%（超过全国 79.8% 的平均水平），高中及中专文化程度的比重则为 14.6%，大专及以上文化程度的比重仅为 2.1%（远低于全国 7.4% 的平均水平）；2010 年，我国农村居民家庭劳动力的教育文化状况有了轻微改善：初中及以下的比重降至 82.6%，高中及中专的比重升至 15%，大专及以上的比重也升至 2.4%[2]。再从按行业分的全国就业人员受教育程度构成的统计数据看，2009 年从事农林牧渔业、建筑业、采矿业的就业人员初中及以下文化程度的比重分别高达 94.1%、81.3% 和 74.0%，大专及以上文化程度的比重则分别仅为 0.45%、5.3% 和 7.6%，而从事批发零售业、文化体育娱乐

---

[1] 国家统计局人口和就业统计司：《中国人口和就业统计年鉴 2010》，中国统计出版社，2010。
[2] 国家统计局农村社会经济调查司：《中国农村统计年鉴 2011》，中国统计出版社，2011。

业、金融业的就业人员初中及以下文化程度的比重分别为 64.1%、38.6% 和 13.7%，大专及以上文化程度的比重则分别达 9.4%、34.4% 和 59.7%。[①] 以上数据都清楚地表明了城乡不同行业劳动力受教育程度和文化素质的显著差距。

城乡间教育发展水平的差距主要体现在不同的受教育程度上，包括基础教育和高等教育，本书采用平均受教育年限和教育基尼系数两个指标来定量描述和分析城乡教育发展水平的差距。这两个指标的获取方法如下：

（1）采用统计部门划分的五个教育层次：未上过学、小学、初中、高中、大专及以上。平均受教育年限的计算公式为：

$$\mu_{aea} = \sum_{i=1}^{5} Ea_i \cdot p_i \qquad (4.1)$$

式中：μ_{aea} 代表平均受教育年限（反映了教育文化总体水平），i 为对不同教育程度的分组，$i=1、2、3、4、5$ 分别代表未上过学、小学、初中、高中、大专及以上学历，Ea_i 为分不同教育程度的年数，我们定义这五种学历的受教育年数分别为 0、6、9、12、16 年，p_i 代表不同教育程度的人数占 6 岁以上人口总数的比重。

（2）我们采用 Thomas 改进后的基尼系数公式来计算平均受教育年限的基尼系数，该公式如下：

$$Egini = \frac{1}{\mu} \sum_{2}^{n} \sum_{j=1}^{i-1} p_i |Sa_i - Sa_j| p_j \qquad (4.2)$$

式中，$Egini$ 是教育获得分布的基尼系数（反映了教育不公平程度）；μ 是平均受教育年限，p_i 和 p_j 代表一定教育程度的人口占 6 岁以上人口总数的比重；Sa_i、Sa_j 是不同教育程度的受教育年限，n 是教育获得的分组数（$n=5$）。

将（4.2）式展开，得到

[①] 国家统计局人口和就业统计司：《中国人口和就业统计年鉴 2010》，中国统计出版社，2010。

第四章 我国城乡劳动力市场一体化就业结构优化效应的制约因素

$$Egini = \frac{1}{\mu}[p_2(psa - nsa)p_1 + p_3(jsa - nsa)p_1 + p_3(jsa - psa)p_2 + \\ p_4(ssa - nsa)p_1 + p_4(ssa - psa)p_2 + p_4(ssa - jsa)p_3 + p_5(csa - \\ nsa)p_1 + p_5(csa - psa)p_2 + p_5(csa - jsa)p_3 + p_5(csa - ssa)p_4] \quad (4.3)$$

运用上述公式（4.3）可以计算得到我国 2006~2009 年全国、城市、城镇、乡村的平均受教育年限和教育基尼系数（见表 4-4）。

表 4-4 我国 2006~2009 年全国、市、镇、村平均受教育年限及教育基尼系数

		2006 年	2007 年	2008 年	2009 年
全国	平均受教育年限（年）	8.040	8.186	8.270	8.380
	教育基尼系数	0.237	0.230	0.226	0.223
城市	平均受教育年限（年）	10.151	10.257	10.278	10.367
	教育基尼系数	0.203	0.199	0.198	0.197
城镇	平均受教育年限（年）	8.285	8.363	8.405	8.443
	教育基尼系数	0.222	0.215	0.211	0.207
乡村	平均受教育年限（年）	7.028	7.183	7.285	7.375
	教育基尼系数	0.231	0.223	0.217	0.215

资料来源：采用《中国人口和就业统计年鉴 2010》中 2006~2009 年全国分城市、城镇和乡村人口受教育程度的相关数据计算而得。

从我国 2006~2009 年我国市镇乡的平均受教育年限的横向比较来看，城市平均受教育年限要高于城镇平均受教育年限 2 年左右，高于乡村平均受教育年限 3 年左右，农村受教育程度明显低于城市和城镇受教育程度，这种显著差距导致了城乡劳动力文化素质的显著差异，进而从起点上就制约着城乡劳动者在劳动力市场上的公平竞争。

从时间序列（纵向）演变来看，近年来全国、市、镇、村不同地区居民的平均受教育程度都有不同程度的逐渐提高，其中城市平均受教育年限四年内增加了 0.216 年，城镇平均受教育年限增加了 0.158 年，乡村平均受教育年限增加了 0.347 年，城市与乡村间平均受教育年限的差距有了缩小的发展趋势（见表 4-4 和图 4-2），由 2006 年的 3.123 年减少为 2.992

年。但是应该看到，我国城乡之间的受教育年限差距目前仍然很大。

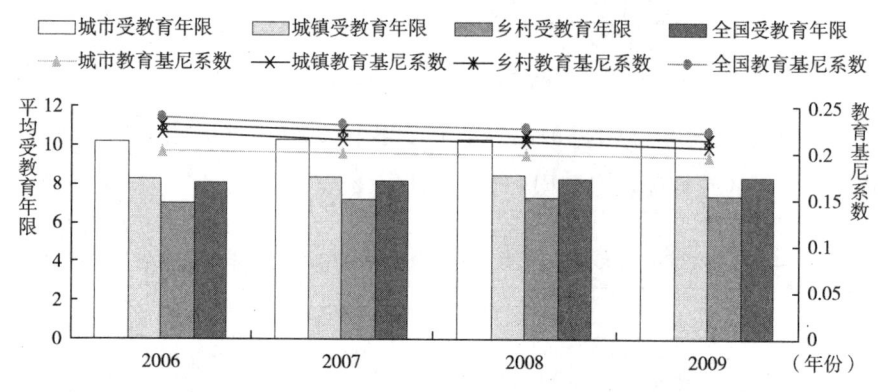

图 4-2　2006~2009 年中国市镇乡平均受教育年限和教育基尼系数的变化

另外，从教育基尼系数来看，乡村教育基尼系数＞城镇教育基尼系数＞城市教育基尼系数，可见，乡村的教育不公平程度要大于城镇的教育不公平程度，更大于城市的教育不公平程度。这在很大程度上要归咎于城乡间不均衡的教育经费投入。而从教育基尼系数的变化来看，无论是城市、城镇还是乡村的教育基尼系数近年来也都呈现不断缓慢下降的发展趋势，分别从 2006 年的 0.203、0.222、0.231 下降为 2009 年的 0.197、0.207、0.215（见表 4-4 和图 4-2）。但是同样应该看到，我国乡镇较高的教育基尼系数反映出乡镇地区教育相对更加不公平的现状。

另外，我国城乡教育文化水平差距较大的原因，还在于与户籍制度挂钩的义务教育体制下城乡受教育者在各教育阶段获得的教育机会不均等，教育起点不公平，城乡教育的质量和经费投入水平差别很大，城市教育质量明显高于农村，[1] 从而农村教育普遍落后于城市，造成农村儿童辍学率相对较高且小学和初中毕业生的升学率明显低于城市，进城农民工子女则由于没有当地户口而很难得到流入地政府负担的义务教育经费，往往无法实现平等的受教育权，同时农民家庭收入普遍较低也相对很难供子女上大

---

[1]　胡祖杰：《我国城乡统一劳动力市场问题研究》，南昌大学硕士学位论文，2007。

学或接受正规职业教育。

二 城乡不同的思想观念

首先，在城乡二元经济条件下，城市和农村有着两套发展机制，我国长期以来的"重城轻农"观念以及严格户籍管理制度导致的城乡利益不平等导致了城市居民在工作生活中享受着相对优越的待遇，有着天然的心理优势，而农村居民相对受到歧视和不平等待遇，并处在心理弱势地位。

其次，城市的先行发展带给城市人敢于创新和敢于挑战的思想观念，在创业和就业方面拥有更多的动力，而农民由于长期处在相对落后的地区，对外面的世界有股天然的恐惧，思想观念还相当保守，传统的小农意识较深，小富即安，眷恋故土，怕冒风险，缺乏市场投资意识和开拓创新精神，既不愿增加农业投入以提高农业生产率，又不敢彻底离开乡土转移就业，创业致富。这种落后的思想观念在很大程度上阻碍了农村土地使用权的合理流转和农村富余劳动力的有效转移，成为制约我国城乡劳动力市场一体化和就业结构优化的重要主观因素。

再次，在现代经济社会发展中农民被贴上了身份歧视的标签，因为在官方文件、正式出版物及媒体语言中，"民工""农民工""新生代农民工""农民企业家"等词汇司空见惯[①]，这些带有"农民"的标签虽然形容农民进城务工经商、创业就业比较贴切，但事实上正是反映出城市社会对农民这一群体还隐含着贬义和歧视，在工作生活中也经常不由自主地排挤和隔离他们。在当前加速工业化和城市化进程中，很多城市居民仍然在思想观念上将进城就业的农村劳动力与城市劳动力区别开来，从而造成这种身份上和心理上的歧视，也阻碍着城乡劳动力市场的一体化和城乡社会的和谐发展与对接融合。

---

① 郑娟：《统筹城乡就业问题研究》，山东师范大学硕士学位论文，2008。

第五章　我国城乡劳动力市场一体化就业结构优化效应的实证分析

当前城乡就业与农民增收问题仍是关系我国能否实现"保增长、调结构、扩内需"的重大现实问题，也是制约中国"保民生、保稳定、促发展"的长远战略问题。经济理论与实践均表明，统筹城乡经济社会发展、推进城乡劳动力市场一体化应是我国解决"三农"问题、优化人力资源配置（就业）结构、缩小城乡居民收入差距的有效途径，也是加速工业化和城镇化进程的关键，对我国全面建设小康社会、构建社会主义和谐社会、实现全面协调可持续发展具有重大的战略价值。

第一节　横向分析：基于2009年31个省级地区城乡居民收入差距与就业结构演化数据的关联性研究

本节通过运用SPSS统计软件，根据2009年底我国31个地区（省、自治区、直辖市）的横截面相关统计数据，采用多元回归分析的计量经济模型对宏观上影响我国区域城乡劳动力市场一体化发展水平的主要就业结构因素进行定量的实证分析，以城乡居民收入差距与三次产业就业结构水平之间的相关性程度来探寻各区域城乡劳动力市场一体化的就业结构优化效应及其演化规律。

一 计量分析指标与数据的选取

为了定量反映我国就业结构演化因素对城乡经济社会一体化发展程度的影响,这里以我国省级地区的年度相关统计数据为基础,通过建立计量经济模型进行相关分析和多元回归分析。根据相关经济理论,选择并界定以下一些具体的量化指标:

(一) 因变量(被解释变量)

选择"城乡居民收入差距系数($IG = 1 - IR/IU$)"作为因变量,代表城乡居民平均收入的相对差距水平,它的变化一般能真实反映出一个地区城乡经济社会(劳动力市场)一体化发展的程度,因为城乡经济社会(劳动力市场)一体化发展程度越高,城乡各种资源要素流动越自由,配置结构就越均衡和优化,在市场利益机制自动调节下城乡居民人均收入差距会趋于缩小。其中,IR 为农民人均纯收入,IU 为城镇居民人均可支配收入;当 $IG > 0.5$ 时,表示城乡处于二元结构状态,$0.2 < IG \leq 0.5$ 时,表示城乡由二元结构状态向城乡一体化过渡时期,当 $IG \leq 0.2$ 时,表示基本完成城乡一体化[①]。

(二) 自变量(解释变量或预测变量)

即可能影响城乡居民收入差距程度的人力资源配置(就业)结构性因素,分别用"第一产业的就业结构偏离度($SD1 = VP1/EP1 - 1$)""第二产业的就业结构偏离度($SD2 = VP2/EP2 - 1$)""第三产业的就业结构偏离度($SD3 = VP3/EP3 - 1$)"代表各产业人力资源配置的就业结构水平,它们的变化一般能真实反映出一个地区城乡不同产业劳动力就业的产出效率以及产业结构与就业结构之间的均衡化程度即资源配置水平,就业结构偏离度的绝对值越大,人力资源配置越不合理。其中,VP 为产业增加值占

---

① 课题组(主持人:邓祖龙):《江西居民收入差距实证分析与对策研究》,《江西调查》(内部资料)2010 年第 62 期。

GDP 比重，EP 为产业就业人员比重；当 $SD=0$ 时，表示该产业的产业结构与就业结构处于均衡协调（合理化）状态，资源得到最优配置，当 $SD<0$ 时，表示该产业存在隐性失业（劳动力过剩，应转移出去），当 $SD>0$ 时，表示该产业存在就业不足（需吸纳更多的劳动力就业）[1]。

以上指标变量的样本数据来自于《中国统计年鉴 2010》中 2009 年底 31 个省、自治区和直辖市相关统计指标的横截面数据（见表 5-1 和表 5-2）[2]，经过相应的系数和偏离度处理，得到如下城乡居民收入差距系数与三次产业就业结构偏离度的数据（见表 5-3 和图 5-1）及其各变量的描述性统计量（见表 5-4）。

表 5-1 2009 年我国各地区的城乡居民收入水平与相对差距

地 区	城镇居民人均可支配收入 IU（元）	农村居民人均纯收入 IR（元）	城乡居民收入差距比（IU/IR）
全 国	17174.65	5153.17	3.33
北 京	26738.48	11668.60	2.29
天 津	21402.01	8687.56	2.46
河 北	14718.25	5149.67	2.86
山 西	13996.55	4244.10	3.30
内蒙古	15849.19	4937.80	3.21
辽 宁	15761.38	5958.00	2.65
吉 林	14006.27	5265.91	2.66
黑龙江	12565.98	5206.76	2.41
上 海	28837.78	12482.90	2.31
江 苏	20551.72	8003.54	2.57
浙 江	24610.81	10007.30	2.46
安 徽	14085.74	4504.32	3.13
福 建	19576.83	6680.18	2.93

---

[1] 课题组（主持人：韩志生）：《保持良好就业态势 实现经济与就业均衡发展》，《江西统计资料》（内部资料）2010 年第 122 期。

[2] 国家统计局：《中国统计年鉴 2010》，中国统计出版社，2010。

续表

地区	城镇居民人均可支配收入 IU（元）	农村居民人均纯收入 IR（元）	城乡居民收入差距比（IU/IR）
江 西	14021.54	5075.01	2.76
山 东	17811.04	6118.77	2.91
河 南	14371.56	4806.95	2.99
湖 北	14367.48	5035.26	2.85
湖 南	15084.31	4909.04	3.07
广 东	21574.72	6906.93	3.12
广 西	15451.48	3980.44	3.88
海 南	13750.85	4744.36	2.90
重 庆	15748.67	4478.35	3.52
四 川	13839.40	4462.05	3.10
贵 州	12862.53	3005.41	4.28
云 南	14423.93	3369.34	4.28
西 藏	13544.41	3531.72	3.84
陕 西	14128.76	3437.55	4.11
甘 肃	11929.78	2980.10	4.00
青 海	12691.85	3346.15	3.79
宁 夏	14024.70	4048.33	3.46
新 疆	12257.52	3883.10	3.16

资料来源：国家统计局《中国统计年鉴2010》。

表 5-2　2009 年我国各地区的三次产业增加值比重与就业人员比重

单位：%

地区	第一产业		第二产业		第三产业	
	增加值比重 VP	就业人员比重 EP	增加值比重 VP	就业人员比重 EP	增加值比重 VP	就业人员比重 EP
全 国	10.3	38.1	46.3	27.8	43.4	34.1
北 京	1.0	5.2	23.5	21.0	75.5	73.7
天 津	1.7	15.3	53.0	41.3	45.3	43.4

续表

地 区	第一产业		第二产业		第三产业	
	增加值比重 VP	就业人员比重 EP	增加值比重 VP	就业人员比重 EP	增加值比重 VP	就业人员比重 EP
河 北	12.8	38.0	52.0	31.1	35.2	30.8
山 西	6.5	39.7	54.3	26.2	39.2	34.0
内蒙古	9.5	48.8	52.5	16.9	38.0	34.2
辽 宁	9.3	31.7	52.0	25.6	38.7	42.7
吉 林	13.5	43.6	48.7	20.2	37.9	36.2
黑龙江	13.4	46.3	47.3	20.4	39.3	33.3
上 海	0.8	5.1	39.9	37.4	59.4	57.5
江 苏	6.6	19.8	53.9	44.8	39.6	35.5
浙 江	5.1	17.2	51.8	46.9	43.1	35.8
安 徽	14.9	42.8	48.7	28.2	36.4	29.0
福 建	9.7	29.4	49.1	35.8	41.3	34.8
江 西	14.4	39.3	51.2	28.3	34.4	32.4
山 东	9.5	36.6	55.8	31.9	34.7	31.5
河 南	14.2	46.5	56.5	28.2	29.3	25.4
湖 北	13.9	32.7	46.6	26.9	39.6	40.3
湖 南	15.1	48.0	43.5	20.9	41.4	31.1
广 东	5.1	27.2	49.2	34.1	45.7	38.7
广 西	18.8	54.5	43.6	20.3	37.6	25.1
海 南	27.9	52.4	26.8	11.4	45.3	36.2
重 庆	9.3	34.9	52.8	27.7	37.9	37.4
四 川	15.8	43.6	47.4	22.4	36.7	33.9
贵 州	14.1	51.7	37.7	11.5	48.2	36.8
云 南	17.3	61.3	41.9	12.9	40.8	25.8
西 藏	14.5	54.5	31.0	10.8	54.6	34.7
陕 西	9.7	45.7	51.9	22.5	38.5	31.7

续表

地区	第一产业		第二产业		第三产业	
	增加值比重 VP	就业人员比重 EP	增加值比重 VP	就业人员比重 EP	增加值比重 VP	就业人员比重 EP
甘肃	14.7	52.6	45.1	14.6	40.2	32.9
青海	9.9	42.9	53.2	22.0	36.9	35.1
宁夏	9.4	39.8	48.9	25.8	41.7	34.4
新疆	17.8	51.3	45.1	14.0	37.1	34.6

资料来源：国家统计局《中国统计年鉴2010》。

表5-3　2009年我国各地区的城乡居民收入差距系数与三次产业就业结构偏离度

地区	城乡居民收入差距系数 IG	第一产业就业结构偏离度 SD1	第二产业就业结构偏离度 SD2	第三产业就业结构偏离度 SD3
北京	0.563603	-0.80890	0.117943	0.023779
天津	0.594077	-0.88905	0.284000	0.043750
河北	0.650117	-0.66355	0.669443	0.142574
山西	0.696775	-0.83645	1.071010	0.151665
内蒙古	0.688451	-0.80548	2.103234	0.109677
辽宁	0.621987	-0.70669	1.035168	-0.094570
吉林	0.624032	-0.69038	1.406763	0.048036
黑龙江	0.585646	-0.71047	1.321114	0.178778
上海	0.567132	-0.84372	0.067100	0.033225
江苏	0.610566	-0.66619	0.203878	0.116862
浙江	0.593377	-0.70413	0.103594	0.203057
安徽	0.680221	-0.65196	0.724899	0.257096
福建	0.658771	-0.67058	0.372875	0.187110
江西	0.638056	-0.63372	0.807975	0.062821
山东	0.656462	-0.74042	0.746498	0.103219
河南	0.665523	-0.69448	1.006946	0.154906
湖北	0.649538	-0.57540	0.730055	-0.018040

续表

地　区	城乡居民收入差距系数 IG	第一产业就业结构偏离度 SD1	第二产业就业结构偏离度 SD2	第三产业就业结构偏离度 SD3
湖　南	0.674560	-0.68554	1.085856	0.330066
广　东	0.679860	-0.81270	0.444042	0.180899
广　西	0.742391	-0.65529	1.144075	0.496462
海　南	0.654977	-0.46750	1.344681	0.252217
重　庆	0.715636	-0.73357	0.909034	0.012391
四　川	0.677584	-0.63798	1.111626	0.082316
贵　州	0.766344	-0.72731	2.290167	0.308534
云　南	0.766406	-0.71763	2.236868	0.582067
西　藏	0.739249	-0.73400	1.883475	0.571778
陕　西	0.756698	-0.78784	1.303133	0.212784
甘　肃	0.750197	-0.72032	2.097847	0.222583
青　海	0.736354	-0.76940	1.417452	0.052441
宁　夏	0.711343	-0.76400	0.896964	0.212486
新　疆	0.683207	-0.65334	2.215989	0.071184

资料来源：根据表 5-1 和表 5-2 相关数据计算而得。

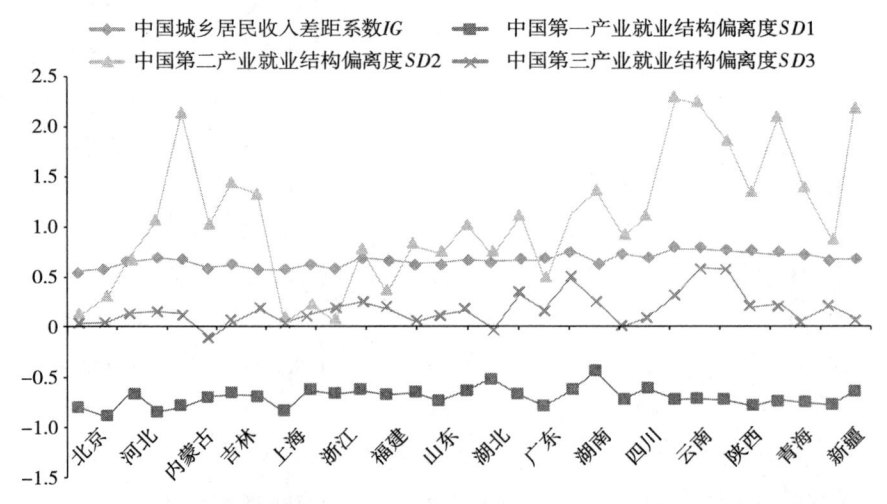

图 5-1　2009 年中国各地区城乡居民收入差距系数和三次产业就业结构偏离度

表5-4　2009年我国各地区相关变量的描述性统计量

	样本容量	最小值	最大值	均值	标准差
各地区城乡居民收入差距系数 IG	31	0.563603	0.766344	0.671300	0.059760
各地区第一产业就业结构偏离度 $SD1$	31	-0.889000	-0.467500	-0.714771	0.084476
各地区第二产业就业结构偏离度 $SD2$	31	0.067100	2.290170	1.069474	0.660942
各地区第三产业就业结构偏离度 $SD3$	31	-0.094600	0.582070	0.170715	0.159272

资料来源：通过SPSS统计软件对表5-3相关数据处理而得。

二　相关分析

运用SPSS统计软件对城乡居民收入差距系数（IG）与第一产业就业结构偏离度（$SD1$）、第二产业就业结构偏离度（$SD2$）和第三产业就业结构偏离度（$SD3$）进行简单的相关关系（Pearson Correlation）分析，输出结果见表5-5。

表5-5　各地区城乡居民收入差距系数与就业结构偏离度的相关系数

	第一产业就业结构偏离度 $SD1$	第二产业就业结构偏离度 $SD2$	第三产业就业结构偏离度 $SD3$
各地区城乡居民收入差距系数 IG	0.021 0.911 31	0.697* 0.000 31	0.569** 0.001 31

注：* Correlation is significant at the 0.05 level (2-tailed).
　　** Correlation is significant at the 0.01 level (2-tailed).

由表5-5的相关系数大小可以看出：①第二产业就业结构偏离度、第三产业就业结构偏离度2个变量与城乡居民收入差距系数中度正相关，表明

二、三产业就业结构偏离度越高的地区，非农产业劳动力就业的产出效率越高，该产业存在的就业不足程度越大（需吸纳更多的劳动力就业），产业结构与就业结构之间的均衡化程度即人力资源配置水平越不合理，反映了农业劳动力向更高生产效率的城镇非农产业转移就业的障碍越大，从而在相当程度上导致城乡居民人均收入的差距扩大；②第一产业就业结构偏离度与城乡居民收入差距系数轻微正相关，接近零相关，表明各地区第一产业就业结构偏离度的变化并不具备较强的农民增收效应，从而不太可能改变城乡居民人均收入的差距。

再对相关关系进行检验，可以发现：城乡居民收入差距系数与第一产业就业结构偏离度的相关关系检验的 t 统计量的显著性概率为 0.911（远大于 0.05，故在 0.05 的显著性水平上不能拒绝零假设），即相关关系不显著，这可能是由于当前各地区城乡二元结构体制下农业劳动力转移不畅和增收乏力的缘故；而与第二产业、第三产业就业结构偏离度的相关关系检验的 t 统计量的显著性概率均小于或等于 0.01，故在 0.01 的显著性水平上拒绝零假设，即相关系数不为零，说明城乡居民收入差距系数与这 2 个变量都有很显著的相关关系。

三 回归分析

为进一步研究各地区城乡居民收入差距是否可以用上述 3 个人力资源配置（就业）结构性因素来说明以及各变量的解释程度，可通过运用 SPSS 统计软件，进行探索建立"城乡居民收入差距系数"对"第一产业就业结构偏离度"等 3 个自变量的多元线性回归模型：

$$IG = B_0 + B_1 SD1 + B_2 SD2 + B_3 SD3 + \mu \tag{5.1}$$

其中，IG 代表"城乡居民收入差距系数"，$SD1$、$SD2$、$SD3$ 分别代表"第一产业就业结构偏离度、第二产业就业结构偏离度、第三产业就业结构偏离度"，B_0 为待估计的常数，B_1、B_2、B_3 为待估计的回归系数（SD 对 IG 的边际贡献率），μ 为随机干扰项（期望值为 0）。

第五章 我国城乡劳动力市场一体化就业结构优化效应的实证分析

通过采取前后向结合的逐步回归法（Stepwise），即逐步添加显著性变量和剔除非显著性变量，对上述理论模型进行逐步回归（输出结果见表 5-6～表 5-9、图 5-2～图 5-5），得到如下多元线性回归方程：

$$IG = 0.596 + 0.05SD2 + 0.126SD3 \qquad (5.2)$$

表 5-6 模型总体参数（Model Summary[c]）

模型	复相关系数(R)	决定系数(R^2)	调整的决定系数	估计标准差
1	0.697[a]	0.485	0.468	0.04360
2	0.760[b]	0.578	0.548	0.04017

注：a 解释变量：(常数)，第二产业就业结构偏离度 SD2；
　　b 解释变量：(常数)，第二产业就业结构偏离度 SD2，第三产业就业结构偏离度 SD3；
　　c 被解释变量：城乡居民收入差距系数 IG。

表 5-7 回归方差分析（ANOVA[c]）

模型		回归平方和	自由度(df)	方差	统计值(F)	显著性概率(Sig.)
1	已解释变差	0.052	1	0.052	27.362	0.000[a]
	残差	0.055	29	0.002		
	总变差	0.107	30			
2	已解释变差	0.062	2	0.031	19.195	0.000[b]
	残差	0.045	28	0.002		
	总变差	0.107	30			

注：a，b，c 同表 5-6。

表 5-8 回归系数（Coefficients[a]）

模型		未标准化回归系数		标准化回归系数	t 统计值	显著性概率	相关系数			多重共线性统计量	
		B	标准差	Beta			零阶相关	偏相关	部分相关	容忍度	VIF
1	(常数)	0.604	0.015		40.062	0.000					
	第二产业就业结构偏离度 SD2	0.063	0.012	0.697	5.231	0.000	0.697	0.697	0.697	1.000	1.000

续表

模型		未标准化回归系数		标准化回归系数	t统计值	显著性概率	相关系数			多重共线性统计量	
		B	标准差	Beta			零阶相关	偏相关	部分相关	容忍度	VIF
2	(常数)	0.596	0.014		41.833	0.000					
	第二产业就业结构偏离度 SD2	0.050	0.012	0.556	4.112	0.000	0.697	0.614	0.505	0.824	1.214
	第三产业就业结构偏离度 SD3	0.126	0.051	0.336	2.482	0.019	0.569	0.425	0.305	0.824	1.214

注：a Dependent Variable：城乡居民收入差距系数 IG。

表 5-9 被剔除的变量（Excluded Variables^c）

模型		标准化回归系数 Beta In	t统计值	显著性概率	偏相关系数	多重共线性统计量		
						容忍度	方差扩大因子 VIF	最小容忍度
1	第一产业就业结构偏离度 $SD1$	-0.075^a	-0.551	0.586	-0.104	0.982	1.019	0.982
	第三产业就业结构偏离度 $SD3$	0.336^a	2.482	0.019	0.425	0.824	1.214	0.824
2	第一产业就业结构偏离度 $SD1$	-0.097^b	-0.780	0.442	-0.148	0.977	1.024	0.817

注：a, b, c 同表 5-6。

四 模型的检验及其结果分析

（一）总体回归效果的显著性检验

表 5-6 给出了逐步回归过程的 2 个模型，从中可以看到回归的标准误

第五章 我国城乡劳动力市场一体化就业结构优化效应的实证分析

Normal P-P Plot of Regression Standardized Residual
Dependent Variable:城乡居民收入差距系数 IG

图 5-2 回归标准残差图

Scatterplot Dependent Variable:城乡居民收入差距系数 IG

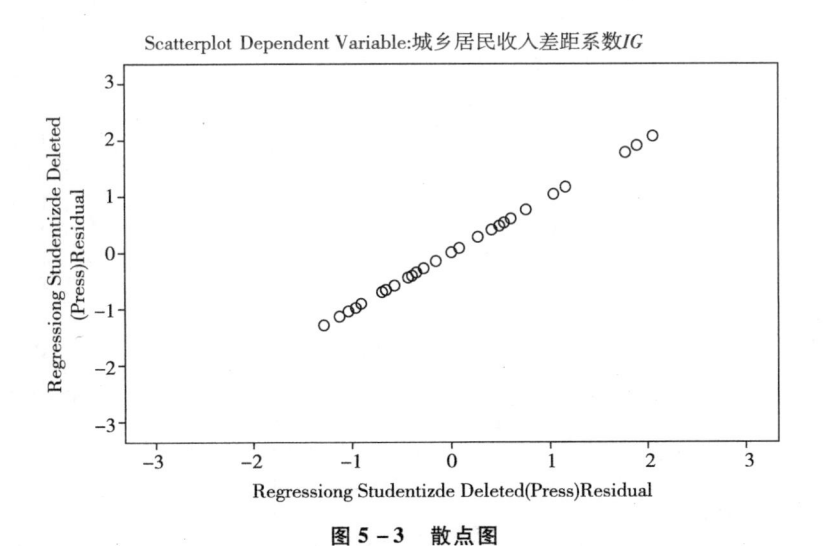

图 5-3 散点图

差 Se（未解释标准差 Std. Error of the Estimate）在逐步回归过程中从 0.04360 减少到 0.04017，复相关系数 R、决定系数 R^2（R Square）调整的决定系数

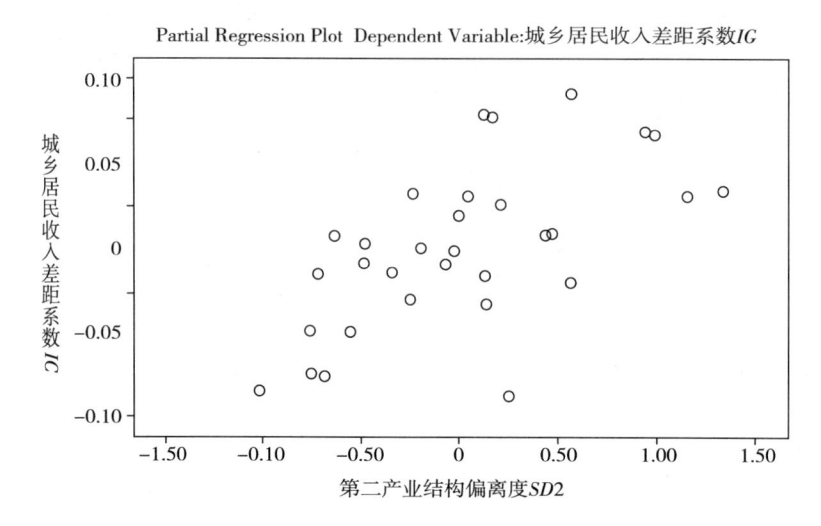

图 5 – 4　IG – SD2 偏回归图

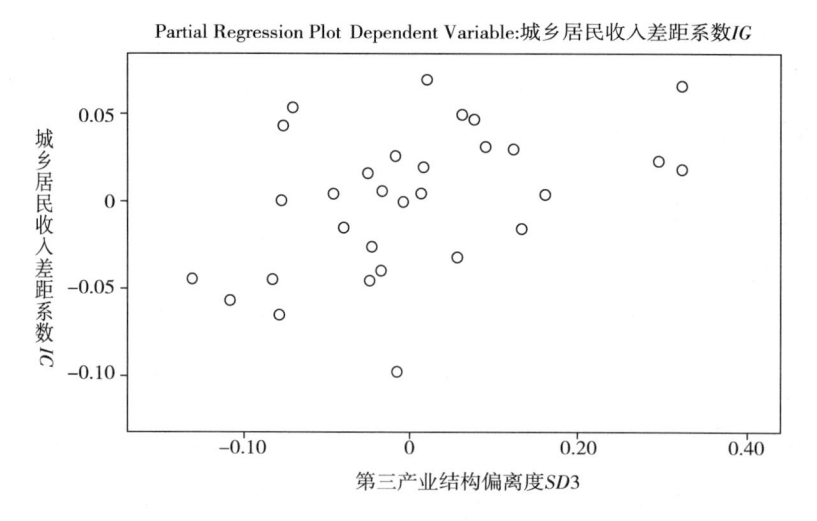

图 5 – 5　IG – SD3 偏回归图

R_{adj}^2（Adjusted R Square）则分别从 0.697、0.485 和 0.468 提高到 0.760、0.578 和 0.548，越来越接近 1，表明模型总体的线性相关程度和回归拟合程度均不低，且随着显著性变量的增加而提高，说明了"第二产业就业结构偏离度 SD2"与"第三产业就业结构偏离度 SD3"可以解释"城乡居民收入差距系数 IG"的 57.8%，总体回归效果较好。

从表 5-7 也可以看到，回归平方和（Regression Sum of Squares）在逐步回归过程中从 0.052 增大到 0.062，反映随着逐步回归中模型的改进，已解释变差越来越大；同时模型的 F 统计值的显著性概率（Sig.）为 0.000，都小于显著性水平 0.01，即通过总体显著性 F 检验，也说明模型的总体回归效果是显著的。

（二）模型的参数显著性检验

从参数显著性 T 检验来看，表 5-8 给出了逐步回归过程中变量增加的情况，第一个模型的常数项 Constant 和解释变量 SD2 的 t 统计值的显著性概率（Sig.）为 0.000，小于显著性水平 0.01，说明在 0.01 的水平上显著异于 0（即在 99% 的置信度上与 0 有显著性差异），通过显著性检验；第二个模型的常数项 Constant 和解释变量 SD2、SD3 的 t 统计值的显著性概率分别为 0.000、0.000 和 0.019，在 0.01 和 0.05 的水平上显著异于 0（即分别在 99% 和 95% 的置信度上与 0 有显著性差异），也通过显著性检验。这表明"第二产业就业结构偏离度 SD2"和"第三产业就业结构偏离度 SD3"两个变量都可以作为解释变量存在于模型中，用来解释城乡居民收入差距系数 IG 的变化。

而表 5-9（被剔除的变量）反映了两个模型中未通过显著性检验的变量。模型 1 中"第一产业就业结构偏离度 SD1"的 t 统计值的显著性概率（0.586）远大于 0.05，"第三产业就业结构偏离度 SD3"的 t 统计值的显著性概率（0.019）略大于 0.01；而模型 2 中"第一产业就业结构偏离度 SD1"的 t 统计值的显著性概率（0.442）仍远大于 0.05，这表明 SD1 的系数与 0 没有显著性差异，不能通过参数显著性检验，也就是说"第一产业就业结构偏离度 SD1"这个变量在统计上并不能用来解释城乡居民收入差距系数 IG 的变化，因而被剔出模型。

(三) 各变量对区域城乡居民收入差距的解释程度分析

根据各解释变量在逐步回归过程中进入模型的先后顺序和决定系数 R^2，还可以进一步分析影响区域城乡居民收入差距的主要就业结构性因素及各变量的影响程度。

从表 5-6 可以看到，第一步回归的结果是变量"第二产业就业结构偏离度 SD2"首先进入模型，表明该变量对城乡居民收入差距系数 IG 的影响最大，可以解释城乡居民收入差距系数 IG 的 48.5%；第二步回归的结果则表明，"第三产业就业结构偏离度 SD3"后进入模型，与"第二产业就业结构偏离度 SD2"一起可以解释城乡居民收入差距系数 IG 的 57.8%。由此可见，第二产业就业结构偏离度是影响城乡居民城乡收入差距的最主要原因（首要就业结构性因素），第三产业就业结构偏离度则是次要影响因素[1]。

(四) 多元线性回归基本问题（多重共线性、序列相关）

(1) 严重的多重共线性问题会使多元线性回归分析失效，必须加以解决处理。这里由于采用前后向结合的逐步回归分析法来构建模型，在回归过程中逐步添加显著性变量和剔除非显著性变量，从而使得参数估计值和相关的 t 统计量没有出现异常，而且各解释变量的方差扩大因子 VIF 的数值并不大，模型 1 的 VIF 值为 1.000，模型 2 的 VIF 值为 1.214（见表 5-8），均小于 10，因此可以说模型基本上克服了严重的多重共线性问题。

(2) 误差序列相关问题可通过 DW 统计量的值来解释，该模型的 DW 值为 1.455，接近 2，可以判断基本上不存在一阶序列相关性。

(五) 模型的经济学检验与偏相关分析

这主要是考察解释变量 SD 与被解释变量 IG 的相关性是否与主流经济

---

[1] 马庆国：《管理统计：数据获取、统计原理、SPSS 工具与应用研究》，科学出版社，2002。

学理论相一致，是否符合经济发展的客观规律。

（1）根据一般经济理论，第一产业就业结构偏离度提高（从负值向零值靠拢，绝对值变小）说明第一产业的增加值相对增加，或者第一产业的就业人数相对减少，对农村经济发展和农民增收可能起到促进作用，因而有可能缩小城乡居民收入差距。从模型的分析结果来看，"第一产业就业结构偏离度 $SD1$" 的 t 统计值的显著性概率 0.442 远大于 0.05 的显著性水平，剔除（或控制）了其他变量影响的偏相关系数（Partial Correlation）为 -0.148，说明可能由于我国各地区城乡二元结构体制下农业劳动力转移就业不畅和增收乏力的缘故，使得城乡居民收入差距系数与第一产业就业结构偏离度的相关关系比较弱且不显著，从而被剔除出模型。

（2）第二产业是当前我国各地经济发展的中坚力量。尤其是改革开放后各地区实施的一系列促进工业经济发展的政策，极大地提高了城镇居民的收入，而工业的发展是以农业的滞后为代价的，因此第二产业就业结构偏离度的提高很大程度上会导致城乡居民收入差距的扩大。从模型回归分析的结果来看，"第二产业就业结构偏离度 $SD2$" 与 "城乡居民收入差距系数 IG" 的零阶相关系数（Zero-order 即简单相关系数）为 0.697，反映了 $SD2$ 与 IG 之间成同向变动的正相关关系，$SD2$ 的回归系数为 0.05，剔除了其他变量影响的偏相关系数（Partial）为 0.614，都表明 $SD2$ 与 IG 中度正相关，变动方向相同；并且在其他因素不变的条件下，第二产业就业结构偏离度每提高（降低）1 个单位，就有可能使城乡居民收入差距系数上升（降低）0.05 个单位，显示了可以通过提高第二产业就业比重来加速工业化进程达到缩小城乡收入差距的重要影响。

（3）第三产业是我国经济发展的新兴主导力量。近些年来，随着经济的转型，我国越来越重视第三产业的发展，所以第三产业就业结构偏离度的变化对城乡收入差距的影响不容忽视。从模型回归分析的结果来看，"第三产业就业结构偏离度 $SD3$" 的回归系数为 0.126，相应的零阶相关系数为 0.569，偏相关系数为 0.425，都表明 $SD3$ 与 IG 同方向变动（正相关），并且在其他因素不变的条件下第三产业就业结构偏离度 $SD3$ 每提高

（下降）1个单位就有可能使城乡居民收入差距系数上升（缩小）0.126，显示了提高第三产业就业比重以加速城镇化和发展现代服务业对缩小城乡收入差距具有明显的推动作用。计量结果基本符合一般经济发展的理论和实际，即随着工业化和城镇化进程，农村劳动力不断从农业向非农产业和城镇转移，第一产业就业比重下降，农民人均收入提升，而非农产业就业比重增加，第二产业和第三产业的就业结构偏离度变小，从而在一定程度上缩小了城乡居民平均收入差距。

五 实证分析的结论

上述实证研究表明，我国各地区的城乡一体化发展（城乡居民收入差距）与各产业人力资源配置（就业）结构之间具有密切的相关性，区域产业劳动力就业结构的优化调整对区域城乡劳动力市场的一体化发展能够起到显著的影响；大力增加各地区第二产业和第三产业等非农产业的就业有助于降低就业结构偏离度，优化产业就业结构，缩小城乡居民收入差距。

第二节 纵向分析：基于1978～2009年我国城乡居民收入差距与就业结构演化数据的关系研究

改革开放至今三十余年，我国经济社会发展取得了巨大的成就，经济总量已达到世界第二，人民生活总体上达到小康水平，但同时作为发展中国家的地位尚未根本改变，人均资源占有量与发达国家平均水平相比还有较大差距，劳动就业、收入分配、城乡差距等各种结构性问题也日益凸显。近年来在我国加快经济转型、实现科学发展背景下，改革收入分配和优化就业结构等议题已成为国内城乡一体化研究的热点。

在城乡收入差距研究方面，吴三忙和李树民（2007）对中国经济高速增长过程中的城乡收入差距演化问题进行了研究。他们认为，改革开放以来我国城乡收入差距扩大具有全国普遍性，即东、中、西部地区都存在城乡收入差距扩大问题；同时中国城乡收入差距演化经历了四个阶段，呈现

"X"走势(即:1978~1985年城乡收入差距缩小;1986~1991年城乡收入差距扩大;1992~1998年城乡收入差距缩减;收入1999年至今城乡收入差距重新扩大),而缩小城乡收入差距的关键是进行农村制度创新和避免形成新的工农业产品价格剪刀差[①]。孙林华和付金沐(2009)则通过对1980~2007年间我国城镇居民人均可支配收入、农村居民人均纯收入及收入差距相关关系的数学反演,认为城乡收入差距扩大会加重城镇失业,并推算出2020~2021年我国城乡居民收入的相对差距可能会由扩大向缩小转变[②]。而侯风云等(2009)借鉴贝克尔的"家庭收入不平等及世代之间的变动性"理论,构造了一个城乡收入不平等及其动态演化模型,从要素投入的角度,将物质资本、人力资本和政府投入作为基本变量来分析我国城乡收入差距产生及其动态演变的理论机制。他们的研究结果表明:转变传统城乡不平衡发展战略,政府加大对农村的人力资本投资,并辅之以必要的农村基础设施和软环境建设,将会显著提高当期的农村人均收入,并通过逐期传递,增加以后各期的农民收入,从而可以有效缩小我国城乡收入差距[③]。

在就业结构研究方面,陈桢(2007)结合一般经验和国际比较,对比较劳动生产率、结构偏离度进行了实证分析。其研究结果表明,我国产业结构与就业结构的关系处于失衡状态,就业结构变动明显滞后于产业结构变动,而且劳动力的产业转移具有超越第二产业、直接向第三产业转移的特征;二者失衡的原因在于发展战略与经济政策、投资与消费关系的失衡以及技术进步的影响[④]。邵晓和任保平(2009)则通过考察新中国成立以

[①] 吴三忙、李树民:《经济增长与城乡收入差距演化——基于各省面板数据的实证分析》,《北京理工大学学报(社会科学版)》2007年第3期。
[②] 孙林华、付金沐:《中国城乡居民收入变化规律的定量分析》,《乡镇经济》2009年第7期。
[③] 侯风云、付洁、张凤兵:《城乡收入不平等及其动态演化模型构建——中国城乡收入差距变化的理论机制》,《财经研究》2009年第1期。
[④] 陈桢:《产业结构与就业结构关系失衡的实证分析》,《山西财经大学学报》2007年第10期。

来产业结构、就业结构和需求结构变迁的历史，分析了经济结构中存在的偏差。他们认为，我国的产业结构有优化趋势，但农业与非农业之间的劳动生产率反差愈发严重，需求结构也呈现投资需求比重不断增加的偏差；这些结构偏差的形成，一方面与新中国成立以来片面的工业化建设思路有关，另一方面也与经济发展阶段有关；结构偏差在短期内虽然不会对经济增长速度构成影响，但最终会影响经济增长质量的提高；而纠正结构偏差，提高国民经济素质，则要求转化机制，消除制度性约束，放开要素流动的限制，提高人力资本，发展科学技术，鼓励自主创新，调节收入分配①。而刘仙梅（2010）对国内外产业结构与就业结构之间关系的理论研究进行了综述（如配第－克拉克定理、库兹涅茨定理、刘易斯和拉尼斯－费的农村剩余劳动力流动模型、钱纳里－塞尔奎因就业结构转换滞后理论等），并总结了国内学者研究产业结构与就业结构变动特征的主要方法②。

一般经济理论与实践也表明，统筹城乡就业、优化就业结构应是中国解决"三农"问题、缩小城乡收入差距的有效途径，也是加速工业化与城镇化进程的关键，对我国全面建设小康社会、构建社会主义和谐社会、实现科学发展具有重大的战略价值。但我国特殊制度变迁背景下城乡收入差距演化与就业结构转化之间在实践中究竟有着怎样的关系？变动方向与程度又如何？国内外至今仍缺乏对此进行相关实证研究的文献。因此，本节基于我国1978～2009年相关统计指标的时间序列数据，运用协整分析和格兰杰因果关系检验等计量经济方法对城乡收入差距系数与产业就业结构偏离度两个变量之间的关系进行定量的实证分析，以探明改革开放30多年来中国城乡收入差距演化与就业结构转化的关联性及其发展规律，从而揭示出城乡劳动力市场一体化的就业结构优化效应，为加快推进我国城乡一体化发展提供一些有益的政策参考。

---

① 邵晓、任保平：《结构偏差、转化机制与中国经济增长质量》，《社会科学研究》2009年第5期。
② 刘仙梅：《产业结构与就业结构关系研究综述》，《经济论坛》2010年第4期。

一 指标数据的选取及其演化特征

(一) 样本指标的选取

为了定量反映我国城乡收入差距演化与就业结构转化的相互关系,这里以我国相关统计指标 32 年的时间序列数据为基础,通过建立计量经济模型进行协整分析和因果关系分析。与前面的横向分析一样,本节根据相关经济理论,选择并界定以下具体的量化指标:

(1) 城乡收入差距的演化状态可以用变量"城乡居民收入差距系数 IG"来代表,系数越大,反映了城乡一体化实现水平越低,其中,$IG = 1 - IR/IU$,IR 为农民人均纯收入,IU 为城镇居民人均可支配收入。通常认为,当 $IG > 0.5$ 时,表示农民收入不到城镇居民收入的一半,城乡收入差距较大,城乡处于二元结构状态;当 $0.2 < IG \leq 0.5$ 时,表示农民收入达到城镇居民收入一半以上,城乡居民收入差距不大,城乡处于由二元结构状态向一体化过渡时期;当 $IG \leq 0.2$ 时,表示农民收入接近城镇居民收入,城乡居民收入差距较小,基本完成城乡一体化[①]。

(2) 就业结构的转化状态可以用"三次产业的就业结构偏离度 SD"来代表,反映了各产业结构与就业结构的不对称程度(优化程度的反向指标)。其中,$SD = VP/EP - 1$,VP 为产业增加值占 GDP 比重,EP 为产业就业人员比重。一般认为,当 $SD = 0$ 时,表示该产业的增加值比重等于就业人员比重,产业结构与就业结构处于均衡协调的合理化状态,结构效益最佳,资源得到最优配置;当 $SD < 0$ 时(负偏离),表示该产业的增加值比重小于就业人员比重,存在隐性失业(即劳动力过剩,应转移出去);当 $SD > 0$ 时(正偏离),表示该产业的增加值比重大于就业人员比重,存在

---

① 张文、徐小琴:《江西就业结构非农化与城乡收入差距的演化历程及其相关性分析》,《求实》2009 年第 5 期。

就业不足（即需吸纳更多的劳动力就业）①。产业之间的就业结构偏离度越大，劳动力在产业间转移的动力和可能性也就越大。

（二）数据来源及其演化特征

以上指标变量的样本数据来自于课题组对《中国统计年鉴2010》中1978~2009年我国32年相关统计指标时间序列数据的计算（见表5-10）②。所有变量的描述性统计量和变动趋势图分别见表5-11和图5-6。

表5-10　1978~2009年中国城乡居民收入差距系数和三次产业就业结构偏离度

年　份	城乡居民收入差距系数 IG	第一产业就业结构偏离度 SD1	第二产业就业结构偏离度 SD2	第三产业就业结构偏离度 SD3
1978	0.610949	-0.6000	1.7688	0.9590
1979	0.604444	-0.5516	1.6761	0.7143
1980	0.599456	-0.5604	1.6484	0.6489
1981	0.553557	-0.5316	1.5191	0.6176
1982	0.495423	-0.5095	1.4348	0.6148
1983	0.451293	-0.5052	1.3743	0.5775
1984	0.455145	-0.4984	1.1658	0.5404
1985	0.462048	-0.5449	1.0625	0.7083
1.986	0.529582	-0.5534	0.9954	0.6919
1987	0.538369	-0.5533	0.9640	0.6629
1988	0.538299	-0.5666	0.9554	0.6667
1989	0.562195	-0.5824	0.9815	0.7541
1990	0.545557	-0.5491	0.9299	0.7081
1991	0.583324	-0.5896	0.9533	0.7831
1992	0.613145	-0.6274	1.0000	0.7576
1993	0.642430	-0.6507	1.0804	0.5896
1994	0.650764	-0.6354	1.0529	0.4609

---

① 陈桢：《产业结构与就业结构关系失衡的实证分析》，《山西财经大学学报》2007年第10期。
② 国家统计局：《中国统计年鉴2010》，中国统计出版社，2010。

续表

年 份	城乡居民收入差距系数 IG	第一产业就业结构偏离度 SD1	第二产业就业结构偏离度 SD2	第三产业就业结构偏离度 SD3
1995	0.631637	-0.6188	1.0522	0.3266
1996	0.601955	-0.6099	1.0213	0.2615
1997	0.594965	-0.6333	1.0042	0.2955
1998	0.601482	-0.6466	0.9660	0.3558
1999	0.622430	-0.6707	0.9913	0.4015
2000	0.641178	-0.6980	1.0400	0.4182
2001	0.655024	-0.7120	1.0224	0.4621
2002	0.678610	-0.7260	1.0935	0.4510
2003	0.690494	-0.7393	1.1296	0.4061
2004	0.688333	-0.7143	1.0533	0.3203
2.005	0.689803	-0.7299	0.9916	0.2898
2006	0.694970	-0.7394	0.9008	0.2702
2007	0.699662	-0.7353	0.7649	0.2932
2008	0.698328	-0.7298	0.7426	0.2590
2009	0.699956	-0.7297	0.6655	0.2727

资料来源：本课题组根据《中国统计年鉴2010》相关数据计算得来。

表 5-11　1978~2009 年相关变量的描述性统计量

	样本容量	最小值	最大值	均值	标准差
中国城乡居民收入差距系数 IG	32	0.4513	0.7000	0.603900	0.0744367
中国第一产业就业结构偏离度 SD1	32	-0.7394	-0.4984	-0.626328	0.0798185
中国第二产业就业结构偏离度 SD2	32	0.6655	1.7688	1.093806	0.2612164
中国第三产业就业结构偏离度 SD3	32	0.2590	0.9590	0.516850	0.1937091

资料来源：本课题组根据表 5-10 相关数据，通过 SPSS 统计软件计算得来。

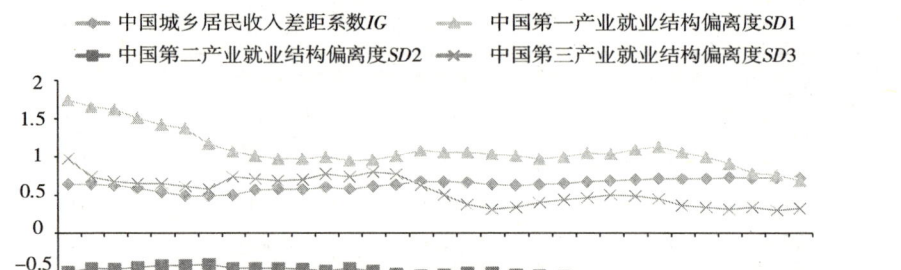

图 5-6　1978~2009 年中国城乡居民收入差距系数和三次产业就业结构偏离度

从上述数据的变化来看，改革开放以来我国城乡收入差距演化和就业结构转化呈现以下基本特征：

（1）我国城乡居民收入差距在 1978~1983 年、1995~1997 年等少数年份有所缩小，二元性特征弱化，其主要原因可能是农业与农村经济得到快速发展，农民收入增加较快，城乡二元结构矛盾在一定程度上得到缓解；而在其他多数年份，城乡居民收入差距基本上连续缓慢扩大，二元性特征强化，其主要原因可能是改革重心长期偏向于城市与城镇的经济社会管理体制方面，从而引致城镇区域经济连续多年高速增长，在城市偏向性政策支持下城镇居民收入增加较快，城乡二元经济结构特征重新凸显，三农问题和城乡矛盾日益突出。另外，1982~1985 年间的城乡居民收入差距系数 IG 值小于但接近 0.5，表明这 4 年城乡收入差距并不大，城乡处于由二元结构状态向一体化开始过渡转化时期；其他 28 年的城乡居民收入差距系数 IG 值都大于 0.5 且近几年上升至约 0.7，表明城乡收入差距较大，城乡仍处于二元结构状态并有恶化趋势[①]。

（2）我国就业结构的转化特征则在不同产业间有所差异。第一产业就业结构偏离度 $SD1$ 值始终小于 0，表明第一产业的增加值比重小于就业人员比重，比较劳动生产率过低，长期存在隐性失业，即农业劳动力过剩，

---

① 张文、徐小琴：《江西就业结构非农化与城乡收入差距的演化历程及其相关性分析》，《求实》2009 年第 5 期。

还需转移出去；1978~1984 年改革初期，农村生产力得到释放从而第一产业就业结构有所改善（SD1 绝对值变小），但之后由于户籍、社保、教育等城乡分割制度及城市偏向性政策实施的效应，城镇化进程滞后且水平很低，农村劳动力向城镇非农产业转移速度相对较慢，就业结构状态基本上呈现出合理化程度持续缓慢下降即恶化的趋势（SD1 绝对值上升，偏离度从 1992 年起至今仍比 1978 年 0.60 的水平大）。

而第二产业就业结构偏离度 SD2 值始终大于 0，表明第二产业的增加值比重大于就业人员比重，比较劳动生产率相对较高，在工业化快速发展的初中期阶段长期存在就业不足，有较大空间吸纳更多的劳动力就业；其中在 1978~1990 年期间 SD2 值从 1.7688 的严重不合理水平迅速下降到 0.9299 的相对不合理水平（第二产业就业结构得到调整升级），1991~2005 年期间 SD2 值则稳定在 0.95~1.13 的相对不合理水平（第二产业就业结构基本固化），2006~2009 年短期内 SD2 值则从 0.9008 快速下降到 0.6655 的相对合理水平（由于市场化、工业化和城镇化进程明显加快，第二产业就业结构进一步优化，但仍有调整优化空间）。

第三产业就业结构偏离度 SD3 值也始终大于 0，表明第三产业的增加值比重大于就业人员比重，比较劳动生产率也相对较高（但比第二产业低），结构合理化程度相对第一产业和第二产业而言最高，在经济迅速发展过程中由于自身产业发展水平较低仍长期存在就业不足，还有潜力吸纳更多的劳动力就业；另外，SD3 的波动幅度相对较大，如在 1978~1992 年期间 SD3 值从 0.9590 下降到 0.7576 的相对不合理水平（还劣于第一产业就业结构），1993~2009 年期间则在 0.3~0.4 上下波动，近 5 年低于 0.3，合理化程度趋高（明显优于第一产业和第二产业就业结构），当前由于统筹城乡发展政策开始落实和城镇化进程加速，就业吸纳能力强的中小企业不断壮大，以现代服务业为支柱的第三产业将得到快速发展，其就业结构也将得到进一步优化升级。

二 协整分析

(一) 变量的平稳性检验

为解决由于时间序列变量不平稳导致的"伪回归"问题,可以运用 ADF (扩展的迪奇 – 福勒) 单位根检验法来检验时间序列变量的平稳性 (含常数项但是不含趋势项),滞后期根据 SC 准则来确定。ADF 检验的判断依据是:如果 ADF 统计量检验值的绝对值大于一定显著性水平下临界值的绝对值,则该变量为平稳的序列,反之则为非平稳。通过 Eviews 6.0 计量经济软件,IG、$SD1$、$SD2$ 和 $SD3$ 等时间序列变量的平稳性检验结果见表 5 – 12。

表 5 – 12　IG、$SD1$、$SD2$ 和 $SD3$ 序列的 ADF 平稳性检验

变量	检验类型	ADF 检验值	各显著水平下的临界值			P 值	检验结果
			1%	5%	10%		
IG	ADF	-0.467920	-3.661661	-2.960411	-2.619160	0.8846	非平稳
△IG	ADF	-3.117307	-3.670170	-2.963972	-2.621007	0.0359	平稳
SD1	ADF	-0.232521	-3.661661	-2.960411	-2.619160	0.9239	非平稳
△SD1	ADF	-5.345864	-3.670170	-2.963972	-2.621007	0.0001	平稳
SD2	ADF	-1.806357	-3.661661	-2.960411	-2.619160	0.3704	非平稳
△SD2	ADF	-3.229363	-3.670170	-2.963972	-2.621007	0.0280	平稳
SD3	ADF	-1.176848	-3.661661	-2.960411	-2.619160	0.6711	非平稳
△SD3	ADF	-4.688508	-3.670170	-2.963972	-2.621007	0.0008	平稳

由表 5 – 12 可知,序列 IG、$SD1$、$SD2$ 和 $SD3$ 都是非平稳的,但是在 5% 的显著性水平下 (即置信度为 95%),经过一阶差分后的序列 ΔIG、$\Delta SD1$、$\Delta SD2$ 和 $\Delta SD3$ 都为平稳序列,即 $IG \sim I(1)$,$SD1 \sim I(1)$,$SD2 \sim I(1)$,$SD3 \sim I(1)$。

(二) 协整检验

如果变量的一阶差分序列是平稳的,而这些变量之间存在着某种平稳

第五章 我国城乡劳动力市场一体化就业结构优化效应的实证分析

的线性组合,则可以认定这些变量之间存在着协整关系(反映变量之间的一种长期稳定的均衡状态)。经过上述对变量 IG、$SD1$、$SD2$ 和 $SD3$ 序列的平稳性检验可知,它们的一阶差分序列是平稳的,满足了进行协整检验的前提条件。我们分别对时间序列变量 IG 与 $SD1$、IG 与 $SD2$、IG 与 $SD3$ 进行 OLS 普通最小二乘法回归(以 IG 为自变量),生成回归方程估计残差序列 e_t,然后对 e_t 进行单位根检验,看其是否平稳,如果平稳,则时间序列变量的协整关系成立。

通过采用恩格尔-格兰杰(EG)两步法对相关时间序列变量进行协整检验。

(1)进行协整回归。结果如下:

$$SD1 = -1.036513 IG + \dot{e}_t$$
$$t = (-118.4762) \qquad R^2 = 0.86, DW = 0.52, T = 32 \qquad (5.3)$$

$$SD2 = 1.818384 - 1.199830 IG + \dot{\mu}_t$$
$$t = (4.964664)(-1.992792) \quad R^2 = 0.12, DW = 0.12, T = 32 \qquad (5.4)$$

$$SD3 = 1.440910 - 1.530154 IG + \xi_t$$
$$t = (0.0000)(0.0004) \qquad R^2 = 0.35, DW = 0.36, T = 32 \qquad (5.5)$$

(2)对残差进行单位根检验。结果如下:

$$\Delta \dot{e}_t = -0.280401 \dot{e}_{t-1}$$
$$t = (-2.306405)* \qquad R^2 = 0.15, DW = 1.66, T = 31 \qquad (5.6)$$
$$p = (0.0282)*$$

$$\Delta \dot{\mu}_t = -0.141195 \dot{\mu}_{t-1} + 0.530028 \Delta \dot{\mu}_{t-1}$$
$$t = (-2.432012)*(3.815173) \quad R^2 = 0.39, DW = 2.23, T = 30 \qquad (5.7)$$
$$p = (0.0168)*(0.0007)$$

$$\Delta \dot{\xi}_t = -0.254101 \dot{\xi}_{t-1} + 0.419997 \Delta \dot{\xi}_{t-1}$$
$$t = (-2.667407)*(3.138395) \quad R^2 = 0.34, DW = 2.01, T = 30 \qquad (5.8)$$
$$p = (0.0094)*(0.0040)$$

注:标 * 的 t 统计量为 ADF 统计量,标 * 的 P 值为 MacKinnon(1996)one-sided p-values。

从上述分析中可以发现，在5%的显著性水平下，（5.6）式中的ADF统计量检验值小于临界值，因而接受残差e_t为平稳的备择假设，即序列变量SD1与IG之间存在着协整关系，协整向量是（1,1.036513）。尽管变量SD1和IG具有一次非平稳性，但它们之间的特定线性组合$\hat{e}_t =$ SD1 + 1.036513IG却是平稳的，即表明SD1和IG存在长期稳定的均衡关系。而在10%的显著性水平下，（5.7）式和（5.8）式中的ADF统计量检验值小于临界值，即SD2与IG序列以及SD3与IG序列存在协整关系，表明序列变量SD2与IG之间以及SD3与IG之间存在长期稳定的均衡关系。

从协整回归方程可以得出：1978～2009年，中国城乡收入差距系数IG与三次产业就业结构偏离度SD存在长期的协整关系，城乡收入差距系数IG每上升0.1，三次产业就业结构偏离度SD1、SD2、SD3分别下降0.1036513、0.1199830、0.1530154；从长期来看，我国城乡收入差距演化与就业结构转化之间确实存在着重要的反向关联性。

三 因果关系分析

上述协整分析表明，我国城乡收入差距演化与就业结构转化之间存在着长期稳定的均衡关系，但并不能确定城乡收入差距演化与就业结构转化之间是否存在因果关系。为解决这个问题，本书采用格兰杰（Granger）因果关系检验法来进行分析：如果变量Y对Y的若干期滞后和X的若干期滞后的回归效果要好于只对Y的若干期滞后的回归，则X被称为Y的格兰杰原因（X Granger causes Y），否则称为非格兰杰原因（X does not Granger causes Y）。[①] 虽然城乡收入差距系数IG与三次产业就业结构偏离度SD为非平稳时间序列，但由于二者之间存在一个协整关系，根据相关原理无须采用它们的差分形式来进行格兰杰检验，因而可以选择不同的滞后阶数（滞后期），分别利用两个序列直接进行格兰杰因果关系检验。检验结果如下：

---

① 潘省初：《计量经济学（第三版）》，中国人民大学出版社，2009。

（一）$SD1$ 与 IG 的格兰杰因果关系检验

第一产业就业结构偏离度 $SD1$ 与城乡收入差距系数 IG 的格兰杰因果关系检验结果见表 5-13。

表 5-13　$SD1$ 与 IG 的格兰杰因果关系检验

滞后期	$SD1$ 不是 IG 的格兰杰原因			IG 不是 $SD1$ 的格兰杰原因		
	F 值	P 值	检验结果	F 值	P 值	检验结果
1	16.5571	0.0003	拒绝	4.21031	0.0496	拒绝
2	6.67935	0.0047	拒绝	1.77536	0.1901	接受
3	7.57158	0.0012	拒绝	1.30401	0.2982	接受

由表 5-13 可知，当滞后期为 1、2、3 时，均拒绝 $SD1$ 不是 IG 格兰杰原因的原假设，即 $SD1$ 是 IG 的格兰杰原因，表明中国第一产业就业结构偏离度 $SD1$ 长短期内都能够影响城乡收入差距系数 IG。而当滞后期为 1 时，拒绝 IG 不是 $SD1$ 格兰杰原因的原假设；当滞后期为 2、3 时，则接受 IG 不是 $SD1$ 的格兰杰原因的原假设，即短期内 IG 是 $SD1$ 的格兰杰原因，但长期不是，表明中国城乡收入差距系数 IG 仅在短期内能够影响第一产业就业结构偏离度 $SD1$（短期内 IG 与 $SD1$ 为双向因果关系）。

（二）$SD2$ 与 IG 的格兰杰因果关系检验

第二产业就业结构偏离度 $SD2$ 与城乡收入差距系数 IG 的格兰杰因果关系检验结果见表 5-14。

表 5-14　$SD2$ 与 IG 的格兰杰因果关系检验

滞后期	$SD2$ 不是 IG 的格兰杰原因			IG 不是 $SD2$ 的格兰杰原因		
	F 值	P 值	检验结果	F 值	P 值	检验结果
1	12.4785	0.0014	拒绝	0.26350	0.6118	接受
2	4.38150	0.0234	拒绝	0.60282	0.5550	接受
3	4.19911	0.0171	拒绝	1.12628	0.3600	接受

由表 5-14 可知，当滞后期为 1、2、3 时，均拒绝 $SD2$ 不是 IG 格兰杰原因的原假设，即 $SD2$ 是 IG 的格兰杰原因，表明中国第二产业就业结构偏离度 $SD2$ 长短期内都能够影响城乡收入差距系数 IG。而当滞后期为 1、2、3 时，则均接受 IG 不是 $SD2$ 格兰杰原因的原假设，表明中国城乡收入差距系数 IG 长短期内都不能够影响第二产业就业结构偏离度 $SD2$（IG 与 $SD2$ 为单向因果关系）。

（三）$SD3$ 与 IG 的格兰杰因果关系检验

第三产业就业结构偏离度 $SD3$ 与城乡收入差距系数 IG 的格兰杰因果关系检验结果见表 5-15。

表 5-15　$SD3$ 与 IG 的格兰杰因果关系检验

滞后期	$SD3$ 不是 IG 的格兰杰原因			IG 不是 $SD3$ 的格兰杰原因		
	F 值	P 值	检验结果	F 值	P 值	检验结果
1	0.04916	0.8261	接受	20.0540	0.0001	拒绝
2	1.96935	0.1606	接受	5.42590	0.0110	拒绝
3	3.22680	0.0421	拒绝	3.51003	0.0322	拒绝

由表 5-15 可知，当滞后期为 1、2 时，接受 $SD3$ 不是 IG 格兰杰原因的原假设；当滞后期为 3 时，则拒绝 $SD3$ 不是 IG 格兰杰原因的原假设，即 $SD3$ 是 IG 的格兰杰原因，表明中国第三产业就业结构偏离度 $SD3$ 短期内无法但长期中能够影响城乡收入差距系数 IG。而当滞后期为 1、2、3 时，均拒绝 IG 不是 $SD2$ 格兰杰原因的原假设，即 IG 是 $SD3$ 的格兰杰原因，表明中国城乡收入差距系数 IG 长短期内都能够影响第三产业就业结构偏离度 $SD3$（长期来看 IG 与 $SD3$ 为双向因果关系）。

四　实证分析的结论

上述实证研究表明：在 1978~2009 年，我国城乡收入差距演化与就业结构转化之间存在着密切的关联性即长期稳定的反向均衡关系，二者具有一定的相互作用、互为因果的关系。随着改革开放以来我国经济的快速发展，三次产业就业结构的优化调整并没有起到收入差距缩小效应，而是在长短期内均推动了城乡收入差距的扩大化趋势，只有第三产业就业结构转化在短期内未能影响到城乡收入差距演化。我国城乡收入差距演化对不同产业就业结构转化的影响则完全不同，即对第一产业就业结构转化有短期效应，对第二产业就业结构转化无影响，对第三产业就业结构转化既有短期效应，也有长期效应。究其主要原因，本书认为可能是我国的市场化与工业化改革引致大量农业剩余劳动力向非农产业转移，促进了就业结构的合理化，但在城市工业优先发展的政策指导下又拉大了城乡经济发展差距；而城乡二元分割体制的存在，又使得城乡社会一体化（城镇化）进程严重滞后于产业经济一体化（工业化）进程，因而城乡收入差距扩大只对技术难度和转移成本相对较小的第一及第三产业的就业结构优化有显著效应。

基于上述实证分析结论，我们认为，今后我国必须积极采取有效措施，使经济发展方式向结构均衡型转变，发展战略向就业增长优先型转变；发挥市场机制和政府调控的积极作用，深入清除经济体制障碍，改革收入分配制度，规范收入分配秩序，实行就业导向的产业政策，加速新型工业化进程；加大社会体制改革力度，建设公共利益导向的服务型政府，提升新型城镇化水平，实现城乡基本公共服务均等化[①]。只有这样，才能使我国的城乡收入差距演化与就业结构转化之间的关系由过去实际存在的逆向均衡朝合理的正向均衡转变，充分发挥城乡劳动力市场一体化的就业结构优化效应，从而同步实现城乡收入差距缩小与就业结构优化的双重目标。

---

① 张文、郭苑、徐小琴：《宏观视角下我国区域经济发展水平的结构性因素分析——基于31个省级地区数据的实证研究》，《经济体制改革》2011年第2期。

第六章　我国城乡劳动力市场一体化的路径选择与总体思路

第一节　国内外城乡劳动力市场一体化路径的经验借鉴

一　国外的经验做法

（一）加大对农业和农村的投入，促进农民就业和城乡一体化发展

日本制定实施了许多扶持农业和振兴农村的法规政策，如制定了国土综合开发法、农振法、农协法等，创设了综合资金制度、农业人养老金制度等；为解决农民就业问题，制定了农村地区引入工业促进法，鼓励城市工业向农村转移，为农民提供非农就业机会；为促进地区的平衡协调发展，制定了许多针对经济贫困地区的制度，如孤岛振兴法、山区振兴法等。

挪威自20世纪60年代开始将三农问题作为改善区域发展不平衡的重要内容，采取资源下放、扶持生产和财政补贴等一系列对策和措施平抑城乡差距，重金支持条件艰苦的农村地区。如不断平衡中央和地方之间的税收收入水平，扩大政府财政转移支付规模，推动农业和农村地区的可持续发展；不断完善农村基础设施，在全国提供城乡统一的基础设施与公共服务，带动农村地区第二、第三产业的发展，解决了一大批人的就业问题。

经过几十年努力，挪威完成了城乡一体化进程，目前是世界上收入差距最小的国家之一，基尼系数仅为 0.258，农业劳动力比例已从 20 世纪 50 年代的 43% 下降到 2002 年的 3.7%，农民享受与市民几乎相同的生活条件、收入水准和福利待遇。

韩国在 20 世纪 60 年代迅速推进了工业化和城市化，工农业发展严重失衡。为改变农业和农村的落后状况，促进城乡协调发展，韩国自 1970 年起实施了新村运动，大体上可划分为五个阶段：第一阶段是基础设施建设阶段（1970~1973），主要进行农村基础设施建设，改善农民居住条件，改变农村落后面貌；第二阶段是农村全面发展并向城市扩散阶段（1974~1976），新村运动成为了全国性的现代化建设运动；第三阶段是充实和提高阶段（1977~1980），大力发展以农产品加工为主的农村工业，并在城镇强调全民精神文明建设；第四阶段是转变为国民自发运动阶段（1981~1988），建立完善全国性新村运动民间组织，推动新村运动转变为民间主导型运动并达到高潮；第五阶段为消退阶段（1989 年至今），从 1998 年起又开展了以"生活改善运动"和"构建新的地区共同体"为核心的第二次新村运动。新村运动在推动城乡统筹发展中发挥了巨大作用：1970~1997年，韩国农业人口减少 990 万人，农业总产值增加 2767 万美元；1998 年农户平均收入达 19897.10 美元；2001 年农业人口比重下降到 7.7%[①]。

（二）制定相关法律，清除劳动力流动就业的制度障碍

发达国家采取了很多包括修改法律、法规及制度等在内的措施来及时清除劳动力转移过程中存在的制度障碍，促进劳动力转移。英国、德国和日本等发达国家在工业化之前就通过制定法律法规，消除限制人口和劳动力迁移的政策障碍，为推动工业化和城市化奠定了制度基础。如英国为解决城乡发展不平衡问题，1948 年制定了城乡规划法案，最早建立完整的城

---

① 乔森等：《国外城乡统筹发展的历史实践与经验借鉴》，中国城市化网，2009 年 3 月 20 日，http://www.curb.com.cn/dzzz/sanji.asp?id_forum=012308，最后访问日期：2010 年 6 月 15 日。

乡规划体系，并设立从地方到中央、独立的城乡规划管理机构；同时通过立法为政府干预和指导城市问题的治理、引导城乡的有序发展，提供了法律依据与行动框架；还通过修改定居法与贫民迁移法，扩大了贫民的居住地范围。德国则通过制定职业自由法和迁徙自由法为劳动力自由流动择业提供了法律保证；美国各州宪法也都有关于人权不受侵犯、不得设置流动障碍等条款。

发达国家为减少劳资双方冲突和对抗，也加强了劳动力市场的制度建设。政府通过相关立法来规范工会组织与企业的责任、权力，为劳资双方搭建一个较为平等的谈判平台，从而化解潜在的冲突和威胁，保障双方权益，产生双赢结果；各国还先后通过立法并强制实施最低工资制度来保障劳动力市场上部分低技能者的工资水平。①

（三）建立统一完善、覆盖全民的社会保障制度，有力支撑着劳动力转移

发达国家社会保障体系的覆盖范围是一个随着经济发展水平提高而逐渐从城市部分群体向全体国民扩展的过程，不仅起到拉动农村劳动力转移的作用，而且能够通过社会安全网有效缓解城市失业和贫困等社会问题。如日本在明治维新后开始建立社会保障体系，在战后高速增长时期迅速推广，提出"全民皆保险"口号，把社会保障推广到所有劳动者及家庭，经历了一个由国有部门到民间大中企业、个体户的扩展过程。

英、法、德等国都建立了统一完善的社会保险制度，覆盖所有城乡劳动者和国外移民及雇工，消除了劳动者迁移的后顾之忧。如英国从1913年开始建立失业保险制度，为失去工作和不能工作的人员提供社会保障。雇主与雇工按比例缴纳社会保险税，雇工按缴费年限享受社会保险待遇。为了保证社会保险制度的统一性和社会化，英国社会保障部建立了全国统一

---

① 《城市化和城乡一体化相关理论与国际经验》，中国免费论文网，2008年2月9日，http://www.100paper.com/100paper/jingjixue/jingjixuelilun/2008020947302.htm，最后访问日期：2010年7月12日。

的社会保险中央数据库,实行统一的社会保险号码。无论哪里人,只要有固定住所与合法手续并符合就业许可条件,就可以在英国就业,办理社会保险。因此,劳动者在英国可以根据自己的愿望,选择适合自己的城市或农村就业,没有任何阻碍,无论如何流动转移,社会保险关系都会跟着走[①]。

此外,在欧洲,社会保障体系与现代劳动力市场体系紧密相连。社会保险制度与雇主组织、工会组织一同成为中央和地方政府借以规范调控劳动力市场的三个手段,成为协调劳资关系的基础。随着社会福利保障体系的各项权益内容在欧洲各国相继形成并实现国家统筹,公民各项与就业相关的福利权益可以实现在不同地区和部门的转移,从而有利于劳动力在一国内部不同地区的流动和欧洲各国劳动力市场的健康发展,有利于欧洲经济结构的调整和经济总量的增长,也有利于欧洲社会的和谐与稳定。而随着欧洲国家福利经济在欧盟层面上的协调与整合,特别是在把失业保险与就业培训加以衔接协调以后,基本扫除了欧洲国家之间劳动力流动的障碍,大大加快了欧洲劳动力市场一体化进程,进一步促进了欧洲劳动力的流动和社会劳动生产率的提高,增强了欧洲在经济全球化进程中的国际竞争力[②]。

(四)健全社区劳动保障管理机构,就业服务与社会保险一体化运作,为劳动力转移发挥基础性管理和服务作用

如英、法、德等国的社区劳动保障机构负责为辖区内失业人员和不能就业人员办理社会保险,进行就业指导和职业介绍。另外,英、法、德等国主要通过失业登记与实行社会保险号码两种形式对劳动力资源进行管理,把就业服务与社会保险紧密结合起来,作为促进劳动力实现就业的重

---

① 《英、法、德三国城市化与劳动力迁移启示》,河南省劳动保障网,2003年3月20日,http://www.ha.lss.gov.cn/html/ff8080811591aec1011591be601600a7/538.html,最后访问日期:2010年8月3日。
② 王志凯:《福利经济与劳动力市场创新:欧洲的观察与启示》,《中共浙江省委党校学报》2008年第1期。

要措施，使劳动力转移更为有序。如英国将就业与社会保险机构合并统一起来，为劳动者提供职业介绍、职业指导和社会保险等方面的服务。德国也采取就业与失业保险一体化运作方式，失业保险的重点已经逐步从发放保险金转向职业介绍、职业培训和促进就业，约一半的失业保险费用于职业培训。德国劳动局主要承担着职业介绍、政策信息咨询、职业指导和办理失业保险等职能，对介绍就业不去的失业人员，停发甚至取消失业补助金；同时还为生产经营困难需要裁员的企业提供雇员的社会保险补贴，以减少企业裁员和失业[①]。

（五）出台市场化、社会化的职业培训政策，提高劳动者就业技能，推动劳动力转移就业

日本在战后经济高速增长时期大力推广"工业高中"制度，培训社会需要的技术工人，同时还在农村推行一套职业培训制度，加强职业介绍事业，并在各地建立职业培训机构，鼓励企业及社会团体对农业劳动力积极开展岗前培训，提高农村转移劳动力就业的能力[②]。

英、法、德等国也非常重视职业培训，将其作为一项预防失业、提高就业、促进技术进步和提高劳动生产率的重要措施。法国和德国都出台了有关职业培训的法律，确立其重要法律地位，形成一套比较完整的制度政策体系，促进了劳动者提高自身素质和有效转移就业。如法国的职业培训承担着在职培训、就业培训和进修提高三重任务，政府为了指导失业者进入最适当的培训机构，以促进他们再就业，采用了培训计划、培训—工作合同和个人培训贷款制度等三类有效手段。其主要特点有：职业培训与工资待遇相结合；发挥政府与行业协会的作用，实行培训招标、市场化运

[①] 《英、法、德三国城市化与劳动力迁移启示》，河南省劳动保障网，2003年3月20日，http://www.ha.lss.gov.cn/html/ff8080811591aec1011591be601600a7/538.html，最后访问日期：2010年8月3日。

[②] 《城市化和城乡一体化相关理论与国际经验》，中国免费论文网，2008年2月9日，http://www.100paper.com/100paper/jingjixue/jingjixuelilun/2008020947302.htm，最后访问日期：2010年7月12日。

作；对资源枯竭行业，由国家提供资金，在保障雇员基本生活前提下提供两年以上的长期培训，帮助他们转业转岗；培训与解决困难群体就业相结合；培训投入力度较大，法国用于培训的支出占国民生产总值的 1.7%，仅比科研经费低 0.8 个百分点①。

（六）注重劳动力市场现代化建设，建立统一开放的劳动力市场信息网络，较好地发挥市场机制配置劳动力资源的基础性作用

如英、法、德等国的求职者只要进入一个职业介绍机构，不但能找到本城市的就业信息，而且能找到其他城市乃至欧盟各国的就业信息，使就业变得更加公开、透明和快捷，极大地促进了劳动力的合理流动。英国伦敦市每所职业介绍机构的求职、用工信息与全国的劳动力市场信息网络相连接，可通过因特网、电话、电视、自助终端和宣传资料等多种途径来为劳动力供求双方提供职业中介服务。德国也把职业介绍和职业咨询作为促进就业的重要内容，根据雇员及雇主的要求提供有关劳动力市场的情况，为求职者的职业发展、培训机会及将来提升的可能性等问题提供咨询，并在考虑失业人员知识、素质和个人特长爱好的情况下原则上免费（但为外籍人员介绍工作一般收费）为其推介相应的就业岗位②。

二 国内各地的实践经验

我国各地区在推进城乡统筹就业和劳动力市场一体化方面也有不少实践经验。

---

① 《英、法、德三国城市化与劳动力迁移启示》，河南省劳动保障网，2003 年 3 月 20 日，http://www.ha.lss.gov.cn/html/ff8080811591aec1011591be601600a7/538.html，最后访问日期：2010 年 8 月 3 日。
② 《英、法、德三国城市化与劳动力迁移启示》，河南省劳动保障网，2003 年 3 月 20 日，http://www.ha.lss.gov.cn/html/ff8080811591aec1011591be601600a7/538.html，最后访问日期：2010 年 8 月 3 日。

（一）建立健全统筹城乡就业的管理制度和运行机制

不少地区开展了城乡劳动力资源开发利用的统筹规划，明确有关部门的职责，将目标任务分解落实到相关部门和基层，并针对不同群体制定专项工作计划（如就业扶贫计划）并组织实施。有些地区开展了城乡劳动者就业失业界定标准的探讨，对城乡人力资源进行了调查统计工作，建立城乡统一的人力资源数据库，并实现数据的动态维护，为统筹城乡就业的开展创造了条件。也有些地区废除了针对农村和外来劳动力的就业限制，或建立跨地区就业劳动力管理信息沟通机制[1]。如安徽省早在2001年就成立了以省委副书记为组长、两位副省长为副组长，有关部门参加的安徽农村劳务输出工作领导小组，协调农村劳务输出规划，并建立全省统一的劳动力资源信息库，及时发布各地用工信息和工资指导价，组织农民有序流动。

浙江省2001年起就承担了全国"城乡统筹就业"的试点任务，2002年在全国率先研究制定了农村劳动力统计调查指标体系，2003年又率先出台了浙江省城乡统筹就业试点工作标准（试行），从就业时间、收入水平和生产资料拥有情况等方面综合考虑，界定了失业农民和不充分就业的标准；明确了城乡统筹就业工作的指导思想和具体目标。目前浙江已基本破除农村劳动力进城就业的门槛和限制性政策，已取消针对农民工就业的所有行政性收费项目。如嘉兴市打破城乡区域和身份户籍界限，实行全社会人力资源的统一管理，各类单位招用员工时都应依法签订劳动合同，缴纳社会保险，实行同工同酬。义乌市全面取消对农村劳动力就业的各种限制，对城乡劳动力实行统一的劳动就业管理，变户籍门槛为素质门槛，使进城劳动者享有平等的权利。宁波市则是全国第一个较为全面地开放城市户口的中等城市，2001年7月就出台了新的户籍管理制度，本地农业人口和外来人口可通过投资落户、投靠落户、婚迁落户、人才落户、大中专毕业生落

---

[1] 劳动和社会保障部劳动科学研究所：《统筹城乡就业试点工作中期评估报告》，2007年12月12日，中国就业网：http://www.lm.gov.cn/gb/employment/2007-12/12/content_213725.htm，最后访问日期：2009年11月30日。

户、缴纳养老保险金落户等渠道获得宁波的城市户口。

广东省 2003 年起把"扩大与促进就业民心工程"列为政府的十项民心工程之一,要求把扩大与促进就业作为宏观调控的优先目标,完善就业扶持政策,强化公共就业服务,加快建立健全扩大与促进就业机制,同时大力推进城乡统筹就业,做好农村劳动力开发就业工作,加快建立城乡协调的就业管理服务体制。如肇庆市建立了城乡劳动者平等就业凭证管理制度,建立起城乡统一的就业失业登记制度和统计分析制度以及就业援助政策,定期发布社会失业率[①]。

(二)建立覆盖城乡的公共就业服务体系,加强劳动力市场基础设施和信息网络的建设,为城乡劳动者就业提供有效服务

一些地区不断完善街道、社区和乡镇的公共就业服务网络布局,将就业信息、培训信息、职业介绍和政策咨询等公共服务延伸到社区、乡镇,在城镇所有社区、农村重点村都建立了平台,并做到"机构、编制、人员、经费、场地、工作制度"六个到位;有些地区还将劳动保障信息网络终端延伸到街道、社区,基本实现各项劳动就业和社会保障的管理和服务网络化传输,真正实现了劳动保障工作重心的下移。还有一些地区公共就业服务机构全面向城乡劳动者开放,对城乡劳动者实行公平对待,免费为求职的农村进城务工人员提供信息咨询、职业介绍和职业指导[②]。

如广东省已初步构建了覆盖省、市、县和乡镇(街道)的劳动力市场供求信息网络。各级劳动保障部门以公益性职业介绍机构为基础,信息网络为核心,增强就业服务功能;完善了劳动力供求信息服务体系,运用现代化网络技术,在主要劳务协作省之间、全省大部分地区开通使用远程互

[①] 劳动和社会保障部劳动科学研究所:《统筹城乡就业试点工作中期评估报告》,2007 年 12 月 12 日,中国就业网:http://www.lm.gov.cn/gb/employment/2007 - 12/12/content_213725.htm,最后访问日期:2009 年 11 月 30 日。

[②] 劳动和社会保障部劳动科学研究所:《统筹城乡就业试点工作中期评估报告》,2007 年 12 月 12 日,中国就业网:http://www.lm.gov.cn/gb/employment/2007 - 12/12/content_213725.htm,最后访问日期:2009 年 11 月 30 日。

动可视招工系统，提高了输出组织化程度。

山东省则加快构建覆盖城乡的人力资源市场体系，积极将公共就业服务体系和信息网络建设向农村延伸，全面建成布局合理、运行规范、辐射力强的省、市、县、街道（乡镇）四级人力资源市场和信息网络，向城乡劳动者普遍开放各级公共就业服务机构，免费提供政策咨询、求职登记、职业指导等服务。如济南市根据"数据集中、服务下延、上下联网、信息共享"的原则，进一步完善城乡共享的人力资源市场信息网络建设。烟台市将就业扶持政策延伸到进城务工的农民工，赋予农民工与城镇居民平等政策待遇的权利；在公共就业服务上赋予农民工与城镇居民平等就业服务的权利；在就业管理上实行城乡统一的就业失业登记制度和用工管理制度，建立了农村富余劳动力资源信息库，逐步把农村劳动力转移纳入组织化、规范化管理。

上海市构建了市职业介绍中心、区（县）公共职业介绍所、街道（乡镇）劳动服务所、居委（村委）会就业援助员四级资源共享的公共就业服务网络，形成了组织在政府、支撑在社会、工作在基层、落实在社区的就业管理服务格局。实施"两个相同"政策，即确保农村富余劳动力享受与城镇劳动力相同的就业服务和扶持政策，将农村富余劳动力非农就业纳入城镇劳动力就业服务体系之中。另外，上海还通过实施许可证年检制度以及定期举办职业中介经纪人培训班，加强对职业介绍机构的监管和规范发展。

浙江省的乡镇、街道也基本上建立了劳动和社会保障机构，逐步形成覆盖城乡的劳动力市场信息网络和辐射乡镇（街道）、社区的劳动力市场框架体系。如浙江富阳市劳动力市场在求职登记、职业介绍、职业指导等方面，不分城镇农村、本地外地，一律按照统一标准提供统一的就业服务，实行城乡统一的就业政策。

安徽省建立了省、市、县三级以公办职业介绍机构为主的劳动力市场，并在乡镇设立了劳动保障服务站，在北京、上海、广东等经济发达地区设立了驻外劳务管理服务处。如马鞍山市全面推行建立村级劳务公司，将工作平台建设向农村延伸。

北京顺义区则重点强化村级就业服务站建设，帮助辖区内所有行政村建立了村级就业服务站；先后制订了城乡统一的职业培训介绍补贴和就业奖励政策。

江苏苏州市2007年全市所有村镇和街道社区统一安装使用劳动保障就业管理服务信息系统软件，与市区实现联网对接，建成失业登记与失业保险信息库，实现就业服务业务全程信息化①。

（三）建立覆盖城乡的职业技能培训体系，提升城乡劳动者的职业技能

有些省市在发挥劳动保障部门主阵地作用的同时，按照市场化要求整合培训资源，建立健全政府支持引导、市场化运作、多主体共同参与的有效培训运行机制，形成层次多样化、培训主体多元化的职业技能培训体系；积极落实职业培训补贴政策，形成惠及城乡劳动者的职业培训政策体系；探索建立市场信息引导培训、培训促进就业、劳务输出入地有效衔接、政府企业功能互补的就业培训维权保障机制；开展创业培训和品牌培训，扶持有条件的城乡劳动者自主创业，促进创业带动就业，同时推动劳务输出和劳务经济由量向质的转变。不少地区出台了职业资格证书补贴、培训券、"农民现代化、知识化"、"人人技能工程"等各种职业培训方式②。

如安徽省加强了与劳务输入地的沟通，推行"订单式"培训，强化培训与就业的对接，培训后就业率一般达80%以上；简化农村富余劳动力职业培训机构的审批手续，积极推动社会力量办学。另外安徽从2003年起开展了面向下岗失业人员的"造就千名小老板，带动万人再就业"创业示范培训工程，由政府出资提供创业培训服务，并由省担保中心、商业银行为培训合格学员提供创业小额担保贷款；2004年在全省推广创业培训工作，

---

① 劳动和社会保障部劳动科学研究所：《统筹城乡就业试点工作中期评估报告》，2007年12月12日，中国就业网：http://www.lm.gov.cn/gb/employment/2007-12/12/content_213725.htm，最后访问日期：2009年11月30日。
② 劳动和社会保障部劳动科学研究所：《统筹城乡就业试点工作中期评估报告》，2007年12月12日，中国就业网：http://www.lm.gov.cn/gb/employment/2007-12/12/content_213725.htm，最后访问日期：2009年11月30日。

并将其纳入省政府对各市的重点目标考核范围，实行责任目标管理。

广东省则通过劳动部门、社会力量、企业内部培训等多种渠道加大对就业人员的技能培训力度，使之适应市场竞争的需要和减少流动率，保证企业的正常稳定经营，如肇庆市规定，凡农民工参加职业培训并取得初级以上职业资格证书的，按每人200元补贴给培训机构；建立了劳动用工、定向培训对接机制，组织引导本地工业园区、企业与农业富余劳动力签订就业招聘合同，与职业学校、就业培训机构签订定向就业培训合同。

浙江省则要求按照"规范、对路、适用、专业"的原则，根据市场、企业的需求，针对不同行业、工种的要求，制定规划、落实经费，提高培训的针对性、适用性与有效性；积极推行劳动预备制度、职业资格制度与就业准入制度，逐渐形成比较完善的农村职业培训体系，通过发展劳务经济促进农民稳定转移就业。

湖南省各级劳动部门近年来以就业训练中心与技工学校为主渠道，积极开展劳务输出以及非农产业的转移培训，明显降低了外出务工人员从事体力型工作的比例。

上海市运用失业保险资金对参加职业培训的失业人员、农村富余劳动力提供补贴，并建立开放式公共实训基地与青年职业见习基地，为缺乏技能的失业人员"造血"，见习后一次性就业率达60%左右。此外，上海还通过"政府购买培训成果"的方式鼓励各类职业培训机构组织开展适合农村富余劳动力特点的职业培训；同时加强开业指导和创业培训，启动创业实训基地建设，支持非正规组织和微小型企业的成长。

江苏苏州市则通过政府购买培训成果，按照"培训—认证—就业"模式提供职业培训服务，运用几十个劳动力职业培训基地完成对本地农村及外来劳动力的职业培训和创业培训工作。南通市建立了以"培训券"为主要依托的农村劳动力技能培训补贴制度，并实行"培训四化"（培训质量标准化、培训形式多样化、培训服务社会化、培训补贴全员化）。无锡市通过实施"农民现代化、知识化"教育培训工程，对有就业愿望尚未就业的农村劳动力普遍进行一次职业指导，并帮助农业劳动力掌握1~2门实用技术，对非农就业农村劳动力开展订单式、储备式技能培训,并开展创业培训。

陕西宝鸡市通过实施"人人技能工程",对城乡劳动者采取分类培训、分档补贴政策,鼓励参加职业技能培训,促进劳务输出向"技能型""创业型"转变。①

(四)探索完善覆盖城乡的社会保障制度,重点解决农村居民的社会保障问题

有些地区积极探索建立完善覆盖城乡劳动力的社会保障体系,实行针对不同群体的分类体系,如农民社会保障制度、失地农民社会保障制度和城镇外来人员社会保障制度。如山东要求各统筹城乡就业试点城市全面建立城乡就业与社会保障联动机制,促进农民由土地保障转向社会保障,逐步实现城乡社会保障制度并轨,妥善解决被征地农民的社会保障问题,重点推进统筹进城务工农民的工伤保险和大病医疗保险。②

四川成都市完善了非城镇户籍从业人员综合社会保险办法,切实为进城农民工提供合法的工伤、医疗、女工生育和养老保障;对2004年1月1日以后产生的新征地农转非人员,由征地部门为其一次性缴纳社会保险费、办理社保手续,参加城镇基本养老、医疗保险和失业保险制度;按照"广覆盖、低费率、可转移,社会统筹与个人账户相结合"的原则和"个人缴费、集体补助、政府补贴"的模式,探索建立新型农村养老保险制度。

安徽马鞍山市2007年则启动了新型农村社会养老保险制度,将凡未纳入城镇职工保险范围内的人员、被征地农民、农村居民,全部纳入社会保险制度;将政府公共财政资助覆盖城乡所有居民,体现了政府在构建社会保障制度上的责任。

---

① 劳动和社会保障部劳动科学研究所:《统筹城乡就业试点工作中期评估报告》,2007年12月12日,中国就业网:http://www.lm.gov.cn/gb/employment/2007-12/12/content_213725.htm,最后访问日期:2009年11月30日。
② 劳动和社会保障部劳动科学研究所:《统筹城乡就业试点工作中期评估报告》,2007年12月12日,中国就业网:http://www.lm.gov.cn/gb/employment/2007-12/12/content_213725.htm,最后访问日期:2009年11月30日。

黑龙江大庆市将与企业建立劳动关系的农民工全部纳入工伤保险范围，重点推进农民工比较集中的加工制造业、建筑业、餐饮业与家政服务业的参保工作，确保农民工依法享受工伤保险待遇；同时建立农民工大病医疗保险统筹基金，解决农民工务工期间住院医疗保障问题。

浙江嘉兴市则进一步推进城镇基本医疗保险制度改革，完善了以大病统筹为主的新型城乡居民合作医疗保险制度，非职工参保人员的城乡居民合作医疗保险参加率达90%以上。①

（五）不断完善劳动用工管理制度，切实维护城乡劳动者的权益

通过出台一系列政策法规，促进劳动就业管理法制化，积极实行统一的劳动合同，推进劳动关系三方协商机制建设，建立农民工工资监控保障机制，调整最低工资标准待遇等来完善劳动用工管理制度，加强劳动保障监察，维护农民工的权益。②

如安徽省2003年根据需要制定了基本养老保险、医疗保险、失业保险、农村养老保险、扩大就业和再就业、职业培训、劳动保障监察以及非全日制用工试行办法等规范性文件，并在简化农民进城务工手续、取消职业工种限制和用工行政审批、实行暂住证一证管理、鼓励外出民工返乡创业等方面做出了明确规定；2004年又修订了安徽省劳动力市场管理条例和劳动保护条例；同时加大了劳动保障监察执法的力度，初步建立劳动保障监察机构专查、有关机构和社会组织协办的执法机制；并加强了驻外劳务服务机构建设，做好劳务输出管理服务工作，帮助皖籍务工人员处理劳务纠纷事件。

---

① 劳动和社会保障部劳动科学研究所：《统筹城乡就业试点工作中期评估报告》，2007年12月12日，中国就业网：http://www.lm.gov.cn/gb/employment/2007-12/12/content_213725.htm，最后访问日期：2009年11月30日。
② 劳动和社会保障部劳动科学研究所：《统筹城乡就业试点工作中期评估报告》，2007年12月12日，中国就业网：http://www.lm.gov.cn/gb/employment/2007-12/12/content_213725.htm，最后访问日期：2009年11月30日。

湖南省也高度重视劳动保障政策法规体系的健全完善，先后出台了《关于加快劳务经济发展的决定》《关于切实加强我省农村劳动力转移就业工作的通知》《关于加快建立城乡劳动者平等就业制度的指导意见》《湖南省劳动合同规定》《湖南省工资支付监督管理办法》等一系列政策文件和规章；同时也加强了劳动保障监察执法，维护进城农民工的合法权益，并强化就业跟踪管理服务，协助广州、深圳、珠海等地劳动部门调节处理各类劳资纠纷，维护湘籍就业人员与用人单位双方的合法权益。

广东省20世纪90年代就制定了流动就业管理条例、劳动监察条例、社会养老保险条例、社会工伤保险条例、职业介绍管理条例、失业保险条例等法规，促进了广东省劳动就业管理法制化。同时广东劳动监察部门已经延伸到乡镇，形成较为全面的监察网络，能及时解决劳资纠纷问题，较好地保护流动就业人员和用工单位的合法权益。深圳市1993年就制定了全国第一部针对外来劳务工的地方性法规《深圳经济特区劳务工条例》，明确规定外来劳务工和深圳户籍员工都应以平等身份求职、应聘、就业、领取劳动报酬及享受各种福利待遇，不允许有任何歧视；又先后制定实施了最低工资条例、劳动合同条例、劳动争议仲裁条例、欠薪保障条例等系列相关法规；还建立了劳动部门、工会、雇主的三方劳动争议处理机制和工资集体协商机制。

四川成都市则全面推行劳动保障网格化管理，劳动保障监察网络向农村延伸成四级监察网络，以街道（乡镇）为基础，对全市用人单位用工情况建立电子信息档案，发挥劳动保障监察员和协理员作用，对网格内用人单位遵守劳动保障法规情况进行信息采集和动态监察。2006~2007年，成都完成了全市各类企业、机关事业单位和个体工商户等用人单位的用工信息采集，建成全市用人单位劳动用工基本信息数据库，并将信息录入劳动保障监察信息网，形成全覆盖、全方位、全动态、全过程的劳动用工监督检查机制，从而规范用人单位行为，改善就业环境，稳定和扩大城乡劳动力就业。

山东烟台市在薪酬待遇、最低工资标准等用工管理上，目前全部实现了城乡劳动者一体化管理。

江西赣州市作为统筹城乡就业试点城市，现已在全国率先建立实施较完善的民工工资监控保障机制，变事后追讨为事前监控，从源头上遏制拖欠民工工资行为的发生，杜绝了建设领域拖欠民工工资的现象。[①]

三 国内外实践经验的借鉴与启示

国内外的实践经验做法，为我国加快推进城乡劳动力市场一体化提供了不少有益的借鉴与启示。[②]

（一）增强政府统筹城乡发展的意识和责任，健全统筹城乡就业的法规政策体系

我国要有效统筹城乡就业，促进城乡劳动力市场一体化，当前应发挥政府的主导作用，充分运用"政策干预"手段，结合市场调节，增强统筹城乡发展的意识，并从全面建设小康社会的战略高度提高认识，把统筹城乡就业、促进城乡劳动力市场一体化作为统筹城乡发展的首要任务，制定实施有利于城乡协调发展的政策。而这是一个涉及多个部门的复杂系统工程，存在许多亟待解决的体制性、政策性难题，具体包括户籍、社会保障、教育、居住、土地等诸多问题。我国应坚持以人为本的服务理念，高度重视就业这一民生之本，建立政府统筹城乡就业的责任机制，加大资金投入，发挥市场机制作用，全面开展省、市、县试点工作，进而向全国推广，实现劳动力资源城乡共享。为此，我国应根据统筹城乡就业的要求，按照劳动者自主择业、市场调节就业、政府促进就业的方针，打破城乡界限、所有制界限和身份界限等就业二元化格局，加强劳动就业政策法规建设，加快出台一系列可操作性强的配套政策，深入清除阻碍城乡统筹就业的体制性障

[①] 劳动和社会保障部劳动科学研究所：《统筹城乡就业试点工作中期评估报告》，2007年12月12日，中国就业网：http://www.lm.gov.cn/gb/employment/2007-12/12/content_213725.htm，最后访问日期：2009年11月30日。

[②] 张勇、尹继东等：《城乡协调劳动力市场建设研究》，江西人民出版社，2006。

碍，建立健全城乡劳动者平等就业的各项制度，为推进城乡劳动力市场一体化提供强有力的法律保障和政策支持。如加快推进户籍制度改革，完善流动人口管理，废除各种歧视性政策，对在城市已稳定就业和有住所的农业人口可按规定在就业地或居住地登记户籍，或实行外来从业人员居住证制度，降低农村劳动者进城就业的成本和门槛；最终应剥离城市户籍所附带的各种经济福利，形成城乡居民自由迁徙、公平就业、协调发展的城乡一体化劳动力市场。

（二）强化统筹城乡就业的服务手段和信息网络体系建设，形成城乡劳动力市场一体化新格局

我国应加强劳动保障工作手段和基础管理，搭建城乡统筹就业服务平台，优化城乡就业服务机制，实现城乡劳动力市场与人才市场的统一，进一步加大财政资金投入，整合公共资源，强化公共就业服务功能，将劳动保障平台建设到街道、社区和乡镇基层，夯实基础、健全网络，努力实现劳动保障工作"重心"下移到基层，真正做到城乡就业服务平台的对接，让农民与市民一样享受公平的就业和社会保障服务，形成城乡就业服务一体化新格局。同时政府应大力推进劳动力市场信息网络体系的建设，确保覆盖到全部城镇、社区和乡村，使劳动力供求双方能够得到就地就近的服务；要积极进行农村劳动力资源调查工作，探索建立和完善城乡统一的劳动力资源调查制度和劳动用工信息数据库、社会登记失业率统计制度和失业预警系统指标体系，形成资源共享的城乡社区服务信息网络载体，实现对城乡劳动力资源的统筹规划与优化配置，为政府的经济社会发展决策提供重要的依据。[1]

---

[1] 《英、法、德三国城市化与劳动力迁移启示》，河南省劳动保障网，2003年3月20日，http://www.ha.lss.gov.cn/html/ff8080811591aec1011591be601600a7/538.html，最后访问日期：2010年8月3日。

（三）加强职业培训和创业培训，构建城乡统一的职业技能培训机制和体系

统筹城乡就业发展，需要支持农业产业化经营与龙头企业发展，加快推进农村工业化和城镇化进程，培育有文化、懂技术、会经营的新型农民，发挥广大农民建设社会主义新农村的主体作用。政府应加大财政资金投入，统筹城乡教育资源，大力加强公共培训机构建设，提高职业技能培训质量，动员社会力量开展城乡劳动者就业和创业培训，鼓励用人单位、职业教育培训机构积极参与职业技能培训，抓好技工学校、就业培训基地、创业培训示范基地等的建设，实施城乡统一的劳动力职业技能培训规划和培训制度，如劳动预备制度、免费培训制度、政府购买培训成果制度和"培训－认证－就业"一条龙服务制度等；坚持培训与就业相结合，以岗位需求引导培训方向，以培训提高就业质量，增强培训的针对性、灵活性和适用性，提高农村劳动力的职业素质和就业能力，逐步形成以区（市）县就业培训中心为主体、社会各类培训机构为补充，覆盖城乡的市场化和社会化职业技能培训体系。[1]

（四）构建与城乡统筹就业相适应的多层次、城乡一体化的社会保障体系

我国应加快转变政府职能，提高统筹城乡就业和社会保障工作水平，构建劳动就业、收入分配和社会保险为一体的大保障体系，在完善养老、医疗、失业、生育、工伤"五险合一"的基本社会保险框架内，确保农民工、农转非人员与失地农民依法参加社会保险，推行社会保险"一卡通"制度，使参保劳动者无论到哪里就业，社会保险关系都能转移和接续，逐步形成城乡统筹、层次多样、制度完善的城乡一体化社会保障体系。可以

---

[1] 劳动和社会保障部劳动科学研究所：《统筹城乡就业试点工作中期评估报告》，2007年12月12日，中国就业网：http://www.lm.gov.cn/gb/employment/2007－12/12/content_213725.htm，最后访问日期：2009年11月30日。

通过将农民工纳入城镇职工基本养老保险，被征地农民用土地换社保，实行个人缴费与集体补助、政府补贴相结合的农村养老保险，逐步实现城乡养老保险的相互衔接，探索建设与实际发展水平相适应的多层次养老保险体系；以"广覆盖、轻负担、低标准、保基本"的原则推进城镇基本医疗保险制度改革，健全以大病统筹为主的新型城乡合作医疗制度；将农民工全部纳入失业保险范围，逐步建立与城镇职工同等缴费、享受同等待遇的新失业保险制度。也可探索建立非城镇户籍从业人员综合社会保险制度，为进城农民工提供养老、医疗、失业、工伤等保障。另外也需完善农村家庭最低生活保障制度，初步建立以最低生活保障为基础，以医疗、教育、住房等专项救助为辅助，以其他救助救济和社会帮扶为补充的新型城乡社会救助体系。

（五）完善城乡统一的劳动用工监督管理体系和制度，促进劳动关系的和谐稳定

我国应加快建立劳动者能够自由流动、自主择业、公平就业、城乡统一的劳动用工管理制度，创造一个良好的劳动就业环境，规范用人单位的用工行为，确保农民工享受同工同酬、同等就业的待遇，保障城乡就业劳动者的合法权益。为此我国要进一步规范劳动力市场的管理，严格执行劳动合同制度，建立农民工维权保障机制，要求所有用人单位招用城乡劳动者都必须依法订立并履行劳动合同，建立权责明确的劳动关系以及推进劳动关系三方协商机制建设；探索建立企业工资集体协商机制，及时调整、合理确定最低工资标准，规范收入分配秩序；加强劳动保障执法监督，加大劳动保障监察和劳动争议仲裁的力度，切实维护城乡劳动者的合法权益。[①]

---

① 劳动和社会保障部劳动科学研究所：《统筹城乡就业试点工作中期评估报告》，2007 年 12 月 12 日，中国就业网：http://www.lm.gov.cn/gb/employment/2007 - 12/12/content_213725.htm，最后访问日期：2009 年 11 月 30 日。

第二节　我国城乡劳动力市场一体化演进的路径选择：体制市场化—政府服务化—社会法制化

根据城乡劳动力市场一体化的理论内涵和问题原因，结合国内外实践经验，我们认为，推进实现我国城乡劳动力市场一体化的有效路径应该选择"体制市场化－政府服务化－社会法制化"的演进模式（见图6-1）。

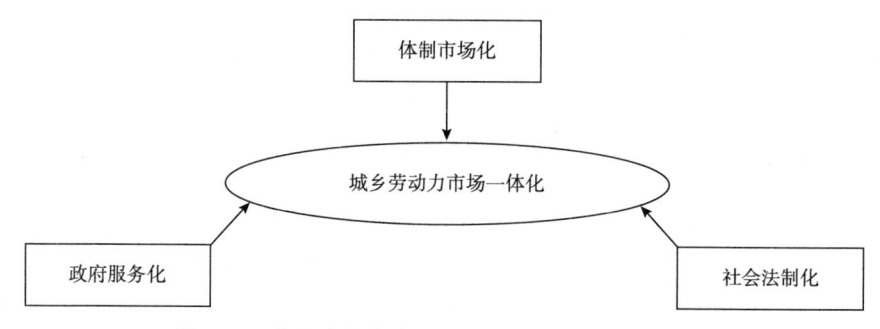

图6-1　我国城乡劳动力市场一体化演进的路径模式

一　体制市场化

（一）企业微观调节机制市场化

城乡劳动力市场一体化需要从政府层面的宏观调控中跳出来，以发挥企业层面的微观调节作用。通过企业等用人单位积极参与城乡劳动力市场一体化的构建，可以优化就业的行业结构，尽快从市场需求方面形成市场化的城乡劳动力市场机制。如通过基本的制度性规范，建立完善以企业为核心的工资形成、集体协商和雇佣决策机制；通过企业单位责任的兑现，提供更多市场化的职业技能培训机会，提高城乡劳动者的技能和素质[①]。

[①] 寸家菊：《劳动力市场分割条件下农民工就业问题研究》，重庆大学硕士学位论文，2009。

（二）职业教育培训体系市场化

城乡劳动力市场一体化建设需要以市场为主体筹集职业教育培训资金，而不单是依靠政府来负担，这样才能有效发挥市场机制的资源配置作用，整合各种职业教育培训资金和资源。可以运用政府、企业、个人合力的办法，在财政资助下大力推行多种多样的、适应不同地域的农村劳动者、下岗再就业人员及其他求职者，不同行业的就业、创业指导和职业技能培训；鼓励企业积极实施教育培训外包政策，给予具备一定条件和实力的专业中介机构以职业教育培训资格和财政补助，使其能根据企业生产服务的市场需求来进行有针对性的人力资源开发和就业培训，以提高广大劳动者的职业技能，优化就业的劳动者素质结构，促进产品有效供给和经济健康发展。

（三）就业服务网络体系市场化

城乡劳动力市场一体化需要实现企业招聘—劳动力市场—劳动者之间快速有效的人力资源信息传递，消除就业的城乡结构偏差，这又需要通过构建覆盖城乡的就业服务网络体系的市场化运作来达成。比如，政府相关部门可以通过公共就业服务机构将搜集来的各种就业信息通过外包的方式交由具有一定资质的职业中介企业来运作，鼓励它们在火车站、汽车站、码头、广场等客流量大的地方以及农村劳动力输出集中地，利用报纸、广播电视、公交车、公告栏、互联网等多种媒体开展广告宣传，同时在公共场所提供一些类似自助查询机的设备，提供只需直接点击或刷就业社保卡就能查询就业信息的免费服务，并提供诸如地图、交通线路等其他有用信息，方便城乡劳动者求职，降低就业信息的搜寻成本。

二 政府服务化

政府服务化是我国在完善社会主义市场经济制度过程中非常重要的一个关键环节，也是构建城乡一体化劳动力市场的重要杠杆，能有效促进城乡劳动力市场的和谐发展。

政府作为社会的职能管理部门，政府服务化的含义也就是要充分发挥好政府部门的监督管理职能、职业疏导职能、信息沟通职能，消除就业结构的各种偏差，使其为城乡一体化劳动力市场的构建提供必要的资源支持和有效的政策支撑（见图6-2）。

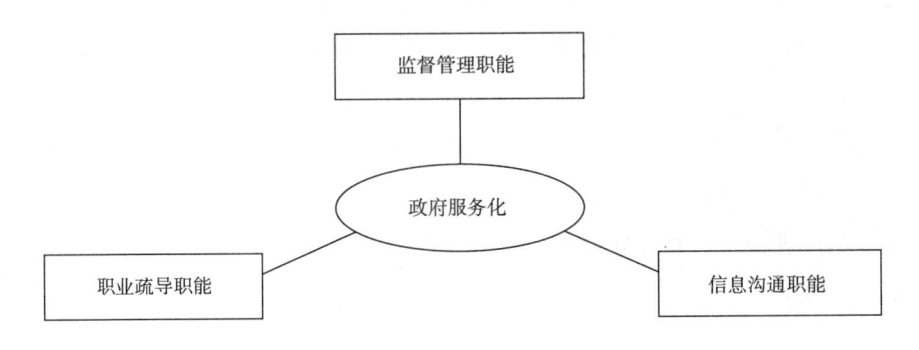

图6-2　政府服务化的三大职能

（一）发挥政府的监督管理职能，规范城乡劳动力市场

首先，各级政府要充分发挥在就业中的宏观调控作用，积极调研当前就业形势和发展趋势，制定强有力的政策措施，以保障城乡劳动者的基本权益和劳动力市场的规范有序；其次，督促劳动保障行政部门切实加强对劳务（职业）中介机构的管理和监督，定期实施检查，排除非法职业中介的隐患，取缔非法劳务中介，切实规范劳务（劳动力）市场秩序；再次，在市、县（区）、乡（镇）各级劳动力市场设立公共就业服务中心，免费为城乡劳动者提供专门处理在就业中遇到的工资拖欠、岗位歧视等劳资纠纷问题的就业服务，使各项劳动就业事务有处可诉，各项劳动保障工作制度化、规范化运作。

（二）发挥政府的职业疏导职能，促进城乡劳动力有序转移

政府的职业疏导职能不是单方面地针对劳动者，还针对用人单位的准

入和退出。在市场经济体制下，只有适应经济社会和资源环境发展形势的产业和行业才能生存下来且持续发展，这是职业疏导的第一轮筛选，其次才是劳动者就业的疏导。因此，政府有关部门既要做好企业整体发展规划的指导，同时又要合理引导企业合法合理用工，招聘适应职业性质和岗位技能的劳动者，通过完善产业和行业规划来实现城乡劳动者在区域产业结构上的合理配置和充分利用。

（三）发挥政府的信息沟通职能，实现就业社保等信息网络化连接

政府应加快建立完善全国联网的城乡一体化就业和社会保障信息管理系统，将各种就业信息、社会保障信息等全部纳入计算机管理系统，提高信息化程度，实现就业社保等信息跨时间跨空间的互换、转移和对接，降低城乡劳动力跨区域转移就业的成本，实现劳动者就业收益和政府促进就业效率最大化。

网络化的连接还可以促进教育培训资源的城乡区域共享，实现教育培训资源更广范围的传播和利用，为农村地区尤其是偏远山区的劳动者带去更多有益的就业信息和职业技能知识，提高劳动者的整体文化素质，从而优化就业的劳动者素质结构、产业结构、地域结构和城乡结构。

三 社会法制化

（一）社会舆论监督的法制化

由于教育、收入的欠缺，农村劳动者在就业方面远不如城市劳动者有优势，往往在劳动力市场上处于劣势地位，他们在工资收入、合同签订、社会保险等方面常常不能得到同工同酬的平等待遇，因此，他们需要的不仅是社会给予的舆论关注，还需要社会舆论背后拥有的法律制度能给予有力保护。依法加强对农民工合法权益的舆论监督和法律保护，对于加强整个社会对农村劳动者就业的关注和协助、优化就业的城乡结构具有重要意

义。新闻媒体可以通过广泛宣传劳动就业、社会保障等相关法律法规和政府促进公平就业、充分就业的方针政策,给予城乡劳动者最新的就业政策指导和职业规划;也可以通过披露当前劳动者尤其是农民工就业所面临的就业歧视等问题引起有关部门的重视,进而协调解决或依法查处,切实维护劳动者的合法权益。

(二) 非政府组织机构的协助法制化

政府在制度化建设方面的作用毕竟还不够充分,所以要发挥市场化配置劳动力资源的积极作用还需借助于一些非政府劳动就业组织的协助和支持。而要最大化发挥非政府劳工组织的作用,首先需要赋予其一定的法律效力,使其在处理劳资纠纷、就业歧视案件等方面有一定的空间。例如,美国的平等就业机会委员会(EEOC)就是一个专门处理就业不平等案例的非政府组织,它在协商调解就业歧视申诉案件和提供就业歧视的咨询服务方面发挥了重要作用。因此,在处理类似问题上,我国也可以效仿或借鉴欧美国家在这方面的有效举措,通过一些非政府组织的法制化建设,协助政府部门进行城乡统筹就业的微观调解,既节省了政府部门事事亲为的人力、物力、财力等成本,同时又能尽量为劳动者在纠纷案件恶化之前提供一些法律援助。

也有学者建议,在各行业建立农民工"工会",作为一种以农民工为主要团体自发形成的类似"工会"性质的劳动者集体组织,以增加农民工在劳动力市场上与企业单位谈判的博弈能力。这种集结社会力量与用工单位抗衡的方式,在政府监管不力的情况下,对于民营企业和中小企业较多、农民工密集的行业而言,不失为一种可以践行和推广的办法。①

---

① 黄敏:《城乡一体化中农民劳动权益保障的研究》,四川师范大学硕士学位论文,2010。

第三节 我国城乡劳动力市场一体化的总体思路、基本目标和战略步骤

一 我国城乡劳动力市场一体化的总体思路

城乡劳动力市场的长期分割已经导致了我国城乡经济社会发展一体化进程受阻,在很大程度上抑制了劳动力资源配置的基础性作用,进而影响我国经济社会的和谐发展。尽早实现城乡劳动力市场的一体化,实现城乡劳动力资源的合理有序配置,对于城乡协调发展与和谐社会建设都具有重大意义。

造成城乡劳动力市场分割和就业结构不合理的最主要原因还是制度性的障碍,因此要想彻底实现城乡劳动力市场的一体化和就业结构优化还要从制度创新着眼,通过制度化的改革,破除城乡劳动力市场一体化的制度性障碍,构建统一、开放、竞争、有序的劳动力市场体系,发挥政府在城乡劳动力市场一体化构建中的宏观调控作用,调动整个社会对城乡统筹就业的关注力度,有效促进农村富余劳动力合理有序地转移,实现劳动力资源在城乡间的优化配置,最终实现城乡就业一体化,进而推动城乡经济社会发展一体化。

因此,我国城乡劳动力市场一体化建设的总体思路可以归结为:坚持以人为本,贯彻科学发展观,根据城乡统筹和公平就业的基本原则,打造服务型的法治政府,[①] 从改革城乡分割的劳动就业制度出发,通过不断完善劳动保障立法和监管调控机制,充分发挥市场机制的基础性调节作用,进一步深化户籍管理制度、教育培训制度和社会保障制度改革,破除人口流动的城乡障碍,消除就业歧视,促进城乡劳动力自由合理有序地流动,逐步建立城乡劳动者自主择业、平等就业的新型城乡就业制度和市场体

---

① 陶学荣、陶叡:《公共行政管理学》,中国人事出版社,2004。

系，从而实现城乡劳动力市场一体化的发展目标。

具体可从以下两个方面着手进行：

（一）加强城乡劳动力资源的信息调查预测和市场网络建设

作为基础性工作，我国人力资源调查制度要优先建立和完善，各级统计和劳动保障部门应定期开展城乡劳动力资源的调查预测工作，在充分掌握城乡劳动力资源供求总量、地区分布及素质结构的基础上，对今后一段时期城乡劳动力的供给和各行业对劳动力的需求进行科学合理的预测，为构建我国城乡一体化劳动力市场提供真实的信息依据。同时整合目前现有的各级各类劳动力市场、人才市场及其服务机构，建立全国统一的、覆盖到各街道、社区及乡村的城乡劳动力资源数据库和公共就业服务体系，真正实现全国城乡劳动力供求信息的网络传输畅通和资源共享。

（二）结合市场调节与政府调控，逐步推进体制机制等制度创新

加快城乡劳动力市场一体化建设，必须充分发挥市场调节对劳动力资源配置的基础性和有效性，同时需要政府调控来解决市场失灵所产生的外部性、失业、歧视等问题，通过合法有效的公共政策干预来弥补市场缺陷[①]。因此，各级政府都应把统筹城乡就业、促进农村富余劳动力转移和帮扶就业困难群体等纳入政策的整体规划，强化政府的促进就业责任，积极创新劳动就业、社会保障、户籍管理和农用土地流转等各项管理方法和制度改革，可以先在小范围内进行制度改革的试点工作，等条件成熟时再逐步推广到全国各地，循序渐进地清除阻碍城乡劳动力流动的各种制度性壁垒，消除就业歧视，引导劳动者增强就业的市场竞争意识，从而为建立我国城乡统一的劳动力市场创建良好的制度环境，促进劳动力市场机制和

---

① 陶学荣：《公共政策概论》，中国人事出版社，2005。

体系的真正形成①。

二 我国城乡劳动力市场一体化的基本目标

当前和今后我国城乡劳动力市场一体化发展战略的推行应达成以下基本目标：大力推进体制机制创新，加大以工促农、以城带乡力度，通过 10～20 年的中长期努力，彻底打破城乡界限和消除城乡分割，优化就业结构，基本形成市场化和网络化的就业服务机制与体系、科学化和法制化的政府监管调控体系、社会化和福利化的社会保障支撑体系，真正发挥市场机制对城乡劳动力资源配置的基础性主导作用，逐步实现城乡地位平等、开放互通、信息共享、共同进步的城乡经济社会协调发展新格局，最终建立城乡统一开放、规范完善、平等竞争、就业充分的城乡一体化劳动力市场②。

这里所提及的一体化是一种高水平的统筹协调，具体而言，要实现以下四个具体目标：

（一）通过人力资源的优化配置和充分利用，实现城乡劳动力流动自由化

劳动力平等有序地在城乡之间自由流动是实现劳动力资源在各地区、各部门优化配置与合理利用的充分条件，是经济社会发展的必然要求。城乡劳动力市场一体化就是要在政府的宏观调控指导下能够充分发挥市场机制对劳动力资源的基础性配置作用，突破各种制度性、社会性的多重阻碍，促进劳动力在城乡之间自由、平等、有序地双向流动，真正实现劳动力市场的城乡协调发展。

（二）实现城乡劳动力公平竞争和平等就业，促进城乡社会保障制度合理化

在竞争性的市场经济中，市场化配置劳动力资源必然会给劳动者带来

---

① 张勇、尹继东等：《城乡协调劳动力市场建设研究》，江西人民出版社，2006。
② 张勇、尹继东等：《城乡协调劳动力市场建设研究》，江西人民出版社，2006。

失业、工伤、医疗、养老等方面的风险。而城乡不统一、不合理的社会保障制度明显不利于减轻劳动者的风险和促进农村劳动力的转移就业。城乡劳动力市场一体化要求建立健全城乡合理的社会保障制度，按照城乡生活方式的差异（如通常农民有一定的土地保障）建立完善符合各自要求的、保障标准基本一致的社会保障体系，既可以满足城乡劳动者不同的保障需求，又能够保证城乡劳动力公平竞争和平等就业。

（三）形成网络化的城乡人力资源开发和就业服务体系，促成城乡教育培训资源共享化

劳动力资源的开发是一个根据社会需要进行劳动者能力和素质培养的过程，是劳动力市场发展的基础条件。城乡劳动力市场一体化必须根据经济社会的需要来统筹城乡教育培训资源，建立城乡共享、协调互助的信息化与网络化人力资源开发和就业服务体系，加大农村人力资源开发力度，缩小城乡劳动力文化素质与就业能力之间的差异，实现城乡劳动力素质的协调开发和共同提高，真正促进城乡劳动力的平等、有效转移就业。

（四）形成法制化的城乡劳动者权益保护体系，实现城乡劳动力市场监督调控一致化

城乡劳动者在合法利益和安全保障方面享有同等的权利，是有效实现城乡劳动力平等流动和配置利用的基本保证。城乡劳动力市场一体化需要有法制化和科学化的、城乡一致的监督管理调控体系以消除城乡劳动力资源使用成本上的差异，规范完善劳动力供求、中介管理、劳动仲裁、工资形成与竞争机制，公平公正地强力保障城乡劳动者的安全健康、工资报酬等正当权益免遭非法损害，营造有利于城乡劳动力平等就业的法治环境与和谐氛围，真正确保劳动力市场的城乡协调发展。

三 我国城乡劳动力市场一体化的战略步骤

我国为加快实现城乡劳动力市场一体化的基本目标，有必要根据现有

实际条件、发展趋势和有效路径制定出相应的战略步骤，逐步推进，具体可分为以下三个阶段①。

（一）第一阶段：加速发展期（2011～2015年）

在这一阶段，我国应加大"三农"资金投入，重点推进中西部欠发达地区公共就业服务体系和城乡劳动力市场的建设，使各个省、设区市、县（市、区）均设有功能完善的一站式劳动力市场服务平台，各街道、社区和乡镇均设有公共就业服务网点，各省级区域要全面建立覆盖各地的城乡劳动力市场信息网络，逐步形成覆盖全省的城乡协调、竞争有序、服务完善的四级劳动力市场体系，实现城乡基本公共服务均等化，中西部欠发达地区城乡公共就业服务能力达到全国平均水平。基本建立覆盖城乡居民、省级统筹的社会保障制度，将非公有制企业职工、灵活就业人员、城镇儿童与老人、农村居民等全部纳入社会保险覆盖范围，基本实现省级城乡各类人员平等享有相应的社会保障待遇；基本建立法制化、规范化的全国性和地方性劳动力市场法规体系与监管调控体系，初步形成城乡劳动力市场统筹发展的制度框架。

大幅提高农民收入增长速度，明显改善农村消费结构，使全国城乡居民收入差距逐步从2010年的3.23倍缩小到3倍以下。农村人力资源开发力度进一步加大，城乡劳动力的整体素质普遍得到提高，初中及以下文化程度的就业人员比重从2009年的79.8%下降到2015年的65%左右；农村劳动力中，初中及以下文化程度的比重则从2010年的82.6%下降到70%左右。接受过职业技能就业培训的进城农民工达到三分之一以上，技能劳动者占社会就业人员的比重也达到三分之一以上，其中中高级技能人才数量占技能劳动者总量的50%以上。全国就业结构（社会就业人员在三次产业中所占比重）由2010年的36.7∶28.7∶34.6优化升级为2015年的30∶30∶40左右，非农就

---

① 徐小琴：《江西城乡劳动力市场一体化的问题与对策研究》，南昌大学硕士学位论文，2009。

业比重达70%左右,且农村中从事第一产业的劳动力比重由2010年的67.4%下降至50%左右;城镇就业比重从2010年的45.6%上升到55%左右,城镇人口比重(城镇化率)从2010年的49.9%上升到60%左右。

(二) 第二阶段:重点突破期(2016~2020年)

在这一阶段,我国应在城乡劳动力市场一体化的重要领域和关键环节改革中取得重大突破性进展,构建起较完善的统筹城乡发展的制度体系,基本消除户籍管理制度和教育培训制度的城乡二元分割局面,初步形成城乡统一的劳动就业制度和社会保障制度,基本实现全国范围内城乡劳动力的自由流动和平等竞争,明显减少农村富余劳动力,显著扩大城乡就业总量,大力促进充分就业。全国就业结构进一步调整优化为20:35:45左右,非农就业比重达80%左右(农村为60%左右),城镇化率提高到65%左右。初中及以下文化程度的就业人员比重进一步减少到55%左右(农村劳动力中降至60%左右),接受过职业技能就业培训的城乡劳动力应达50%以上。继续促进农村居民收入快速增长,使城乡收入差距明显缩小到2.5倍左右,城乡居民消费逐步转变为享受型(城乡恩格尔系数分别降到30%和40%左右),基本实现全面建设小康社会的目标。

(三) 第三阶段:全面深化期(2021~2030年)

在这一阶段,我国应进一步全面深化经济社会各项机制体制改革,创新管理方法,基本实现市场化、工业化和城镇化,使农村公共就业服务能力基本达到城镇平均水平,建立起完善健全的城乡协调的就业促进体系、教育培训体系、社会保障体系和监管调控体系,最终形成城乡统一、平等就业的城乡一体化劳动力市场。相应的就业结构应达到合理化、高度化程度都较高的10:35:55左右,非农就业比重达到90%左右(农村为70%左右),城镇化率达到75%左右,高中及以上文化程度的就业人员比重提高到60%以上(农村劳动力55%以上),城乡居民收入差距稳步缩小到2倍左右,城乡经济社会加速走向和谐发展与共同富裕。

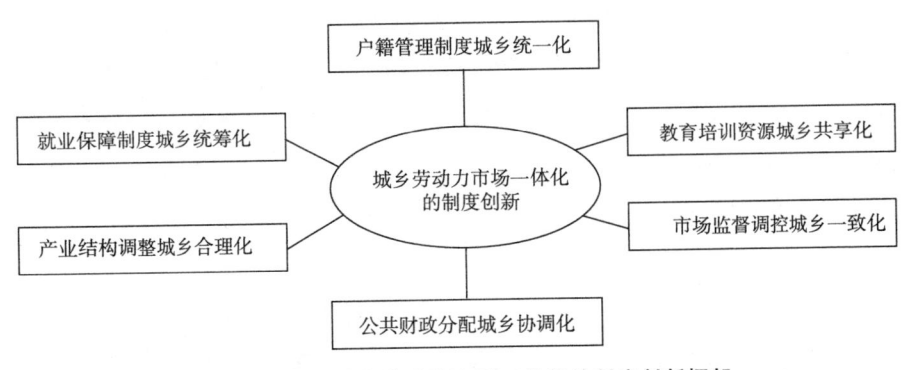

第七章 我国城乡劳动力市场一体化的制度创新与对策建议

我国要实现城乡劳动力市场一体化，就必须采取"体制市场化 - 政府服务化 - 社会法制化"的演进路径，根据统筹城乡劳动就业、户籍管理、教育培训和社会保障的总体思路，进一步深化制度改革，消除就业歧视，以就业创业为目标、教育培训为手段、社会保障为基础、市场需求为导向、产业发展为依托、政府推动为支撑，全方位、多渠道地推进城乡劳动力市场的战略性融合与发展。当前尤其应发挥政府的强力推动作用，一方面着力调整国民收入分配格局，加大对农村、农业和农民的资金支持力度，另一方面大力推进制度创新，通过机制与政策的改革创新，从制度层面改变对农村、农业和农民的歧视性或不公平做法，消除就业结构中存在的各种偏差，为我国城乡劳动力市场一体化创造出相对公平与和谐的制度环境。我国城乡劳动力市场一体化的制度创新框架如图 7-1 所示。

图 7-1 我国城乡劳动力市场一体化的制度创新框架

第一节 户籍管理制度城乡统一化：推进城乡劳动力资源的自由合理流动和优化配置利用

户籍管理制度的改革是城乡劳动力市场一体化的根本性条件。户籍管理制度由带有身份歧视特征的二元化（城乡居民待遇差距明显）向一元化（城乡居民待遇基本相同）的转变是实现城乡间人口自由流动和劳动力合理转移的关键前提，也是加速城镇化进程和消费持续增长的必要条件。据《2010年度人力资源和社会保障事业发展统计公报》，2010年度全国农民工总量为24223万人，其中外出农民工数量为15335万人；按2010年城乡居民人均收入的绝对差距13190元算，城镇化率每提高2%以上，就有2680万以上的农民转变为城镇居民，增加的收入将达3500亿元以上。如果1亿左右常年在外务工的农民能融入城市（镇）转为市民，则由此带来的收入增长将达1万3千亿元以上，这对实现我国消费拉动的内生经济增长将起到巨大的推动作用。因此，当前我国应进一步深化户籍管理制度改革，彻底破除城乡体制性和政策性壁垒，促进城乡劳动力要素的自由流动，从而消除就业结构的城乡和地域偏差。应按照社会公平、资源流动和循序渐进的原则加快放松现有的户籍管理制度，通过剥离附带在城镇户口上的相关不公平社会福利，逐步取消城乡居民户口转移和登记的各项限制性条件和费用，消除户口的福利作用，采用国际通行的按公民常居地登记户口的普遍做法，建立城乡统一的以居民身份证为核心凭证的社会管理模式，形成居住迁移自由的城乡一体化户籍管理制度，从而实现城乡人口的自由迁徙，彻底消除城乡劳动力市场二元分割的不公平现象。[1]

具体的制度设计及其对策措施和建议如下：

---

[1] 胡祖杰：《我国城乡统一劳动力市场问题研究》，南昌大学硕士学位论文，2007。

一 实施阶梯式人口管理制度

当前，我国主要实行的"门槛式"户籍管理制度（入户条件高门槛、获取权益一次性）可以选择向"阶梯式"人口管理制度（入户条件低门槛、获取权益渐增性）转变。开始可以采取一些过渡性的替代管理办法，如将居住时间或参加社保年限作为城市（镇）入户的基本条件而非买房、学历、单位等较为苛刻的条件，从而降低获得城市户口的高门槛，实现户籍管理的逐步规范化、现代化。户籍管理制度改革的目标应该是逐步剥离不同区域城乡户籍与公民权益分配之间的牵连，从而变户籍管理制度为单纯的人口登记制度，而公民权益分配只与其所做出贡献的就业居住地有密切相关性。

对于与户籍牵连的各种公民权益和社会福利，应采取不同的方法来进行分拆剥离，如：①改革户籍制度与子女入学、高考资格等教育福利的挂钩政策，可以通过居住时间、学籍年限和监护人的参保年限来确立非户籍常住适龄儿童的入学地点和参加中考高考所在地，从而减少直至取消户籍所附带的各种教育福利。②对于社会保障等福利，可通过居民的个人缴费来设定，凡是持有居住证的城镇非户籍常住居民都可以根据个人需要参加诸如医疗保险、养老保险、失业保险、政策保障房和最低生活保障等城镇居民社会保障项目，由政府制定全国统一的社会保障最低标准，再根据地方经济情况，进行标准的浮动和细化，从而保障全国人民平等的社保福利，逐步消除户籍与社保福利之间的必然关系。

为使我国人口在城乡间有序流动，尤其是农民工从农村向城市的有序转移，目前有必要实行大中城市"入户阶梯式"的政策，即通过给予外来人口达到一定低门槛标准的一定权利后，不断给予新的易于攀登的入户阶梯以获得新增权利，直到实现永久落户并享受与原户籍人口同等权利。这样既达到引导劳动力的合理流动，也完成了对新迁入人口的"生存检验"，从而能够长久地在所迁入城市落户居住，支撑当地经济与社会的发展①。

对于大量的县级城市（县城）及小城镇而言，我们认为，目前其户籍管理制度改革已进入全面推进的攻坚阶段，完全有条件按照城乡统筹发展、壮大县域经济和以人为本的原则，完全放开各个县级城市（县城）及小城镇的户口迁入管制政策，统一城乡户口登记制度，取消农业与非农业户口的二元划分，建立城乡一体化户籍管理制度，以是否为农村集体经济组织成员或有承包农村土地，长期从事农、林、牧、渔业等生产为依据划分农村居民和城镇居民，实行在就业地或居住地凭身份证登记户籍（居住时间半年以上就可登记为常住居民户口）的政策，或直接将城乡两种户口统一为居民户口，使农民可以自由进入本县行政区内的所有城镇务工经商和定居，通过加强和完善各项城市基础设施的配套建设以及大力发展非农产业，提升城市（镇）的综合承载力，降低进城务工农民在城市（镇）的就业生活成本，让每一个在城市（镇）里就业、生活的离乡农民都有资格依法享受市民权利，率先实现公民身份在法律意义上的城乡完全平等以及县域城乡劳动力市场一体化，从而通过人口的自由迁徙以达到调节和均衡城乡社会福利与缩小居民收入差距的根本目标。

在总结小城镇户籍制度改革的成功经验后，可以逐步向大中城市推广，在加强城市公共管理和完善流动人口管理的前提下不断开放城市户籍，放宽大中城市的户口准入条件，消除对农村劳动力进城就业的歧视性政策，让每一个在城市里有相对固定的住所、稳定的职业和收入来源的外来人口都有资格依法办理享受与市民同等权利的长期居留证或户口，在逐步剥离城市户籍上的附加福利、赋予外来就业人口同等待遇的基础上，不断放松省域内户口迁移政策，最终以法律的形式正式建立全国统一的城乡一体化户籍管理制度②。

---

① 《国务院智囊提出户籍改革新思路：分步获取户口福利》，《中国青年报》2010 年 6 月 4 日，http://news.ifeng.com/mainland/detail_2010_06/04/1585003_1.shtml，最后访问日期：2011 年 8 月 12 日。

② 郭南芸：《城乡协调的劳动力市场研究》，江西财经大学硕士学位论文，2005。

二 推广和完善居住证管理制度

目前我国部分大中城市和地区已开始实施流动人口居住证管理制度,这是一种用居住证替换暂住证的过渡性制度,通过以证管人、以房管人、以业管人的"三管齐下"流动人口管理思路,规定离开常住户口所在地跨市县居住的流动人口如在该城市(镇)居住15日以上时须依法进行居住登记和申领居住证(有效期半年至三年不等),同时为持有居住证的外来人口提供与本地城市户籍人口大致相同的劳动就业、教育医疗、社会保障等方面的福利待遇,可以说这是流动人口和户籍管理制度方面的一次进步。

北京、广州、深圳、江西等陆续实施流动人口居住证管理办法的省市现已取消城市暂住证,换为居住证。如果能通过居住证的流动人口管理模式,降低入户标准,实现户籍与隐性福利的剥离,那么这一政策就可以在全国其他城市进行广泛推广。目前在已经实施居住证管理办法的城市中,广州、东莞、佛山、太原、珠海都明确规定,外来人口持有居住证一定年限且符合相关规定后,可在当地落户。其中规定时限最短的是太原,外来人口需持有居住证5年;时限最长的是深圳,需要10年[①]。总体上看,各地所规定获得居住证和户籍的各种条件以及实际中的贯彻执行不力又使多数城市流动人口达不到办证入户条件或实际操作中持证者所享受待遇打折扣,仍没有达到彻底改变我国现有户籍管理制度区域城乡分割状态的根本目标。因此,各大中城市还必须通过不断的试点和完善,加大社会民生方面的资金投入,加快户籍制度改革的步伐,进一步缩短持证期限以降低入户条件,同时扩大和完善城市的各项功能,使城市化进程与其产业增长水平相一致,防止陷入"过度城市化"(这容易诱发城市贫民窟、失业率过高、暴力犯罪频发等社会问题,即"城市病"),切实保障居住证持有人享

---

① 《计生委专家:未来十年北京有望放宽户籍限制》,《法制晚报》2010年2月22日,http://news.ifeng.com/mainland/201002/0222_17_1552188_1.shtml,最后访问日期:2011年3月16日。

有同等的各项福利,从而降低城市户籍的特殊吸引力,推进我国人口的自由合理流动和城乡劳动力市场的一体化进程。

我们认为,国家与地方必须有步骤地进行相关户籍管理制度的立法工作,尤其是要建立完善外来人口转移至城市后的市民权利保障制度。将"暂住证"改名为"居住证"相对容易,但比较难的是如何尽快落实居住证居民享受与户籍人口同等的完全市民权利和待遇,真正改变现实中根深蒂固的城市户籍偏向型政策和歧视性做法。部分城市在这方面已经做了一些尝试,如通过农民工积分制入户、外来人员子女积分制入学、居住年限达标、参加社保年限及纳税情况达标等方法,为外来人口市民化提供了阶梯化的路径,并让他们相应地享有了该城市的阶梯式公共服务。

在劳动者迁入某地后,该劳动者在原迁出地所享受的各项社会保障权益应跟随迁移(社保关系转移接续),同时允许其选择保留或自愿有偿转让其在农村的承包地、宅基地和林地的使用权、收益权等财产分配权利,使得农民在自愿迁入城镇后无利益受损的后顾之忧[①]。除此以外,还要注意保留一段时间农民在原户籍所在地享有的计划生育优待政策及农村种粮直补、购置农机具直补等各项补贴的权利,使得农民在穿上"五件衣服"(养老、医疗、教育、住房、就业)的同时,在"三件衣服"(承包地、宅基地、农房的使用权收益权)脱下前有一个适应城市生活的缓冲过渡期[②]。

对以上这些市民权利保障的政策措施进一步规范化以后,必须要制定相关的法律法规加以制度化,谨防有关单位和个人钻政策的空子,如尽快制定出台适应新形势新民情、城乡统一的《户籍管理法》,进一步建立、完善和细化《就业促进法》《劳动法》《劳动合同法》《劳动力市场管理

---

① 《重庆已有172万农民转户 土地、社保等权益得到保障》,人民网,2011年4月21日,http://politics.people.com.cn/GB/14562/14448464.html,最后访问日期:2011年6月28日。

② 《户籍制度改革重庆"破冰"十年将让千万农民进城》,人民网,2010年8月2日,http://politics.people.com.cn/GB/14562/12318548.html,最后访问日期:2011年7月6日。

法》《社会保险法》《教育法》《义务教育法》《职业教育法》等与户籍管理相关的劳动就业、社会保障、教育培训等方面的一系列法律法规及配套措施，真正把对农村劳动力转移就业的保障措施落实到法律制度层面。

第二节 就业保障制度城乡统筹化：促进社保全国自由转移和劳动力公平竞争就业

一 建立健全城乡统一的劳动就业制度

我国要建立城乡一体化的劳动力市场，核心在于建立健全一整套比较完善的城乡统一的劳动就业制度和政策措施，形成城乡劳动力自由流动和平等竞争的就业服务体系。为此，当前我国应当在深化户籍管理制度改革的同时，清除对外地劳动力和本地农村劳动力进城流动就业的各种歧视性做法和限制政策，彻底消除制约市场机制有效配置城乡劳动力资源的制度性障碍，平等对待进城就业的各种劳动者并提供相同的职业介绍、职业（创业）指导、就业（创业）培训、劳动保障事务代理、劳务派遣等"一条龙"公共就业服务，切实保障城乡劳动者自主择业、各类单位自主用工的合法权益，从而优化就业的行业、城乡和地域结构，促进城乡实现充分就业。

具体的制度安排和政策措施包括以下几点：

（一）建立健全城乡统筹就业的领导机构与工作机制

就业是民生之本、稳定之源，充分就业也是各国宏观经济政策的首要目标。因此，中央和地方各级政府首先应建立健全城乡统筹就业的领导机构与工作机制，把促进农村劳动力向非农产业和城镇转移就业、统筹城乡充分就业作为重点纳入本地经济社会发展中长期规划和年度工作计划，并建立有效的政府促进就业目标考核体系，同时尽快出台各项促进城乡就业协调发展的相关法规政策及其具体配套实施意见，根据本地农村富余劳动力和城镇失业人员的实际变动情况，依法合理制定有效的农村劳动力转移就业（劳务输出）和就业援助等方面的发展战略和对策措施，自上而下强化城乡统筹就业的有效指导和协调管理。

（二）建立城乡统一的劳动就业和失业登记统计制度

相关统计部门应加快研究制定并采用科学有效的劳动就业和失业统计指标体系，建立城乡统一的劳动力资源、就业和失业登记统计制度，真实反映城乡劳动力资源的变动和实际利用情况。因此，我国要加快建立完善城乡人口与劳动力资源的调查登记制度，明确就业和失业的界定标准，充分掌握城乡劳动力资源供求和利用的基础数据，逐步完善城乡劳动就业服务网络体系和相关信息数据库。为了充分掌握相关劳动就业数据信息，维护劳动者和用人单位双方的合法权益，政府有关部门还应出台相关规定，要求所有用人单位招聘录用城乡劳动者后都必须到当地劳动保障部门免费办理录用登记备案手续，并对在城镇灵活就业的无用人单位的城乡劳动者统一实行社区就业登记管理制度；要将就业统计范围扩大到城乡全部区域，包括在城镇稳定就业和灵活就业的劳动者、在本地农村承包土地经营的劳动者以及外出务工经商劳动者，同时将在劳动年龄内有劳动能力并愿意就业而没有就业的被征地农村劳动者纳入本地失业登记范围。

（三）实行城乡统一的用工管理制度和劳动合同制度

应按照《就业促进法》《劳动法》和《劳动合同法》等相关法律法规的要求实行城乡统一的用工管理制度和劳动合同制度及其他配套政策。为此，政府有关部门应彻底清除长期以来形成的本地城镇居民优先的招聘条件和岗位限制等歧视性就业规定和做法，大力促进农村富余劳动力多形式、多渠道地自主创业和转移就业，要求各单位采取公开招聘、择优录用的用工管理原则，根据劳动者的素质和市场需求来合理配置利用城乡劳动力资源，切实保障所有城乡劳动者平等竞争就业的合法权益，从而形成公平公正的城乡一体化用工管理制度。作为具有宏观调控与微观监管职责的政府部门也可以通过给予适当就业经费补助或税收减免等办法，积极鼓励工业园区、开发区企业及其他各类用人单位通过加强职业技能培训按一定比例吸纳本地城镇失业人员和失地农民以及其他农村富余劳动力就地转移就业，以减轻本地就业压力和企业招工困难；同时严格要求各类用人单位必须按照相关法规政策的要求与招用的所有城乡劳动者签订劳动合同，从源头上消除就业歧视，规范用工管理，从而建立和谐的劳资关系。

（四）实施城乡统一的就业准入制度和劳动报酬制度

城乡统一的劳动就业制度还包括城乡统一的就业准入制度和劳动报酬制度。各类用人单位如果要招收城乡劳动者从事属于国家规定的实行就业准入的职业和工种，都应不分城乡和本地外地、一视同仁地从取得相应职业资格证书的人员中录用；如用人单位因特殊情况和需要招用了还未参加过培训的人员从事技术性比较强的特殊职业（工种），则必须对其进行职业技能培训，取得相应职业资格后再上岗，以保障员工与单位的自身权益以及社会公众的利益。另外还要贯彻实施城乡统一的劳动报酬制度，严格依照《劳动法》《劳动合同法》和《就业促进法》等法律法规的要求，规范用人单位对城乡劳动者的工资报酬支付行为，建立完善最低工资制度、欠薪监控制度、工资支付保障金制度、工资正常增长与调整制度等，确保进城就业农村劳动者、灵活就业人员与城镇稳定就业劳动者同工同酬，获得公平待遇[①]。

二 建立完善城乡统筹的社会保障制度

所谓社会保障，是指国家和社会通过立法对国民收入进行分配和再分配，对社会成员特别是生活有困难的人们的基本生活权利给予保障的社会安全制度。社会保障的本质是维护社会公平进而促进经济社会稳定发展。它具有"人民生活的安全网、经济发展的助推器、社会矛盾的调节器、社

---

① 张勇、尹继东等：《城乡协调劳动力市场建设研究》，江西人民出版社，2006。

会政治的稳定剂"四大功能。一般来说，完整的社会保障体系由社会保险、社会救济、社会福利、优抚安置、社会互助等构成。一个国家或地区建立完善的社会保障体系，是对国民收入进行分配和再分配的有效利用，是关系到社会公民根本利益的民生问题。健全的社会保障制度是形成全体人民各尽其能、各得其所而又和谐相处局面以及社会公民生活安全网的重要保障。社会成员收入水平的差异性，使得每个社会成员的未来生存保障具有差异性，这就要求政府将一部分国民收入用于对较低收入水平社会成员的生活保障，以达到在长期范围内实现社会总体水平的收入分配均衡的状态。①

建立完善社会保障制度是城乡劳动力市场一体化的重要制度要求。我国要形成城乡一体化的劳动力市场和合理化的就业结构，其基础和前提就在于尽快形成一个健全完善的城乡统筹、公平合理的社会保障制度，降低劳动力流动中的交易成本和就业风险，解决其后顾之忧，改善农村劳动力在城镇就业的不利条件。因此，我国应借鉴国外社会保障制度的成功经验，从我国各地存在差异的现实出发，根据"广覆盖、保基本、多层次、可持续"的基本方针，坚持城乡一体化的导向和普遍性、公平性的原则，分阶段逐步建立完善城乡统筹的社会保障制度，加大城乡尤其是农村地区社会保障的公共财政投入力度，加快基本养老保险基金实行全国统筹、其他社会保险基金实行省级统筹并逐步向全国统筹过渡的步伐，建立健全多层次的新型农村社会保障体系，将保障对象覆盖到包括农民工在内的全体城乡居民（应当足额安排被征地农民的社会保险费，将被征地农民纳入相应的社会保险制度），做到"应保尽保"，明显提升农村社会保障的水平，彻底解决广大农民土地保障有限而社会保险缺乏的基本生活保障问题，从而显著缩小城乡居民社会保障水平的差距，最终实现社会保障制度的城乡一体化以及和谐社会的构建。

在社会保障资金的统筹方面，我国可以学习借鉴美国"政府决策、市

---

① 张湘涛：《中国农村改革研究》，湖南人民出版社，2005。

场介人、民间参与、个人支持"的多层次社会保障制度，① 但是也要谨防出现德国高社会福利水平产生的问题：一方面企业的承保能力有限，可能导致企业无力雇用工人而出现劳动力市场僵化的现象；另一方面国家过高社保负担可能导致出现较大财政赤字后采取发行债券或提高税率等政策，从而导致后续的不利经济影响。②

在社会保障资金运用方面，需要注重社保基金的保值增值，其他国家在这方面的诸多经验都值得我们学习。如美国设立社保统筹基金信托董事会，负责统筹管理资金的流入和流出，并设立社会保障咨询理事会，探讨社保体系长期财务问题和对策，研究社会保障服务的优化和基金的风险评估，长期跟踪和评估社保局的资金运作等，从而更好地为社会保障的受保者把好资金脉，管好未来的现金流③。印度在拓宽社保基金保值增值渠道方面也做了有益的探索，引入了私人养老基金，聘用专业的公募基金管理人来管理运作社保基金。这一方面加强了社保基金的投资监管，但另一方面也有可能引致金融市场动荡而导致的保值增值计划落空④。因此我国在借鉴过程中应充分考虑国内各地区的实情，在确保社保基金安全的前提下尽快提出实现社保基金保值增值的具体办法，如对已经做实积累的养老保险个人账户基金，经国务院批准后其部分资金可以由地方政府委托全国社会保障基金理事会进行投资运营。据统计，到2011年底我国五项社会保险基金累计结余总额为2.87万亿元，其中养老保险累计结余1.92万亿元。

而在社会保障的管理方面，我们可以学习法德两国的劳资双方共同管理和精细化管理的方式。法国采用的不是政府直接参与社会保障管理，而

---

① 陈昕：《美国社会保障制度对我国的启示》，《现代商贸工业》2011年第16期。
② 蔡铭：《浅析德国社会保障制度及对我国的启示》，《就业与保障》2011年第7期。
③ 秦永红、张伟：《印度社会保障制度改革及其对我国的启示》，《南亚研究季刊》2011年第2期。
④ 中国工会社会保障考察团：《德国雇主协会关于社会保障劳资自治制度的访谈报告》，2010年10月30日，中工网：http://www.workercn.cn/，最后访问日期：2011年7月1日。

是由行业内的劳资双方共同管理的模式，社会保险和服务机构进行分别预算，这种分类的精细化管理能够较好地满足不同社保参与者的需求，调节经济社会体制。德国的社会保障组织构架也是采取劳资双方为主体、政府参与而非主导的模式。对此，德国雇主协会的 Martin Kroger 认为，法德两国这种"采用劳资双方共同管理"的社会保障决策方式能够解决行政体系带来的官僚化、开支高、低效率问题，一些具体而细致的问题实际上无法通过行政命令的方式有效解决，以"参保人管理本人资金"的方式使得出资人更放心，避免政府信任缺失问题，也更符合管理的基本逻辑[①]。

对于社会保障制度的城乡统筹发展方面，我们认为，应切实做到以下几点：

（一）积极开展新型农村社会养老保险和城镇居民社会养老保险，建立城乡统筹的基本养老保险制度

作为社会保险主体项目的养老保险，是社会保障体系的核心，也是城乡差异最明显的表现之一。在当前农村劳动力流动性加大、就业多元化的背景和趋势下，我国应充分调动农民工参加社保的积极性，保障其合法权益。凡是被企业等用人单位聘用的进城务工农民，都应签订劳动合同并与其他从业人员一样平等地参加城镇职工基本养老保险，同时建立完善基本养老保险关系的跨地区转移接续机制，推行全国社会保险"一卡通"制度，使跨地区就业劳动者的缴费年限能累计计算，明确其基本养老保险关系随个人跨地区流动或职业转换而转移接续，个人退休时基本养老金按照退休时各缴费地的基本养老金标准和缴费年限，由各缴费地分段计算、退休地统一支付。如农民工等劳动者与用人单位终止或解除劳动关系后，则由社会保险经办机构保留其养老保险关系且托管其个人账户并计息，等其重新就业后再及时接续或转移养老保险关系；农民工也可以根据本人意

[①] 张原：《劳资共决机制在社会保障制度中的作用——法、德两国经验及其对中国的启示》，《中国劳动关系学院学报》2011年第4期。

愿，申请将其个人缴费部分一次性支付给本人，终止养老保险关系。而对那些劳动关系不稳定、从事灵活就业的农民工，还可参照城镇个体工商户养老保险办法并适当降低缴费比例以使其有能力参加城镇职工基本养老保险（按规定，用人单位应当按照国家规定的本单位职工工资总额的比例缴纳基本养老保险费，记入基本养老保险统筹基金；职工应当按照国家规定的本人工资的比例缴纳基本养老保险费，记入个人账户。无雇工的个体工商户、未在用人单位参加基本养老保险的非全日制从业人员以及其他灵活就业人员参加基本养老保险的，应当按照国家规定缴纳基本养老保险费，分别记入基本养老保险统筹基金和个人账户)[1]。未参加城镇职工基本养老保险的返乡农民工则可以参加新型农村社会养老保险（简称"新农保"）。进城务工农村劳动者达到法定退休年龄（男满60岁，女满55岁）时累计缴费满15年（或不足15年，可以缴费至满15年）的，可按月领取基本养老金；累计缴费年限不满15年的，也可一次性支付给其个人账户全部余额，终止养老保险关系[2]，但同时对其中已累计缴费满5年以上的则可以考虑按20%~50%的不同比例支付一部分社会统筹账户余额作为其社会贡献的补偿。

各省市应从本地实际情况出发，按国家要求在全国所有县乡范围内积极开展和推广新型农村社会养老保险试点工作（新农保2009年开始在全国10%的地区试点，2011年覆盖面扩大到60%的地区），坚持"保基本、广覆盖、有弹性、可持续"的基本原则，探索建立个人（家庭）、集体、政府合理分担责任，政府主导和农民自愿相结合，社会统筹与个人账户相结合，个人缴费、集体补助、政府补贴相结合的农村社会养老保险新模式，在近期实现市级、省级统筹的基础上逐步实现全国统筹，并实行与家庭养老、土地保障、社会救助等其他社会保障政策措施相配套，与城镇基

---

[1] 《中华人民共和国社会保险法》，中国政府网，2010年10月28日，http://www.gov.cn/flfg/2010-10/28/content_1732964.htm，最后访问日期：2011年10月6日。

[2] 郭南芸：《城乡协调的劳动力市场研究》，江西财经大学硕士学位论文，2005，第34~53页。

本养老保险相衔接，引导农村居民普遍参保，争取在短期内基本实现全覆盖，切实保障农村居民老年基本生活，促进城乡养老保险制度的协调发展和城乡就业一体化。每个参保人的养老保险个人账户应能够终身记录其包括个人缴费、集体补助及其他资助和地方政府补贴的全部储存额。参加新农保的农村居民可以自主选择目前国家规定的每年 100 元、200 元、300 元、400 元、500 元 5 个档次缴纳养老保险费，多缴多得，各地也可根据实际经济发展情况增设 600 元及以上的缴费档次（未来随着农民收入的增加，可以逐渐向城镇居民社会养老保险的标准靠拢）；有条件的村集体应当对参保人缴费给予补助，鼓励其他经济组织、社会公益组织、个人为参保人缴费提供资助；政府对符合领取条件的参保人全额支付新农保基础养老金（其中中央财政全额补助中西部欠发达地区的最低标准基础养老金），省、市、县等地方财政应当按国家要求对参保人缴费给予每人每年 30 元以上的补贴，并为农村重度残疾人等缴费困难群体代缴部分或全部最低标准的养老保险费。

按国家有关规定，新型农村社会养老金待遇由基础养老金和个人账户养老金组成，支付终身。各级地方政府可根据自身财力、物价变动情况在中央确定的基础养老金最低标准基础上提高标准或适当加发基础养老金，以提高农民的生活保障水平，缩小城乡居民社会保障水平的差距；同时各级政府要鼓励和引导中青年农民积极缴费参保，以做实农村社会养老保险基金账户。个人账户养老金的月计发标准与现行城镇职工基本养老保险个人账户养老金应保持相同。原已开展以个人缴费为主、完全个人账户农村社会养老保险（即"老农保"）的地区，应尽快做好与新农保制度的衔接，将老农保个人账户资金并入新农保个人账户，按新农保缴费标准继续缴费，待符合条件时享受相应待遇；已领取老农保养老金的参保人，则可直接享受新农保基础养老金[①]。

[①] 国务院办公厅：《国务院关于开展新型农村社会养老保险试点的指导意见》，2009 年 10 月 28 日，新浪网：http://www.sina.com.cn，最后访问日期：2011 年 6 月 30 日。

此外，各省（自治区、直辖市）政府应积极推广国家于2011年开展的城镇居民社会养老保险［简称"城居保"：凡年满16周岁（不含在校学生），不符合职工基本养老保险参保条件的城镇非从业居民，都可以在户籍所在地参加］试点工作，作为城镇职工基本养老保险的必要补充，争取短期内在全国范围内实现城镇居民养老保险全覆盖（"应保尽保"）。各省（自治区、直辖市）应该根据实际情况，将城镇居民社会养老保险和新型农村社会养老保险合并实施，并且加快将政府机关事业单位纳入城镇职工基本养老保险覆盖范畴，建立城乡统筹的基本养老保险制度，逐步缩小城乡基本养老保险的缴费标准和待遇水平。同时各地要加快建立基本养老金正常调整机制，根据职工平均工资增长、物价上涨情况，适时合理地提高基本养老保险待遇水平，实现城乡居民共享经济发展成果，促进社会和谐稳定。

（二）构建城乡统筹、待遇一致的医疗保险制度

医疗保险是社会保险的一大支柱，我国应根据实际情况，在推进实现城镇职工基本医疗保险全覆盖的基础上，积极建立和完善城乡统筹的多层次、实行个人或家庭缴费（占20%~40%比例）和政府补贴（占60%~80%比例）相结合的城镇居民基本医疗保险制度和新型农村合作医疗制度，同时建立健全城乡居民大病医疗保障机制。所有职工都应当参加职工基本医疗保险（这是法律赋予的权利），由用人单位和职工按照国家规定共同缴纳基本医疗保险费；无雇工的个体工商户、未在用人单位参加职工基本医疗保险的非全日制从业人员以及其他灵活就业人员也可以参加职工基本医疗保险，由个人按照国家规定缴纳基本医疗保险费。政府应鼓励不符合职工基本养老保险参保条件的城镇居民（含未成年人）在户籍所在地积极参加城镇居民基本医疗保险，争取在短期内实现全覆盖。对于医保的缴费年限也应像养老保险那样进行年限累计和跨地区的接续。参保人员医疗费用中应当由基本医疗保险基金支付的部分，由社会保险经办机构与医疗机构、药

品经营单位直接结算①。社会保险行政部门和卫生行政部门应当加快建立异地就医医疗费用结算制度，如建立异地医保定点机构的互认制度和医保费用代报销合作机制，确保参保人员基本医疗保险关系的转移接续，实行就地就医、就地结算，方便参保人员享受基本医疗保险待遇，从而促进劳动力的跨区域合理流动。

当前，各类用人单位应按法律规定的义务，为其所招录的进城务工农民缴费参加社会统筹与个人账户相结合的城镇职工基本医疗保险，待遇与参保城镇职工一致；个人账户用于一般医疗，若医疗费超过一定比例即为大病，由社会统筹医疗基金负担费用的绝大部分。而劳动关系不稳定或在城镇从事个体经营的农民工，既可以参加户籍地的新型农村合作医疗，也可作为城镇灵活就业人员参加基本医疗保险，并按统筹地区大病互助等标准缴纳大病互助费，享受与参保城镇职工一样的住院费用待遇。同时应进一步完善符合当地条件与农民意愿、以大病统筹为主的农村互助合作医疗制度，积极鼓励居住在农村的纯农业人员和失地农民自愿参加所在地的新型农村合作医疗（"新农合"）、高额医疗费用医疗保险和住院医疗保险，按规定缴费筹集资金、享受相应待遇，要根据"以收定支、略有结余"的原则合理确定医疗费用的补偿即报销比例，各级财政给予一定补贴。另外，为解决缴费能力弱的企业、职工和农民等困难群体大病医疗费用过重的问题，还可以适当降低他们的缴费比例；政府对享受最低生活保障的人、丧失劳动能力的重度残疾人、低收入家庭60周岁以上老年人等困难群体所需的个人缴费部分，应给予全额补助②。此外，各省（自治区、直辖市）应该根据实际情况加快政府机关事业单位公费医疗制度向城镇职工基本医疗保险制度的转变，并且根据职工平均工资增长、财政收入增长、物价上涨等情况，适时合理地提高职工基本医疗保险、新型农村合作医疗和

---

① 《中华人民共和国社会保险法》，中国政府网，2010年10月28日，http://www.gov.cn/flfg/2010-10/28/content_1732964.htm，最后访问日期：2011年10月6日。
② 张文、尹继东：《中国中部地区农村劳动力转移与人力资源开发问题研究》，中国财政经济出版社，2007，第247~254页。

城镇居民基本医疗保险的待遇标准（医疗费用报销水平），并逐步缩小城乡基本医疗保险水平的差距。

对于医疗保险的基金，则要进行合理的管理和创新，继续完善相关政策，强化基金的管理，增强医保基金的共济和保障能力，从而提高基金的使用效率。为提高医保基金的使用效率和保障能力，相关部门必须对保障比例进行精心测算，逐步增加符合基本医疗保险的药品目录、诊疗项目和医疗服务设施，适当提高参保居民住院医疗费用的报销水平，逐步扩大和提高门诊费用报销的范围和比例。当前应加快地市级、省级的医疗保险统筹，最终实现全国范围内的医疗保险统筹，增强各地的总体抗风险能力，从而更好地保障参保居民的受保权益。另外，还应做好医疗保险基金的收支预算管理、基金会计核算、基金运行情况分析和风险预警等工作，全面保障受保人群的法律权益[①]。

（三）建立完善城乡统一的失业保险制度

我国应在扩大就业和控制失业的原则下逐步统一城乡劳动力的失业登记、就业服务、失业保险金缴付、失业救济金领取等各方面的政策，根据经济周期、产业调整、劳动力供给等因素加强调控，形成市场就业和管理失业的新机制。要积极探索实施就业岗位保护计划、重返岗位计划和再就业培训计划，政府对企业非经营性原因减薪裁员可给予短期工资性补贴，防止岗位消失，同时加大社区服务、护理、环保、旅游、家电维修等岗位开发体系建设，采取再就业培训、购买就业岗位等办法，积极有效地为失业人员、就业弱势群体提供公共就业服务。按法律规定，职工应当参加失业保险，由用人单位和职工按照国家规定共同缴纳失业保险费；职工跨统筹地区就业的，其失业保险关系随本人转移，缴费年限累计计算；失业人员应当持本单位为其出具的终止或者解除劳动关系的证明，及时到指定的

---

① 国务院办公厅：《关于进一步加强基本医疗保险基金管理的指导意见》，2010年7月22日，中央政府门户网站：http://www.gov.cn/ztzl/ygzt/content_1661110.htm，最后访问日期：2011年7月3日。

公共就业服务机构办理失业登记①。因此，当前我国各地应加快将所有失地农民、长期在城镇生活的进城务工农民和城镇灵活就业人员纳入失业保险的范围，以扩大失业保险的社会稳定器作用。各省（自治区、直辖市）政府应根据不低于城市居民最低生活保障标准的原则来确定失业保险金的标准。

此外，我国要创新失业保险工作机制，使失业保险的功能由"被动保生活"转变为"主动促就业"，鼓励更多的劳动者通过参加失业保险降低由于失业导致的收入下降风险。为此可借鉴发达国家的经验做法，对超过规定裁员的用人单位一次性增缴失业保险金，而对依法按时足额缴纳失业保险费且连续两年未裁员的用人单位，可以用失业保险基金对其职工培训给予补贴，充分发挥失业保险基金促进就业的作用。

（四）以保障农民工的工伤为重点，建立城乡统筹的工伤、生育保险制度

根据《社会保险法》的规定，职工应当参加工伤保险，由用人单位缴纳工伤保险费，职工不缴纳工伤保险费；国家根据不同行业的工伤风险程度确定行业的差别费率，并根据使用工伤保险基金、工伤发生率等情况在每个行业内确定费率档次；社会保险经办机构根据用人单位使用工伤保险基金、工伤发生率和所属行业费率档次等情况，确定用人单位缴费费率；用人单位应当按照本单位职工工资总额，根据社会保险经办机构确定的费率缴纳工伤保险费；职工因工作原因受到事故伤害或者患职业病，且经工伤认定的，享受工伤保险待遇（其中，经鉴定丧失劳动能力的，享受伤残待遇）。同时，职工应当参加生育保险，由用人单位按照国家规定缴纳生育保险费，职工不缴纳生育保险费；用人单位已经缴纳生育保险费的，其职工享受生育保险待遇（包括生育医疗费用和生育津贴），职工未就业配

---

① 《中华人民共和国社会保险法》，中国政府网，2010 年 10 月 28 日，http：//www.gov.cn/flfg/2010 - 10/28/content_ 1732964.htm，最后访问日期：2011 年 10 月 6 日。

偶按照国家规定享受生育医疗费用待遇，所需资金从生育保险基金中支付①。

目前还有很多进城就业的农村劳动者由于工作条件很差且没有参加工伤保险，因工伤丧失了劳动能力，返乡后生活陷入困境。因此各级劳动保障部门应依法按照普遍性原则将高危行业、中小企业和农民工纳入工伤保险重点对象，要将与用人单位建立劳动关系的农民工全部纳入工伤保险范围，更广泛地保障城乡劳动者的合法权益。广大农民工可以根据《社会保险法》《工伤保险条例》《企业职工工伤保险试行办法》《企业职工生育保险试行办法》等法律法规和政策文件的规定参加工伤、生育保险，按农民工签订劳动合同的统筹地确定的费率标准由用人单位按时足额为农民工缴纳工伤、生育保险费，缴费实行社会统筹，建立工伤保险基金、生育保险基金，按照相关规定享受与参保城镇职工同等的相应待遇。

对于跨地区及生产流动性大的行业，可以采取省级统筹的方式将这部分农民工纳入到工伤保险中②。为进一步保障农民工等劳动者在危险行业工作的权益，应相应扩大工伤保险的适应范围，并扩大上下班途中的工伤认定范围，提高农民工等劳动者因工受伤后的自我保护能力；此外，由于农民工等劳动者自身素质和经济条件有限，相对用人单位而言常处于弱势地位，在受伤后的申诉会出现一定困难，在这方面政府有关部门应进一步简化工伤认定、劳动能力鉴定和争议的处理程序，使之简捷方便，从法律政策上保护弱者的合法权益③。

（五）加快健全城乡合理的最低生活保障制度和社会救助制度

我国应以保障基本生活为原则，按照政府统筹、部门配合、运行有序

---

① 《中华人民共和国社会保险法》，中国政府网，2010 年 10 月 28 日，http://www.gov.cn/flfg/2010-10/28/content_1732964.htm，最后访问日期：2011 年 10 月 6 日。
② 《2011 年工伤保险条例全文》，工伤赔偿法律网，2011 年 9 月 8 日，http://www.ft22.com/baoxiantiaoli/2011-1/1958.html，最后访问日期：2011 年 10 月 6 日。
③ 《解析工伤保险条例 2010 新亮点》，工伤赔偿法律网，2010 年 12 月 25 日，http://www.ft22.com/baoxiantiaoli/2010-12/1931.html，最后访问日期：2011 年 9 月 5 日。

的要求,构建标准合理化、管理运行一体化的城乡最低生活保障制度和社会救助制度,并根据经济发展、财政状况、消费水平、物价变化等适时调整确定合理的城乡最低生活保障标准和社会救助标准。当前尤其要加快健全农村最低生活保障制度,一方面应根据农村当地实际生活水平,科学合理地确定最低生活保障标准和保障对象,另一方面也要加大各级财政投入力度,积极解决农村最低生活保障资金筹措不足问题(如村集体分担经费缺位,费用转嫁给农民,加重农民负担等)。对一些在城镇工作达到一定年限的农民工等外来劳动者家庭,也应给予其享受城镇最低生活保障、政策性保障房的资格,扩大最低生活保障和社会福利的覆盖面和有效性[1]。另外,也有必要为进城务工经商的农村劳动力建立相应的社会救助体系,保障其在城镇陷入困境时的基本生活[2]。

(六) 加快社会保障制度城乡一体化的立法进程

城乡一体化社会保障制度应该是政府有关部门依照相关法律法规提供城乡均等的基本社会保障服务的法制化制度。没有完善的社会保障制度,企业破产兼并就难以实施,经济结构调整和劳动力转移就业就难以实现。因此,为确保城乡一体化社会保障体系的形成、有效运行和管理,必须加强社会保障的立法工作使之实施起来有法可依、有法必依、执法必严、违法必究[3]。

当前我国应加快出台《社会保险法》的具体实施办法和相关配套政策,研究制定更加明确的《养老保险法》《医疗保险法》《工伤保险法》《失业保险法》《生育保险法》《社会救助法》《社会福利法》和《工资支付条例》等法律法规,各省级地区也应加快建立健全有关社会保障的地方法规体系,明确规定城乡养老保险、医疗保险、工伤保险、失业保险、生

---

[1] 《民盟云南省委建议:完善农民工最低生活保障及社会保险》,中国民主同盟云南省委员会网,2009年2月8日,http://www.mmyn.yn.gov.cn/readinfo.aspx?B1=2279,最后访问日期:2011年3月1日。
[2] 张勇、尹继东等:《城乡协调劳动力市场建设研究》,江西人民出版社,2006。
[3] 胡祖杰:《我国城乡统一劳动力市场问题研究》,南昌大学硕士学位论文,2007,第35~56页。

育保险的缴费范围和参保人员的权利义务，明确规定城乡居民享有同等水平的基本社会保障服务。各项社会保险基金作为老百姓的"保命钱"，国家应当依法建立严格的基金管理制度，对其实行严格的监管，应按照社会保险险种分别建账，分账核算，专款专用，任何组织和个人不得侵占或者挪用；社会保险基金通过预算实现收支平衡，县级以上人民政府在社会保险基金出现支付不足时，给予补贴；社会保险基金在保证安全的前提下，应按照国务院有关规定进行投资运营以实现保值增值，不得违规投资运营。因此有必要通过制定《社会保险基金法》或《社会保险基金管理条例》等法律法规来更加具体、明确地规定县级以上统筹地区政府应成立由用人单位代表、参保人员代表以及工会代表、专家等社会各方面代表组成的社会保险监督委员会，通过掌握、分析社会保险基金的收支、管理和投资运营情况，对社会保险工作提出咨询意见和建议，实施社会监督；社会保险监督委员会可以聘请会计师事务所对社会保险基金进行年度审计和专项审计（审计结果应当向社会公开），并有权提出对所发现问题和违法行为的改正建议与依法处理建议①。为了保证社会保险基金的按时足额征集，体现社会救济的公平原则和个人权利与义务的统一，将来还可考虑以开征社会保险税而不是社会保险费的形式（即"费改税"）来强制征收社会保障资金。

第三节 教育培训资源城乡共享化：构建网络化的城乡人力资源开发和就业服务体系，提高劳动力素质

一 整合城乡教育培训资源，构建网络化的城乡人力资源开发体系

我国劳动力市场城乡一体化的关键和基础在于要从教育公平原则出

---

① 《中华人民共和国社会保险法》，中国政府网，2010年10月28日，http://www.gov.cn/flfg/2010-10/28/content_1732964.htm，最后访问日期：2011年10月6日。

发,加快改革现存教育培训体制和政策,整合城乡教育培训资源,加大农村人力资源开发力度,优化城乡就业的劳动者素质结构,尤其是应大量增加农村基础教育、职业教育和医疗卫生等方面的公共财政投入,充分发挥农村人力资源丰富的比较优势,确保农民工子女在城镇的公平受教育权,同时通过财政补贴政策强化面向市场的城乡劳动力职业技能培训,缩小城乡人力资本投资的差距,消除农村人口素质的"先天不足",真正全面提高农村劳动力的整体素质和市场竞争力,从而提升城乡人力资源配置和利用的效率,实现城乡劳动力市场的自由平等竞争。具体可采取以下主要措施:

(一)以农村为重点加强九年制义务教育,夯实农村新增劳动力的文化素质基础

为彻底破除城乡教育的二元分割状态,当前各级政府应以农村基础教育为重点,大幅度增加教育基础设施建设的投入,配备必要的师资,改善办学条件,提升农村人均教学教育资源,提高办学质量,免除各项学杂费用和住宿费,基本消除农村贫困儿童的辍学现象,全面普及和巩固九年制义务教育,力争10年内逐步实施十二年免费教育。同时,由于广大进城农民工为城镇建设做了不可磨灭的贡献,因此应根据《义务教育法》等法律法规和相关政策,进一步明确和落实流入地城镇政府对进城农民工子女的义务教育工作的主要责任,切实增加当地教育事业费的财政预算,采取减免学杂费、严禁收取赞助费和借读费等积极措施降低他们的入学门槛,使进城农民工子女有同等权利和能力到公办学校接受义务教育;另外,可顺应农村学生进城就学需求,加快推进城镇新区教育园区建设,带动农村人口落户城镇。这些都将有助于夯实农村新增劳动力的文化素质基础,消除农村人口相对于城镇人口在基本素质提高方面的劣势[①]。

---

① 张勇、尹继东等:《城乡协调劳动力市场建设研究》,江西人民出版社,2006。

（二）建立市场化和社会化的高等教育与职业教育制度，培养高素质的人才队伍

为解决城乡就业问题，为市场提供高素质的城乡劳动力，我国必须进一步改革现有的高等教育和职业教育体制，把各类学校办成面向市场和社会的人才摇篮。当前高等教育和职业教育制度中还存在政府垄断办学、办学模式不灵活、专业课程设置不合理、教育与市场结合不够紧密且财政投入相对不足等问题，一方面使得接受高等教育和职业教育的人口比例仍偏低，另一方面又直接导致不少大中专毕业生因不是企业等用人单位所需要的实用人才而求职困难，这种供求结构性矛盾严重浪费了有限的教育资源，阻碍了就业问题的解决，从而使教育的社会贡献过低难以适应现代市场经济发展的需要。因此，应加快高等教育和职业教育体制改革，逐步实行农村中等职业教育全免费和城镇贫困家庭子女接受职业教育全免费制度，在大幅增加政府投入和依法加强监管的前提下积极鼓励企业、社会团体和个人兴办教育事业，引入大量社会资金，协调均衡教育资源配置，大力发展中等和高等职业技术教育，促进高等教育和职业教育的大众化、社会化和市场化，增加城乡劳动者接受职业教育和高等教育的机会，同时强化人才培养与市场就业相结合，培养具备较高水平专业技术知识和职业技能的市场型和创业型人才，提升毕业生的市场适应力和就业创业力，从而增强用人单位尤其是广大中小企业的市场竞争优势和就业吸纳能力，从制度上解决造成就业难的劳动力素质不高问题[1]。

（三）加大职业技能培训力度，建立完善覆盖城乡的多层次职业技能培训体系

当前我国劳动者的知识技术结构和就业结构的现状与经济产业结构调

---

[1] 胡祖杰：《我国城乡统一劳动力市场问题研究》，南昌大学硕士学位论文，2007，第35~56页。

整优化的要求还不相匹配，必须加大财政扶持职业技能培训力度，积极调动社会各界力量加强城乡劳动力的职业培训和就业培训，全面整合和利用现有的各类技工学校、职业学校、函授学校、广电学校、职业培训中心、农技推广中心、公共实训中心、综合性职业技能培训基地、创业培训示范基地以及职业技能鉴定基地等教育培训资源，可以由劳动保障部门统一负责、集中归口管理，消除各自为战、重复培训的不良现象，普遍推行职业资格证书制度和劳动预备制度，为社会经济活动提供有效的劳动就业服务。政府应根据市场需求制定职业技能培训规划，通过在各县区和乡镇建立健全农村劳动力转移就业培训基地来重点加强农村职业培训网络的建设，统筹建立一张覆盖城乡的社会化职业培训网络，从而建立和完善包括成人教育、职业教育、上岗培训、转移就业培训、再就业培训、创业培训、终身培训等的多层次、多功能、多渠道的劳动者职业技能培训体系，全面提高城乡劳动力的职业技能和就业能力，使他们能够平等地参与劳动力市场的竞争①。

（四）制定完善市场导向型的城乡就业培训政策和职业技能培训机制

各级政府及职业培训机构应坚持以市场为导向制定执行城乡就业培训政策，提高财政经费补贴水平，统筹城乡教育培训资源，建立完善职业培训质量考核体系，根据劳动力市场供求的变化来加强培训管理、提高培训质量，形成有效的城乡劳动力职业技能培训机制。在职业培训内容和形式上，应紧密结合市场行业需求，根据劳动者的就业方向和培训要求，突出加强现代实用职业技能、经营管理能力和法规政策培训，做到培训与技能鉴定相结合、培训与就业相结合，大力增强职业培训的灵活性、针对性和适用性，不断提高培训的质量，使城乡劳动力受训后基本上能实现从体力型向技能型的转变及适应岗位要求而就业，从而解决当前常见的"岗位与

---

① 张勇、尹继东等：《城乡协调劳动力市场建设研究》，江西人民出版社，2006。

失业并存"的结构性失业问题，为工业化和城镇化发展培养一支强大的高素质劳动力队伍和人才储备。各级劳动保障部门应广泛推行培训券、培训IC卡、民办公助等多种培训方式，全面推广"企业出订单、培训机构出菜单、政府买单"的三单式培训模式，采取政府资助和社会帮扶的办法为广大城乡劳动者提供公共就业培训服务；也可以专门设立政府出资为主、社会出资为辅的公共职业技能培训基金，主要用于资助农民工等就业弱势群体的职业技能培训[①]。

二 优化公共就业服务，构建城乡统一的就业服务体系

要实现教育培训资源城乡共享化以促进城乡统筹就业，除了需构建网络化的城乡人力资源开发体系外，还需构建城乡统一的就业服务体系（劳动力市场体系）。这就要求政府必须转变传统的就业服务思想，积极打造以人为本的服务型政府，按照就业服务制度化、专业化和社会化的要求，推进公共就业服务机构和劳动力市场信息网络建设，完善劳动力供求信息的收集发布制度，进一步提高各级公共就业服务机构的效能，同时大力规范和发展社会化职业介绍、职业指导等中介服务机构，形成覆盖全国城乡各地的省、设区市、县（市、区）、乡镇（街道）和社区（行政村）五级就业服务组织体系，为城乡劳动者和用人单位提供统一、平等、高效的就业服务，更好地促进就业、再就业和转移就业，优化就业的各种结构。

（一）健全劳动保障服务平台和职业中介机构，建立城乡统一开放的劳动力市场

我国应进一步加强公共就业服务机构和有形劳动力市场等基础设施的建设，彻底消除各类劳动力市场、人才市场的部门垄断和区域垄断，按市场需求积极培育和发展民办职业中介服务组织，大力促进城乡公私就业服

---

① 郭南芸：《城乡协调的劳动力市场研究》，江西财经大学硕士学位论文，2005，第34~53页。

务中介机构开展公平规范的服务竞争,充分发挥市场机制对劳动力资源配置的基础性作用,促进城乡劳动力市场体系的完善。各级政府应整合和利用公共就业服务资源,所属劳动力市场和公共就业服务机构(公益性职业介绍中心)要真正按规定把进城农民工纳入公共就业服务的范围,简化农村劳动力进城就业的手续,取消各种不合理收费,免费为其提供与城镇居民同等的失业登记、就业信息、就业指导、职业介绍、社会保障和政策咨询等事务的"一条龙""一站式"公共就业服务,同时要积极主动为企业等用人单位开展员工招聘、劳动保障事务代理和职业指导与培训等就业服务[1]。

当前应加大政府财政支出的扶持力度,加快搭建和完善城市各街道、乡镇的网络化的劳动就业和社会保障服务平台(劳动保障事务机构),按有关要求做到机构职责明确、人员编制保证、场地设施配套、工作经费落实、规章制度完善、工作服务规范,切实做好劳动就业服务工作;在各个城镇、社区和有条件的行政村,也应设立劳动保障服务室,并在各乡镇建立集中的劳动力市场,规范发展农村劳动经纪人等各类就业中介组织,实现城乡就业信息资源共享,使城乡劳动力能按相同标准得到统一的就业服务,多渠道促进农民转移就业。同时建立完善城乡统筹的就业困难群体帮扶援助制度和政府托底机制,进一步拓宽就业空间,把岗位开发、职业指导、失业保险、职业培训等结合起来,把就业困难人员的就业与社区就业岗位开发结合起来实行就业援助,通过政府购买岗位的办法优先安排就业困难人员从事一年以上的"保洁、保绿、保养、保安、协管员"等公共服务工作[2]。

---

[1] 郭南芸:《城乡协调的劳动力市场研究》,江西财经大学硕士学位论文,2005,第 34~53 页。
[2] 张文、尹继东:《中国中部地区农村劳动力转移与人力资源开发问题研究》,中国财政经济出版社,2007,第 247~254 页。

(二) 建立城乡互通的劳动力市场信息网络,提高劳动力市场的信息化水平

我国应在市场导向的就业制度下,加大政府资金投入,积极引导和推进覆盖全省城乡的劳动力市场信息网络系统建设,加强劳动力市场供求信息的收集和分析管理工作,尤其要掌握农村富余劳动力转移就业的动态信息,建立城乡劳动力资源数据库,打破劳动力市场的城乡分割和行政分离等制度性壁垒,实现城乡各地劳动力市场信息的互联互通、信息共享和计算机网络管理,不断提高劳动就业服务的信息化水平,方便城乡劳动者及时了解最新的各种用工信息,改变当前大多数农村劳动力自发转移、盲目转移和无序转移的流动就业状况,依靠现代信息机制的传导功能及时引导劳动者有效就业和单位合理用人,从而降低劳动者流动就业的盲目性和交易成本,提高城乡劳动力市场的运行效率[1]。

(三) 加强区域间劳务协作,提高劳务输出的组织化程度

我国各个主要劳务输出地区,在建立劳务基地、加强职业技能培训、提高劳动力素质的基础上,还需要积极开展和做好城乡劳动力的跨地区流动就业工作,进一步完善经济发达地区与经济欠发达地区的挂钩劳务扶贫制度,加强劳动力输出地与输入地的劳务协作,通过建立跨地区流动就业的网络化信息服务系统,提供及时的就业信息;坚持政府推进与市场运作相结合,主要采取订单培训和定向输出,签订双边对口合作协议,规范发展劳务派遣组织,发挥驻外劳务工作机构在开拓跨省劳务市场和协调劳务管理方面的作用等各项积极措施,多领域拓宽劳务输出渠道,确保实现劳动力输出输入两地的顺利对接,提高本地劳务输出和农民进城就业的组织化程度和有效性,从而促进城乡劳动力市场的协调发展[2]。

---

[1] 张勇、尹继东等:《城乡协调劳动力市场建设研究》,江西人民出版社,2006。
[2] 郭南芸:《城乡协调的劳动力市场研究》,江西财经大学硕士学位论文,2005,第34~53页。

第四节 产业结构调整城乡合理化：加速农村工业化和城镇化进程，提升就业结构非农化水平

当前我国城乡产业结构仍不合理，农村工业化与城镇化进程相对缓慢和滞后，也制约着城乡劳动力市场的一体化和就业结构的优化。因此，需要进一步调整升级城乡产业结构，加快实现产业结构的合理化和高级化，通过调整各城市和乡镇的产业行业结构来引导劳动力的合理配置与流动，着力发展中小城市和县域的经济，提高中小城市和城镇的劳动吸纳能力，加速工业化与城镇化进程，统筹城乡经济社会发展，优化就业的产业结构。

一 实施就业导向的产业发展政策和新型工业化道路

当前，我国必须充分发挥各地区的区位、人口、资源和产业的比较优势，把扩大就业放在产业经济发展的优先位置上，以充分就业为第一目标，实行就业导向的产业发展战略和政策，遵循市场经济规律，破除体制机制障碍，充分发挥工业化吸纳农村富余劳动力的主渠道作用，建立完善以工促农、以城带乡的长效机制；切实加大政府财政资金投入，加速农村工业化进程，推进信息化与工业化融合，调整升级产业结构，加快建立有地区特色的现代产业体系和形成统一开放、竞争有序的现代市场体系；处理好资本密集型、高新技术产业与传统劳动密集型产业的关系，支持培育和改造具有竞争优势、能扩大就业的劳动力密集型工业，大力推进农业产业化、规模化和现代化，积极发展就业弹性大、环境破坏小、资源消耗少的现代服务业，以工业园区、乡镇企业为龙头加快提高农村产业非农化水平，壮大县域经济，扩大劳动力市场需求，促进农村劳动力向第二、三产业合理转移和农民持续增收，明显缓解城乡就业压力，显著缩小城乡收入差距，走出一条经济效益好、资源消耗低、人力资源得到充分利用的城乡协调可持续发展的新型工业化道路[①]。

---

① 张文、徐小琴：《基于劳动力转移的江西工业化与城镇化双重演进模型初探》，《江西社会科学》2008年第2期。

（一）积极推进产业结构的高级化与合理化

当前经济增长方式正从粗放型、数量型向产业资本有机构成提升的集约型、效益型转变，即需要发展就业弹性较小的资本技术密集型产业，但在人口众多、就业压力大的现实条件下单纯发展资本技术密集型产业，使用资本、技术代替劳动，片面追求产业超前升级，必将造成失业增加及国民收入和有效需求减少，打破供给与需求的均衡，导致供给过剩、效益下降、经济衰退，最终会制约经济的持续增长、产业结构的高级化和社会的和谐发展。因此，我国必须充分发挥人力资源的比较优势，把产业结构战略性调整与劳动力就业结构战略性调整紧密结合起来，通过产业结构的调整优化，提高对城乡劳动力的吸纳能力，一方面要有选择、有重点地积极发展资金技术密集型的高新技术产业和现代服务业，另一方面还必须大力发展现阶段仍有广大市场需求的投资少、见效快、就业多的劳动密集型产业，以便同时推进实现产业结构高级化和城乡就业扩大化。

合理的产业结构和经济的健康发展都要求各经济部门之间形成相互补充、相互促进的比例结构，这有助于实现产业部门之间的供求平衡、就业结构的优化以及劳动就业的稳定增加。通常经济发展的一般规律是：第一产业在 GDP 中的比重从最高持续下降到最低，第二产业比重先上升后下降，而第三产业比重不断上升直到最高。实践也表明，传统农业、重化工产业向高科技产业和现代服务业转变的产业结构调整优化，能够显著推动长期经济增长和工业化、现代化的实现。长期看来，新兴产业的快速扩张会通过创造更多新的就业机会，使劳动力不断从第一产业向第二、第三产业等高次产业转移，从而抵消传统产业衰退所产生的失业，进而带来就业的增加。因此，我国目前为实现产业结构的合理化，还应加强交通、能源、机电、原材料等瓶颈性基础产业的建设，积极吸纳城乡劳动力就业，同时大力发展劳动密集型比重较大的商贸旅游、娱乐文化、金融服务等第三产业，为扩大就业和优化结构提供广阔的空间①。

（二）加强完善城乡产业的合理布局和密切联系

城乡产业结构雷同，并不能使城市和农村按照各自的比较优势形成合理的产业分工，反而会造成竞争过度、资源浪费、环境污染、产品低质、效益低下等问题，也会制约城乡产业结构的优化。因此，我国必须根据城乡的比较优势和区域特色来完善产业布局和功能分工，城市应按照其集聚效应和规模经济、范围经济优势，重点发展电子信息、生物科技、新材料新能源技术等高新技术产业和金融通信、教育文化、信息服务等现代服务业及相关产业；而农村应按照其资源的分散性、地域性和季节性等特征，主要发展农业、采掘业、加工业和商业、物流、餐饮、旅游等传统服务业并通过适用技术进行改造提升。同时我国要充分发挥市场机制的调节作用和政府的调控作用，打破城乡之间人口资源信息流动的政策障碍，加强城乡之间的产业经济联系，使之相互间能提供各自所需的资金、技术、资源、信息、产品、劳动力和市场，从而建立城乡之间良好的分工协作、优势互补、相互促进的协调关系，形成城乡一体化的利益共同体②。

（三）大力挖掘各产业的就业潜力，促进农村劳动力多渠道转移就业

我国应抓住当前结构调整、产业升级和企业转型的机遇，利用一切社会资源，大力挖掘各个产业的就业潜力，充分拓展就业领域和渠道，全面促进各产业、行业和企业的联动发展。为此要深入挖掘第一产业内部的就业增收潜力，积极发展农业龙头企业，延长农业的产业链，推动农业的产业化和规模化经营，促进更多农村劳动力就近就地转移；充分发挥第二产业和第三产业对农民转移就业和增加收入的主渠道作用，加快发展机械电

---

① 胡祖杰：《我国城乡统一劳动力市场问题研究》，南昌大学硕士学位论文，2007。
② 胡祖杰：《我国城乡统一劳动力市场问题研究》，南昌大学硕士学位论文，2007。

子、医药化工、纺织服装、食品加工等劳动密集型加工制造业，大力发展餐饮娱乐、旅游物流、交通运输、信息通信、教育培训等服务业；积极改造乡镇企业，大力发展就业吸纳能力强的中小企业，全方位拓展城乡劳动力的就业空间，促进农村劳动力多渠道转移就业[①]。

（四）鼓励全民创业，带动就业扩大

创业是富民之本和发展之基。积极推动全民创业，有利于提高广大人民创业致富的积极性、主动性和创造性，能够为社会发展创造更多的就业岗位和财富，从而维护社会的和谐稳定，也是扩大城乡劳动力就业的有效途径。因此，我国各地必须把推进全民创业作为加快富民崛起、实现全面小康社会的重大发展战略，充分发挥政府、社会、市场的积极作用，优化和营造良好的创业环境，强化政府对全民创业的政策支持，建立完善创业扶持和服务体系，大力促进本土自主创业和带头创业，在全社会形成鼓励创业、支持创业、投身创业、和谐创业的良好氛围，培育人人思创业、谋创业、敢创业、善创业的创业文化，最大限度地激发全民创业致富的潜能，带动就业扩大。要积极鼓励外出致富能人返乡投资创业，引进外部创业力量来本地投资创业，同时拓展外部创业市场，变"打工经济"为"创业经济"，推动城乡各类人才跨区域创业和就业，实现各种资源的优化配置[②]。

二 加速城镇化进程，促进城乡人口资源分布的合理化

改革开放30多年以来，我国城镇化步伐逐渐加快，2010年城镇人口比重达49.68%（据初步测算2011年超过51%），城镇就业比重为45.58%，但至今仍滞后于工业化进程（2010年非农产业增加值比重达

[①] 张文、尹继东：《中国中部地区农村劳动力转移与人力资源开发问题研究》，中国财政经济出版社，2007，第247~254页。

[②] 张文、尹继东：《中国中部地区农村劳动力转移与人力资源开发问题研究》，中国财政经济出版社，2007，第247~254页。

89.9%，非农就业比重为63.3%），在体制政策制约下未能充分发挥其应有的拉动消费、促进服务业发展、扩大就业、促进城乡劳动力市场一体化和缩小城乡居民收入差距的积极作用，制约着城乡经济社会的协调发展。因此，我国要统筹城乡发展，促进城乡劳动力市场一体化和就业结构优化，就必须加速城镇化进程，加大资金投入力度，强化规划引领作用，完善公共基础设施，提高城镇化水平，走中国特色城镇化道路；必须能够真正以人为本，按照统筹城乡、布局合理、节约土地、功能完善、以大带小的原则，以产业集群和人口集聚为重点，以提供就业机会为导向，以培育强化区域经济增长极为支撑，以大城市为龙头、中小城市为依托、小城镇为支点，完善城市功能，加强城市管理，改善城市环境，提升城市品位，做大做强中心城市，增强辐射带动能力，进一步完善全国城市（镇）空间布局结构和形态，加快形成一系列辐射作用大、集聚效应强的网络化城市群以及若干带动力强、联系紧密的经济圈和经济带，实现多级支撑和多元发展的良好格局，促进大、中、小城市和小城镇协调发展，提升各城市和城镇的现代化水平，从而通过城乡人口分布的合理化来实现各种资源的跨区域合理流动和优化配置，降低就业的城乡和地域结构偏离度，缩小区域城乡经济社会发展差距[①]。

为加速城镇化进程，当前的重点应是大力发展小城市（县城）和基础条件好、发展潜力大的建制镇，有选择有重点发展小城镇，抓好省级重点示范镇建设，引领和带动其他小城镇发展，依托大中城市做好科学的规划和布局，结合自身优势准确定位，不断完善基础设施，扩大城镇面积和规模，充分发挥小城镇对农村经济的聚集作用、辐射作用和带动作用，加快提高农村地区城镇化水平。此外，还应进一步加大城镇（市）行政管理体制的改革和创新力度，建设公共利益导向的服务型政府，提升城镇（市）公共管理水平，科学规划与合理使用城乡土地，坚持改造旧城和建设新城

---

① 张文、尹继东：《江西经济发展、城乡收入差距与农村劳动力转移就业的关系研究》，《企业经济》2008年第11期。

相协调，适度超前建设城乡基础设施，实现基本公共服务城乡均等化，增强城乡发展的协调性；同时深入清除各种阻碍城乡统筹就业的二元分割体制性障碍和扭曲市场的城镇偏向性歧视性政策，加快建立城乡统一的户籍管理制度、劳动就业和社会保障制度、教育培训和就业服务体系，依法维护城乡劳动者的合法权益，降低城乡劳动力跨区域流动就业的成本，发挥城镇化的收入扩大效应，实现符合城市发展规律的内生城镇化发展模式，最终形成城乡居民自由迁徙、平等就业、协调发展的一体化劳动力市场。

第五节 公共财政分配城乡协调化：加强农村劳动力就业的金融支持，缩小城乡居民收入差距

一 协调城乡公共财政分配，缩小城乡居民公共物品差距

城乡间巨大的经济差距和收入差距在很大程度上源于国家在公共财政支持上的长期分配不均。我国计划经济体制下所实施的重工轻农政策和农业支撑工业的政策（至今仍未完全消除）导致了我国农村地区的经济长期增长缓慢，农民收入和生活水平相对城市要低得多，进而影响了农村的教育投资和人口的整体素质能力，极大地削弱了农村劳动力在人力资源市场上的博弈能力和议价能力，使之成为劳动力供求竞争中的弱势方。要想彻底改变这种不公平的局面，首先就应该对我国的公共财政政策进行配置上的调整优化，加大对农村的财政支持力度，协调好城乡间的公共财政资金分配，从资源上优化城乡教育、卫生、文化、就业等方面的配置，真正从源头上消除城乡政策支持不平等，缩小城乡贫富差距，优化就业的城乡结构，促进城乡劳动力市场一体化。

具体的对策建议有如下几点：

(一)深化我国公共财政政策改革,建立起城乡协调的公共财政服务体系

在当前城市发展水平明显高于农村地区、全面建设小康社会和构建社会主义和谐社会的背景下,我国应改变过去单纯或重点向城市和工业倾斜的财政政策,切实加大对农村和农业的公共财政支持力度,尽快建立起中央和地方各级政府层级分明、事权一致、权责明确的公共财政体系,按照类别和比例的不同来合理分配中央和各级政府的财政收支(负担)和责任。那些具有整体性、全局性和长期性的农村基础设施等公共物品应主要由中央政府财政负担,而那些区域性、地方性的农村公共物品可以考虑主要由省级和地市级政府财政负担,显著减轻县级财政的压力,从而建立合理有效的、分工较为明确的中央—地方公共财政服务支撑体系[①]。

(二)完善我国公共财政的投入机制,构建法制性的转移支付制度

根据我国各地区经济发展的不同情况,建立并完善适合不同地区的财政转移支付制度。首先,要进一步加大对农村的一般性转移支付,协调城乡财政投入资金,促进城乡间教育、卫生、就业等公共产品的转移支付均衡化,从而实现城乡间基本公共服务能力均等化。其次,平衡城乡间专项转移支付的规模和力度,加大对农村地区的补助支出、捐赠支出和税收支出,着力提高农村地区的社会保障水平,扩大农村养老保险、医疗保险等社保项目的覆盖面,同时适度增加对农村地区特殊时期的价格补贴和最低生活保障支出,通过国民财富的再分配来缩小城乡巨大的收入差距和财产差距。最后,制定针对以种植和养殖业为主的农村地区的特殊转移支付体制,对一些农村地区的种养纯农户由于自然灾害等不可抗力条件下遭受的农业损失进行补偿和救助。通过这种特殊转移支付的方式来提高农民抗风

---

① 李永宁:《统筹城乡公共产品供给的财政政策思考》,《理论导刊》2008年第11期。

险能力，进而提高其就业和创业的积极性。

（三）建立支农财政资金稳定增长机制，加强财政资金的预算和监管

首先，应通过立法的方式建立支农财政资金稳定增长机制，保证中央和各级地方政府保持对支农财政资金的稳定投入和增长性投入，确保各级政府真正将财政资金用到促进农业和农村经济发展以及农民就业增收的渠道上。应通过制定明确各级地方政府财政资金投入的绩效考核办法，督促地方政府将财政资金落到实处；制定出台切实有效的财政资金分项投入方案，要求各地方政府对照当地实情进行相应的调整和规划，保证对农村基础教育、公共卫生、农业科技和农村社保等方面的投入力度。

其次，应实行公共财政事务的公开制度，提高农村公共财政资金筹集和运用的透明度。要加强对农村公共财政资金的预算和监管，确保财政资金运用的科学合理，严防地方政府的消极和腐败行为，在公共财政事务中引入群众监督机制，确保财政资金的利用效益[①]。

二　扩大农村劳动力就业的金融支持，缩小城乡居民收入差距

金融作为现代经济的核心，是当代经济发展过程中非常重要的一个环节，农村经济社会的发展同样也离不开金融事业的参与。要真正缩小城乡居民收入差距，首先就要显著提高农村居民的收入，对于农村居民而言，无论就业还是创业，都需要不同程度的金融支持，这就需要在农村建立起广泛的金融服务体系，服务于农村经济的发展和农民素质的提高，减少制约城乡劳动力市场一体化和就业结构优化的资金问题。具体做法建议如下。

---

① 李永宁：《统筹城乡公共产品供给的财政政策思考》，《理论导刊》2008 年第 11 期。

（一）构建城乡覆盖的分层分类金融服务体系，实现城乡间政策金融、商业金融和民间金融相互配合、分工明确的多层次金融服务

（1）明确中国农业发展银行为基本的政策性支农银行，提供针对农村农业发展的政策性专项贷款等金融支持；应扩大其支农金融服务的职能范围，除了保障粮棉油收购外，为农田水利、农产品生产和流通领域提供更多的金融支持。

（2）在商业金融方面，确立中国农业银行、中国邮政储蓄银行和农村信用合作社三足鼎立的支农惠农金融服务体系；要多领域多角度地开展对农民就业和创业的信贷服务，同时鼓励引导其他商业银行到农村地区建立分支机构，为"三农"提供各种金融产品和金融服务。

（3）在强化金融风险预防和控制的前提下允许成立各类合法的民间金融组织（小额贷款公司、抵押担保公司、金融投资公司、风险投资基金等）作为正规银行业金融机构的有益补充。在加强对民间金融法制性约束的同时，适当放宽民间金融的行业准入条件，鼓励广大民间资本机构化和正规化，引导民间金融向农业金融的欠缺部分进军，满足农村经济发展的多样化金融需求，最终形成"政策金融—商业金融—民间金融"相互配合、相互补充的多元化农村金融服务体系，帮助实现农民就业和创业的各种需求[①]。

（二）推进农村金融产品的创新，实现资金的有效利用

（1）根据农村经济发展的需要，创新农村金融产品和服务。如根据农民生产经营的需要开展小额农户信用贷款、农村中小企业贷款等业务，尤其是小额信用贷款，要扩大使用对象、提高额度、延长期限，以适应

---

① 万正晓：《城乡一体化背景下的金融创新问题——以苏州为例》，《苏州科技学院学报（社会科学版）》2011年第2期。

农村地区经济发展的需要；将金融服务深入到农业产业化生产和经营上，延长金融触角，扩大金融覆盖面，真正优化资金的配置。

（2）通过建立较为完善的农村金融担保体系，降低农民和乡村企业贷款抵押担保困难的问题。政府支持设立合法的担保公司，为农民和乡村企业申请贷款提供抵押担保，也相当于为银行等金融机构购买了信贷保险，对于银行等金融机构放贷的风险起到了一定的控制作用。

（3）加快农村金融衍生产品的发展，着力构建完整的农产品期货市场体系。通过对各种主要农产品期货市场的建立完善，形成相对市场化的价格机制，帮助农户在农产品的流通环节进行风险转嫁和规避，以期货市场独特的风险对冲机制来弥补现货市场价格风险不易转移的缺陷，帮助农民适应市场变幻，提高农民的风险抵抗能力和就业增收能力。

（三）建立城乡一体化金融风险管理制度，提高金融利用效率的同时防范金融风险

随着城乡金融服务体系的深化发展，在金融业务的开展中难免会有不同程度的风险显现。因此，加快城乡金融风险管理制度的建立和完善，尤其是建立农村金融风险预警制度，对于我国防范区域金融风险，提高区域金融服务能力有巨大的作用。

（1）建立农村金融风险预警机制和防范体系，预防和控制非系统性金融风险。一方面，设立特定的信贷风险基金以对抗未来出现的信贷资金难以收回的风险；另一方面，加快农村金融保险制度的建设，通过对金融风险进行投保的方式，提高农村金融机构的抗风险能力。

（2）加强对金融的法制建设，防范故意借贷不还等道德风险引致的信贷风险和其他金融风险。通过法律制度的利益约束，规范农村金融市场的发展，从而保障资金的使用效率和金融市场的有序运行。

（3）强化民间金融资金的监管，构建健康的金融环境。通过中国银监会及其派出机构的介入，着力加强民间金融行业的监管，规范民间金融行

业的发展，防止市场投机行为影响金融产业和金融市场的正常运行。[①]

第六节　市场监督调控城乡一致化：建立健全法制化的城乡劳动者就业权益保护机制

我国要促进城乡劳动力市场一体化，还必须进一步建立完善与劳动力市场管理相关的各项法律法规和政策，构建有效的劳动力市场监督调控体系，依法加强政府对城乡劳动者的就业管理和服务，切实维护城乡劳动者尤其是进城就业农民工的合法权益，强力抑制城乡就业结构的各种偏差。

一　建立完善相关法律法规体系，健全城乡劳动力市场监管机制

（一）完善劳动力市场管理的相关法律法规

城乡劳动力市场一体化需要法制化、规范化的劳动力市场管理体制和市场规则，以营造良好的劳动力市场运行秩序和环境，因而应建立健全一整套规范求职者、用人单位、中介机构和政府监管部门等劳动力市场参与者行为的法律法规体系和相关的规章制度，清理那些带有歧视色彩的各种法规政策，构建城乡统一的劳动力市场监督调控体系，使城乡劳动力市场一体化有法可依。一方面国家要按城乡统一原则加快修订完善现行的劳动法、劳动合同法、就业促进法、劳动争议调解仲裁法、劳动保障监察条例、劳动力市场管理条例、教育法、义务教育法、工会法、户籍管理条例等相关法律法规及其配套管理办法，尽快出台劳动力市场监督管理法、工资支付条例等其他相关法律法规及其配套实施细则；各地区也应加强维护城乡劳动者合法权益的地方立法，加快制定完善相关的地方性劳动保障法

[①] 赵敏：《济南市城乡一体化进程中农村金融服务体系创新研究》，《中共济南市委党校学报》2010年第2期。

规及其配套实施办法,在法律层面上明确规范劳动者与用人单位的劳动合同关系和各自的权利义务,重点保护进城农民工的公平就业权和劳动保障权①。另一方面还要加强劳动就业等相关法律法规的社会宣传和政策咨询服务工作,提高城乡劳动者尤其是农民工的法律观念和维权意识,鼓励他们运用法律武器来保护自己的合法权益,克服政府监管缺位、错位等失灵问题。

(二) 建立健全劳动关系的三方协商机制

利益协调型劳动关系符合市场经济体制协调劳动关系的一般规律,也符合我国当前经济发展所处的阶段,其本质是在承认劳动关系双方利益差别的基础上,通过规范双方的权利义务和双方的平等协商谈判机制来保障各自的合法权益并实现共同利益。利益协调型劳动关系的运行是现代劳动立法原则的具体体现,劳动关系双方作为劳动法律关系(权利义务)主体,在人格上、法律地位上完全平等,在双方利益关系的调整上,以双方的对等协商交涉为确定劳动条件的基本原则,以权利义务的法律设定来调节双方的利益关系。雇主或雇主组织和工会组织均能独立而健全地存在并发挥作用,通过劳动合同、民主参与、集体谈判和集体合同来协调劳动关系双方的利益;劳动条件的决定,贯彻政府、企业、工会"三方性原则"成为基本的形式,工人参与的民主权利得到法律的保证,劳动关系和谐稳定,社会经济也能稳定发展。在劳动关系领域,国家需要使劳动力市场机制在配置劳动力资源上发挥基础性作用,政府主动"减负",向社会分权,主张"小政府大社会"。劳动合同制度实际上就是一种利益激励机制,也是一种利益平衡、利益调节和利益约束机制,为建立利益协调型劳动关系奠定了基础,也体现了市场经济体制下物质利益原则的根本要求。在当前,我国劳动关系三方协商机制运行的有利条件已经形成:社会政治、法制和经济条件初步具备;三方协商的主体组织得到确立;市场经济国家的

---

① 夏鲁青:《完善劳动保障地方立法工作的思考》,《中国劳动》2009 年第 6 期。

成功经验可资借鉴；国内一些省市也已具有建立不同运作形式的劳动关系三方协商机制的实践经验①。

因此，我国各级政府应促使企业及其他用人单位积极吸收农民工加入工会组织，提高工会代表弱势劳方与强势资方协商谈判的力量，在劳资利益冲突中充分维护劳动者的合法权益，确保城乡劳动力市场的健康运行。要在完善工会制度、集体谈判制度、劳动合同制度、劳动监督和劳动仲裁制度的基础上建立健全利益协调型劳动关系的有效制度安排，如构建国际上通行的企业（行业协会）、劳动者（工会）、政府（劳动行政部门）三方协调机制，以协商的形式解决劳动关系中存在的各种问题，兼顾政府、企业、职工三方利益，使劳动者和用人单位能以平等的地位参与涉及劳动关系方面重大问题（劳动报酬、社会保险、职业培训、劳动争议、劳动安全、工作时间与休息休假、集体合同与劳动合同等）的沟通、协商和决策，以化解劳动力市场供求双方的矛盾冲突，构建和谐稳定的劳资关系②。

二 加大劳动力市场的监管力度，维护城乡劳动者的合法权益

（一）加强对城乡劳动力市场的劳动保障监察

政府主管部门应通过制定城乡统一的劳动力市场运行规则，加大政府资金和人员的投入，完善劳动监察和劳动仲裁制度，创新劳动保障监察执法方式，将街道和乡镇划分为若干网格，实施全面覆盖和动态监管的劳动保障监察网格化管理模式③，依法监督调控城乡劳动力市场的运行，规范并维护城乡劳动力市场的公平竞争秩序，有效保障城乡就业公平以及城乡劳动者与用人单位双方的合法权益，补充纠正市场机制存在的不足和偏差，促进实现城乡劳动力供求的总量平衡和结构合理，为城乡劳动力

---

① 杨河清：《劳动经济学（第三版）》，中国人民大学出版社，2010，第353~357页。
② 郭南芸：《城乡协调的劳动力市场研究》，江西财经大学硕士学位论文，2005。
③ 徐红勤：《浅论劳动保障监察网格化管理》，《中国劳动》2009年第6期。

市场的一体化发展和就业结构优化提供良好的运行条件。

为了切实保障城乡就业公平以及城乡劳动者与用人单位双方的合法权益，惩处各种侵权行为，政府必须大力提高劳动保障执法队伍的素质和能力，根据公正性、统一性、有效性和独立性原则把城乡各类企事业单位都纳入劳动保障监察范围，有效掌握劳动就业情况，建立健全畅通的劳动保障监察举报制度，形成强有力的社会监督机制、良好的劳动保障执法环境和城乡劳动力市场运行秩序。为此，相关部门应进一步宣传普及有关法律法规和政策，采取多种监督检查形式，加大劳动保障监管与劳动关系协调的力度，积极推进实施劳动合同制，加强规范非正规单位的用工行为，提高单位与员工的劳动合同签订率和履约率，推广建立有效的企业工资支付担保和监控制度，重点保障农民工的工资按时足额支付、参加社会保险、劳动安全和休息休假以及其他合法权益的享受，基本实现大、中、小、微各类企业劳动合同制度和社会保险制度全覆盖；依法查处损害城乡劳动者合法权益的企业及其他用人单位，提高它们的违法成本，真正做到有法必依、执法必严，同时为经济困难的农民工等弱势群体维权提供司法援助，确保进城就业农村劳动者与本地城镇劳动者同工同酬、公平就业。

（二）依法打击职业中介机构的欺诈行为，规范城乡劳动力市场秩序

为有效规范和净化城乡劳动力市场的运行秩序和环境，政府有关部门除了加强规范企业等单位的用人行为外，还必须积极采取措施，强化城乡劳动力市场体系的监督管理，严格执行各项法律法规和规章制度，严厉打击非法职业中介和各类就业服务机构的欺诈行为，切实保护城乡劳动者的合法权益，建立完善职业介绍、职业指导、职业培训等中介机构的资格准入制度、信用评估制度，加快形成完善的职业中介机构市场退出机制[①]。

---

① 徐小琴：《江西城乡劳动力市场一体化的问题与对策研究》，南昌大学硕士学位论文，2009。

政府主管部门必须彻底取缔那些违反劳动力市场管理相关规定、未经许可成立的非法职业中介机构；坚决制止各类信息咨询公司、劳务公司等组织机构未经批准，擅自扩大经营范围，非法从事职业介绍、指导和培训活动；严厉处罚那些利用虚假信息从事职业介绍活动或与用人单位相互勾结欺诈求职者的职业中介机构直至取消其从业资格并将情节严重的涉案相关人员纳入刑事犯罪处理，以有效遏阻此类违法现象；同时依法规范和健全职业中介机构的各种管理制度与服务标准[①]，提升劳动力市场体系的服务功能和管理水平。这些措施都能够为实现我国城乡劳动力市场一体化和就业结构优化提供坚强的制度基础和法制保障。

---

① 郭南芸：《城乡协调的劳动力市场研究》，江西财经大学硕士学位论文，2005。

第八章 结论

基于前面各章的分析研究，本书得出以下一些主要结论：

城乡劳动力市场一体化是劳动力市场从城乡二元分割状态向城乡一体化状态转变的演化过程，其基本内涵就是要打破城市劳动力和农村劳动力在政策、制度上的界限，逐步清除体制性障碍，消除城乡分割的二元结构，构建相互协调的新型城乡关系，以劳动力自身的素质作为就业的主要标准，建立城乡统一的就业制度、社会保障制度和市场监督调控体系，使城乡劳动力都能享受同等的就业服务政策和待遇，形成统一开放、规范完善、竞争有序的劳动力市场，实现城乡劳动力资源在更广阔的范围内自由流动、合理配置，从而缩小并最终消除城乡居民收入的不平等。简而言之，城乡劳动力市场一体化的核心是权利平等，关键是要素流动，前提是制度创新，目标是市场导向的就业机制。其实现条件包括五个：（1）建立平等的劳动力市场法规体系和运作机制；（2）建立城乡合理的社会保障体系；（3）建立城乡统一的就业促进体系；（4）建立城乡一体化的人力资源开发体系；（5）营造良好的劳动力市场运行秩序和环境。

而就业结构优化则是指劳动力资源在产业间、地域间、城乡间、所有制部门间、劳动者素质间等各方面处于分配均衡、配置合理和利用充分的一种状态。其实现条件一般有以下四个：（1）促进产业结构升级换代，延长三次产业的产业链；（2）协调东、中、西部地区经济发展，平衡地域就业结构；（3）消除城乡劳动力流动的制度性障碍，提高中小城市的就业吸纳能力；（4）积极推进多种所有制经济的发展，鼓励私营经济和自主创业。

　　作者认为，城乡劳动力市场一体化与就业结构优化二者之间是相互促进、相互牵动的互动关系：城乡劳动力市场一体化是实现就业结构优化的必要条件和物质基础，而就业结构优化则包含于城乡劳动力市场一体化中，城乡劳动力市场一体化必然会导致就业结构的转换优化，而就业结构优化也必然会推进城乡劳动力市场一体化的进程。

　　本书基于问卷调查所收集的数据，从农民工的素质结构、地域结构、行业结构、收入及居住条件、权益保障、就业途径等方面分析，得出当前我国农村劳动力（农民工）外出就业的基本现状特征：文化素质低、地域较集中、行业较单一、收入待遇差、权益保障弱、就业途径窄。而基于相关就业统计数据，对就业的产业结构、行业结构、地域结构、所有制结构、城乡结构和劳动者素质结构五方面进行的分析揭示了我国就业结构的现状特征：至今仍滞后于经济的产业结构水平处于不断调整优化的演化阶段。

　　当前我国在城乡劳动力市场一体化与就业结构优化方面还存在以下五方面的问题：（1）城乡劳动力市场二元分割现象未改，就业的行业结构和所有制结构不合理；（2）城乡劳动力市场体系不完善，就业服务功能不健全，导致城乡就业结构失衡；（3）城乡劳动力资源开发不充分，职业培训体系不统一，劳动者素质结构不合理；（4）城乡劳动者的社会保障体系不健全；（5）劳动力市场监控机制不健全，农村劳动力合法权益保障不力。而制约我国城乡劳动力市场一体化及其就业结构优化效应的因素主要有三类：制度性因素——城乡分割的户籍制度和社会保障制度；经济性因素——城乡有别的产业结构和资金投入；社会性因素——城乡不同的教育文化水平和思想观念。

　　另外在计量模型的实证研究方面，本书运用相关分析法与回归分析法，横向分析了我国31个省级地区城乡居民收入差距与就业结构演化的相关性，发现区域产业就业结构的优化调整对区域城乡劳动力市场的一体化发展能够起到显著的影响；通过大力增加各地区非农产业的就业，有助于降低就业结构偏离度,优化产业就业结构,缩小城乡居民收入差距。运用协整分析法和因果关系分析法,纵向分析了 1978~2009 年我国城乡劳动力市场一体化的就业结构优化效应,发现我国城乡收入差距演化与就业结构转化二者之间存在着密切的关联性即长期稳定的反向均衡关系,二者具有一定的相互作用和互为因果的关系;改革开放以来,我国三次产业就业结构的优化调整并没有起到缩小收入差距的效应,而是在长短期内均推动了城乡收入差距的扩大化趋势,只有第三产业就业结构转化在短期内未能影响到城乡收入差距演化;而我国城乡收入差距演化对不同产业就业结构转化的影响则完全不同(即对第一产业就业结构转化有短期效应,对第二产业就业结构转化无影响,对第三产业就业结构转化既有短期效应,也有长期效应)。

在理论探讨和实证分析的基础上,结合国内外实践经验,本书认为,为推进实现城乡劳动力市场一体化,发挥就业结构优化效应,我国应该选择"体制市场化 - 政府服务化 - 社会法制化"的有效演进路径模式,并根据以人为本、城乡统筹、公平就业的基本原则,按照从改革城乡分割的劳动就业制度出发的总体思路,制定出相应的基本目标和战略步骤,逐步推进各项制度创新。

最后,本书从六个方面提出了当前我国城乡劳动力市场一体化的制度创新及其对策建议:(1)户籍管理制度城乡统一化:推进城乡劳动力资源的自由合理流动和优化配置利用;(2)就业保障制度城乡统筹化:促进社保全国自由转移和劳动力公平竞争就业;(3)教育培训资源城乡共享化:构建网络化的城乡人力资源开发和就业服务体系,提高劳动力素质;(4)产业结构调整城乡合理化:加速农村工业化和城镇化进程,提升就业结构非农化水平;(5)公共财政分配城乡协调化:加强农村劳动力就业的金融支持,缩小城乡居民收入差距;(6)市场监督调控城乡一致化:建立健全法制化的城乡劳动者就业权益保护机制。

总之,在当前我国经济社会快速变革、国际形势风云变幻的时代,我国城乡统筹背景下劳动力市场一体化及就业结构优化是一项涉及多方面的制度创新系统工程，至今仍有许多亟待解决的体制性、机制性问题，这需要社会各界进行更加系统深入和具体细致的研究。因此，本书虽然较为系统地研究了我国城乡劳动力市场一体化的相关问题与对策，但是仍有以下问题和不足值得广大学者去进行深入细致的研究，这也是我们今后进一步研究的方向。比如：对城乡劳动力市场一体化的作用机理和制度变迁过程进行深入研究；构建城乡劳动力市场一体化的指标体系和计量分析模型，进行城乡劳动力市场一体化水平的定量测算和实证检验；从深层次的制度创新视角提出更多可操作性和有效性更强的城乡劳动力市场一体化的政策建议并进行效果评估等。

参考文献

[1] 边文霞：《就业结构内涵、理论与趋势分析——以北京市为例》，《北京工商大学学报》2009年第5期。

[2] 蔡昉：《中国劳动力市场发育与就业变化》，《经济研究》2007年第7期。

[3] 蔡昉：《中国劳动与社会保障体制改革30年研究》，经济管理出版社，2008。

[4] 蔡坚、朱蔚青：《非正规就业与农民劳动力非农就业》，《湖北经济学院学报》2007年第5期。

[5] 蔡铭：《浅析德国社会保障制度及对我国的启示》，《就业与保障》2011年第7期。

[6] 陈东有、周小刚：《农民工省内转移就业流动特点和结构分析——基于对江西省526位农民工的调查》，《江西社会科学》2008年第11期。

[7] 陈昕：《美国社会保障制度对我国的启示》，《现代商贸工业》2011年第16期。

[8] 陈学华、赵洪江：《城乡一体化动因及结果：基于制度创新的视角》，《农村经济》2007年第8期。

[9] 陈桢：《产业结构与就业结构关系失衡的实证分析》，《山西财经大学学报》2007年第10期。

[10] 崔巍：《农村剩余劳动力转移过程中的政府职能问题研究——以辽宁

省为例》，东北大学硕士学位论文，2005。

[11] 寸家菊：《劳动力市场分割条件下农民工就业问题研究》，重庆大学硕士学位论文，2009。

[12] 邓葱：《浅析我国产业结构升级下的就业问题》，《党政干部学刊》2008年第8期。

[13] 高铁梅、范晓非：《中国劳动力市场的结构转型与供求拐点》，《财经问题研究》2011年第1期。

[14] 邰兴启：《城乡一体化进程中的制度创新研究》，四川大学硕士学位论文，2006。

[15] 顾益康、绍峰：《全面推进城乡一体化改革》，《中国农村经济》2003年第1期。

[16] 郭南芸：《城乡协调的劳动力市场研究》，江西财经大学硕士学位论文，2005。

[17] 国家统计局：《中国统计年鉴2010》，中国统计出版社，2010。

[18] 国家统计局：《中国统计年鉴2011》，中国统计出版社，2011。

[19] 国家统计局：《2010年第六次全国人口普查主要数据公报（第1号）》，2011年4月28日，国家统计局官方网站：http：//www.stats.gov.cn/tjgb/rkpcgb/qgrkpcgb/t20110428_402722232.htm，最后访问日期：2011年6月2日。

[20] 国家统计局：《第二次全国农业普查主要数据公报（第五号）》，2008年2月27日，国家统计局官方网站：http：//www.stats.gov.cn/tjgb/nypcgb/qgnypcgb/t20080227_402464718.htm，最后访问日期：2010年7月2日。

[21] 国家统计局农村社会经济调查司：《中国农村统计年鉴2011》，中国统计出版社，2011。

[22] 国家统计局人口和就业统计司：《中国人口和就业统计年鉴2010》，中国统计出版社，2010。

[23] 国家统计局人口和就业统计司、人力资源和社会保障部规划财务司：

《中国劳动统计年鉴2010》，中国统计出版社，2010。

[24] 国务院国务院：《我国国民经济和社会发展十二五规划纲要》，2011年3月17日，新浪网：http：//www.sina.com.cn，最后访问日期：2011年4月25日。

[25] 国务院办公厅：《国务院关于开展新型农村社会养老保险试点的指导意见》，2009年10月28日，新浪网：http：//www.sina.com.cn，最后访问日期：2011年6月30日。

[26] 国务院办公厅：《关于进一步加强基本医疗保险基金管理的指导意见》，2010年7月22日，中央政府门户网站：http：//www.gov.cn/ztzl/ygzt/content_1661110.htm，最后访问日期：2011年7月3日。

[27] 国务院发展研究中心课题组：《农民工市民化对扩大内需和经济增长的影响》，《经济研究》2010年第6期。

[28] 郝坤安、张高旗：《中国第三产业内部就业结构变动趋势分析》，《人口与经济》2006年第6期。

[29] 郝团虎、姚慧琴：《中国劳动力市场结构与农村剩余劳动力转移》，《经济理论与经济管理》2012年第4期。

[30] 侯风云、付洁、张凤兵：《城乡收入不平等及其动态演化模型构建——中国城乡收入差距变化的理论机制》，《财经研究》2009年第1期。

[31] 胡学勤、秦兴方：《劳动经济学》，高等教育出版社，2004。

[32] 胡祖杰：《我国城乡统一劳动力市场问题研究》，南昌大学硕士学位论文，2007。

[33] 黄洪琳：《中国就业结构与产业结构的偏差及原因探讨》，《人口与经济》，2008年第4期。

[34] 黄敏：《城乡一体化中农民劳动权益保障的研究》，四川师范大学硕士学位论文，2010。

[35] 姜渔：《中国就业结构研究》，山西人民出版社，1986。

[36] 教育部财务司、国家统计局社会和科技统计司：《中国教育经费统计

年鉴2008》,中国统计出版社,2009。

[37] 课题组(史忠良等),《建立我国城乡协调的劳动力市场研究》,《当代财经》2006年第1期。

[38] 课题组(主持人:邓祖龙):《江西居民收入差距实证分析与对策研究》,《江西调查》(国家统计局江西调查总队内部资料)2010年第62期。

[39] 课题组(主持人:韩志生):《保持良好就业态势 实现经济与就业均衡发展》,《江西统计资料》(江西省统计局内部资料)2010年第122期。

[40] 劳动和社会保障部劳动科学研究所:《统筹城乡就业试点工作中期评估报告》,2007年12月12日,中国就业网:http://www.lm.gov.cn/gb/employment/2007-12/12/content_213725.htm,最后访问日期:2009年11月30日。

[41] 李冠霖:《第三产业投入产出分析》,中国物价出版社,2002。

[42] 李群芳、孙贺先、尹继东:《中部产业结构与就业结构相关性分析》,《学习与实践》2007年第8期。

[43] 李文:《城市化滞后的经济后果分析》,《中国社会科学》2001年第4期。

[44] 李文星、袁志刚:《中国就业结构失衡:现状、原因与调整政策》,《当代财经》2010年第3期。

[45] 李晓嘉、刘鹏:《我国产业结构调整对就业增长的影响》,《山西财经大学学报》2006年第1期。

[46] 李永宁:《统筹城乡公共产品供给的财政政策思考》,《理论导刊》2008年第11期。

[47] 李玉凤、高长元:《产业结构与就业结构的协整分析》,《统计与决策》2008年第4期。

[48] 刘家强、唐代盛、蒋华:《城乡一体化战略模式实证研究》,《经济学家》2003年第5期。

[49] 刘仙梅:《产业结构与就业结构关系研究综述》,《经济论坛》2010

年第 4 期。

[50] 卢岳一末:《转型期我国三次产业结构变化与就业结构变化的关联效应研究》,武汉科技大学硕士学位论文,2009。

[51] 马庆国:《管理统计:数据获取、统计原理、SPSS 工具与应用研究》,科学出版社,2002。

[52] 孟宪生:《吉林省中长期就业问题研究》,硕士学位论文,东北师范大学,2007。

[53] 潘士远、林毅夫:《中国的就业问题及其对策》,《经济学家》2006 年第 1 期。

[54] 潘省初:《计量经济学》(第三版),中国人民大学出版社,2009。

[55] 漆向东:《在城乡统筹发展中优化就业结构》,《经济问题探索》2005 年第 5 期。

[56] 漆向东:《我国就业增长的结构效应分析》,《中州学刊》2009 年第 4 期。

[57] 乔根森:《过剩农业劳动力和两重经济发展》,1967 年 9 月 30 日,百度百科:http://baike.baidu.com/view/1567559.htm,最后访问日期:2010 年 12 月 31 日。

[58] 乔森等:《国外城乡统筹发展的历史实践与经验借鉴》,2009 年 3 月 20 日,中国城市化网:http://www.curb.com.cn/dzzz/sanji.asp?id_forum=012308,最后访问日期:2010 年 6 月 15 日。

[59] 秦永红、张伟:《印度社会保障制度改革及其对我国的启示》,《南亚研究季刊》2011 年第 2 期。

[60] 人力资源和社会保障部:《2010 年度人力资源和社会保障事业发展统计公报》,2011 年 7 月 20 日,人力资源和社会保障部官方网站:http://www.mohrss.gov.cn,最后访问日期:2011 年 8 月 10 日。

[61] 人力资源和社会保障部:《关于印发人力资源和社会保障事业发展"十二五"规划纲要的通知》,2011 年 6 月 2 日,人力资源和社会保障部官方网站:http://www.mohrss.gov.cn,最后访问日期:2011 年 7

月6日。

[62] 人力资源和社会保障部、财政部：《关于做好2010年城镇居民基本医疗保险工作的通知》，2010年6月1日，人力资源与社会保障部官方网站：http://www.mohrss.gov.cn，最后访问日期：2010年7月9日。

[63] 邵晓、任保平：《结构偏差、转化机制与中国经济增长质量》，《社会科学研究》2009年第5期。

[64] 石莹：《搜寻匹配理论与中国劳动力市场》，《经济学动态》2010年第12期。

[65] 史清华、程名望：《我国农村外出劳动力结构与收入水平关系研究》，《当代经济研究》2009年第4期。

[66] 苏大伟：《基于灰色系统理论的城乡统筹就业研究》，西安理工大学硕士学位论文，2007。

[67] 孙林华、付金沐：《中国城乡居民收入变化规律的定量分析》，《乡镇经济》2009年第7期。

[68] 陶相根、张福明：《山东省农村劳动力的就业结构与启示——基于对山东省17地市1068户农民调查的研究》，《山东社会科学》2010年第4期。

[69] 陶学荣、陶叡：《公共行政管理学》，中国人事出版社，2004。

[70] 陶学荣：《公共政策概论》，中国人事出版社，2005。

[71] 万正晓：《城乡一体化背景下的金融创新问题——以苏州为例》，《苏州科技学院学报（社会科学版）》2011年第2期。

[72] 王丽娟、刘彦随、翟荣新：《苏中地区农村就业结构转换态势与机制分析》，《中国人口资源与环境》2007年第6期。

[73] 王萍：《中国农村剩余劳动力乡城转移问题研究》，博士学位论文，东北财经大学，2006。

[74] 王庆丰：《中国就业结构滞后问题研究》，《华东经济管理》2009年第9期。

[75] 王志峰、黎玉柱、肖军梅：《改革开放以来我国三大产业就业吸纳能

力研究》,《新西部》2007年第2期。

[76] 王志凯:《福利经济与劳动力市场创新:欧洲的观察与启示》,《中共浙江省委党校学报》2008年第1期。

[77] 吴宏洛:《论劳动力市场的制度性分割与非农就业障碍》,《福建师范大学学报》2004年第5期。

[78] 吴霖:《江苏就业结构调整与产业结构优化的实证研究》,南京航空航天大学硕士学位论文,2006。

[79] 吴三忙、李树民:《经济增长与城乡收入差距演化——基于各省面板数据的实证分析》,《北京理工大学学报(社会科学版)》2007年第3期。

[80] 吴要武、蔡昉:《中国城镇非正规就业:规模与特征》,《中国劳动经济》2006年第2期。

[81] 伍海亮:《我国产业结构与就业结构非均衡发展的分析》,首都师范大学硕士学位论文,2009。

[82] 西奥多·舒尔茨:《改造传统农业》,商务印书馆,1987。

[83] 夏鲁青:《完善劳动保障地方立法工作的思考》,《中国劳动》2009年第6期。

[84] 徐红勤:《浅论劳动保障监察网格化管理》,《中国劳动》2009年第6期。

[85] 徐小琴:《江西城乡劳动力市场一体化的问题与对策研究》,南昌大学硕士学位论文,2009。

[86] 杨河清:《劳动经济学》(第三版),中国人民大学出版社,2010。

[87] 杨云彦、徐映梅、向书坚:《就业替代与劳动力流动:一个新的分析框架》,《经济研究》2003年第8期。

[88] 喻桂华、张春煜:《中国的产业结构与就业问题》,《当代经济科学》2004年第5期。

[89] 喻磊:《浙江省就业结构演变的研究》,浙江大学硕士学位论文,2007。

[90] 袁霓:《中国城镇非正规就业的自选择性与性别特征分析》,《统计与

决策》2010年第13期。

[91] 臧旭恒、赵明亮：《垂直专业化分工与劳动力市场就业结构——基于中国工业行业面板数据的分析》，《中国工业经济》2011年第6期。

[92] 张二震、任志成：《FDI与中国就业结构的演进》，《经济理论与经济管理》2005年第5期。

[93] 张泓、柳秋红、肖怡然：《基于要素流动的城乡一体化协调发展新思路》，《经济体制改革》2007年第6期。

[94] 张红宇：《统筹城乡经济社会发展的基本思路》，《农村经济》2004年第2期。

[95] 张洁云：《城乡劳动力市场一体化水平研究》，河海大学硕士学位论文，2007。

[96] 张湘涛：《中国农村改革研究》，湖南人民出版社，2005。

[97] 张文、郭苑、徐小琴：《宏观视角下我国区域经济发展水平的结构性因素分析——基于31个省级地区数据的实证研究》，《经济体制改革》2011年第2期。

[98] 张文、徐小琴：《基于劳动力转移的江西工业化与城镇化双重演进模型初探》，《江西社会科学》2008年第2期。

[99] 张文、徐小琴：《江西就业结构非农化与城乡收入差距的演化历程及其相关性分析》，《求实》2009年第5期。

[100] 张文、徐小琴：《城乡劳动力市场一体化的结构性因素分析——基于江西省的实证研究》，《企业经济》2010年第4期。

[101] 张文、尹继东：《江西经济发展、城乡收入差距与农村劳动力转移就业的关系研究》，《企业经济》2008年第11期。

[102] 张文、尹继东：《中国中部地区农村劳动力转移与人力资源开发问题研究》，中国财政经济出版社，2007。

[103] 张文、尹继东、万军花：《中部地区城乡劳动力市场一体化的问题与对策》，《求实》2005年第5期。

[104] 张勇、尹继东等：《城乡协调劳动力市场建设研究》，江西人民出版

社，2006。

[105] 张永锋：《区域城乡协调发展水平测度及时空演变——以西北地区为例》，硕士学位论文，西北大学，2010。

[106] 张原：《劳资共决机制在社会保障制度中的作用——法、德两国经验及其对中国的启示》，《中国劳动关系学院学报》2011年第4期。

[107] 章铮、杜峥鸣、乔晓春：《论农民工就业与城市化——基于年龄结构－生命周期分析》，《中国人口科学》2008年第6期。

[108] 赵敏：《济南市城乡一体化进程中农村金融服务体系创新研究》，《中共济南市委党校学报》2010年第2期。

[109] 郑娟：《统筹城乡就业问题研究》，山东师范大学硕士学位论文，2008。

[110] 中国工会社会保障考察团：《德国雇主协会关于社会保障劳资自治制度的访谈报告》，2010年10月30日，中工网：http://www.workercn.cn/，最后访问日期：2011年7月1日。

[111] 周兵、冉启秀：《产业结构演变与就业结构协调发展分析》，《中国流通经济》2008年第7期。

[112]《计生委专家：未来十年北京有望放宽户籍限制》，《法制晚报》2010年2月22日，http://news.ifeng.com/mainland/201002/0222_17_1552188_1.shtml，最后访问日期：2011年3月16日。

[113]《多城市居住证代替暂住证，各自为阵有碍户籍制度改革》，凤凰网，2011年4月13日，http://www.ifeng.com，最后访问日期：2011年5月25日。

[114]《解析工伤保险条例2010新亮点》，工伤赔偿法律网，2010年12月25日，http://www.ft22.com/baoxiantiaoli/2010-12/1931.html，最后访问日期：2011年9月5日。

[115]《2011年工伤保险条例全文》，工伤赔偿法律网，2011年9月8日，http://www.ft22.com/baoxiantiaoli/2011-1/1958.html，最后访问日期：2011年10月6日。

［116］《英、法、德三国城市化与劳动力迁移启示》，河南省劳动保障网，2003年3月20日，http：//www. ha. lss. gov. cn/html/ff8080811591aec1011591be601600a7/538. html，最后访问日期：2010年8月3日。

［117］《户籍制度改革重庆"破冰"十年将让千万农民进城》，人民网，2010年8月2日，http：//politics. people. com. cn/GB/14562/12318548. html，最后访问日期：2011年7月6日。

［118］《重庆已有172万农民转户 土地、社保等权益得到保障》，人民网，2011年4月21日，http：//politics. people. com. cn/GB/14562/14448464. html，最后访问日期：2011年6月28日。

［119］《媒体解读强征五险：企业可能因高社保费率裁员》，新浪网，2011年12月9日，http：//news. sina. com. cn/c/2011-12-09/023623601400. shtml，最后访问日期：2011年12月15日。

［120］《城市化和城乡一体化相关理论与国际经验》，中国免费论文网，2008年2月9日，http：//www. 100paper. com/100paper/jingjixue/jingjixuelilun/2008020947302. htm，最后访问日期：2010年7月12日。

［121］ 《民盟云南省委建议：完善农民工最低生活保障及社会保险》，中国民主同盟云南省委员会网，2009年2月8日，http：//www. mmyn. yn. gov. cn/readinfo. aspx? B1 = 2279，最后访问日期：2011年3月1日。

［122］《国务院智囊提出户籍改革新思路：分步获取户口福利》，《中国青年报》2010年6月4日，http：//news. ifeng. com/mainland/detail_2010_06/04/1585003_1. shtml，最后访问日期：2011年8月12日。

［123］《中华人民共和国社会保险法》，中国政府网，2010年10月28日，http：//www. gov. cn/flfg/2010-10/28/content_1732964. htm，最后访问日期：2011年2月6日。

［124］ Audra J Bowlus and Terry Sicular. 2003. "Moving toward Markets? Labor Allocation in Rural China", *Journal of Development Economics* 71：561-583.

［125］ Cai Fang and Wang Meiyan. 2010. "Growth and Structural Changes In

Employment In Transition China", *Journal of Comparative Economics* 38: 71 – 81.

[126] Chenery, H., Robinson, S. and Syrquin, M. 1986. *Industrialization and Growth: A Comparative Study.* London: Oxford University Press. pp. 25 – 96.

[127] Gustav Ranis and J. C. H. Fei. 1964. Development of the Labor Surplus Economics: Theory *and Policy.* New York: Richard D. Irwin. pp. 15 – 78.

[128] John Knight, Quheng Deng and Shi Li. 2011. "The Puzzle of Migrant Labour Shortage and Rural Labour Surplus in China", *China Economic Review* 22: 585 – 600.

[129] Michael C. Seeborg, Zhenhu Jin and Yiping Zhu. 2000. "The New Rural – urban Labor Mobility in China: Causes and Implications", *Journal of Socio – Economics* 29: 39 – 56.

[130] Michael P. Todaro. 1969. "A Model of Labor Migration and Urban Unemployment in Less Development Countries", *America Economic Review* 59: 138 – 148.

[131] R. H. Topel. 1986. "Local Labor Markets", *Journal of Political Economy* 94: S111 – S143.

[132] Thomas Glauben, Thomas Herzfeld and Xiaobing Wang. 2008. "Labor Market Participation of Chinese Agricultural Households: Empirical Evidence from Zhejiang Province", *Food Policy* 33: 329 – 340.

[133] Thomas Hertel and Fan Zhai. 2006. "Labor Market Distortions, Rural – urban Inequality and the Opening of China's Economy", *Economic Modelling* 23: 76 – 109.

[134] Suqin Ge and Dennis Tao Yang. 2011. "Labor Market Developments in China: A Neoclassical View", *China Economic Review* 22: 611 – 625.

[135] W. A. Lewis. 1954. "Economic Development with Unlimited Supplies of Labor", *Manchester School of Economic and Social Studies* 22: 153.

附录　外出就业农村劳动力调查问卷

外出就业农村劳动力调查问卷

亲爱的朋友：

您好！本问卷调查系南昌大学经济与管理学院承担的国家社会科学基金项目《城乡统筹背景下劳动力市场一体化的就业结构优化效应与路径研究》的课题研究工作之一。统筹城乡就业，促进农民增收和实现城乡劳动力市场一体化，是城乡经济社会协调发展的必然趋势，也是构建和谐社会、全面建设小康社会的必然要求。为了解农民朋友在城市或城镇就业、生活的真实现状和问题，深入分析问题产生的原因，并提出有效的解决对策，为国家制定实施相应的政策提供建议和参考，本课题组组织了此次研究性的不记名问卷调查。

现在占用您几分钟的时间，希望您能抽空如实填写问卷，配合完成调查工作，我们将不胜感激！您所填写的所有信息仅用于研究用途，我们将根据有关法规进行严格保密。期待您与我们一同为加快建设城乡统一、公平竞争、协调发展的一体化劳动力市场做出一份贡献。再次衷心感谢您对我们工作的大力支持与合作！祝愿您拥有幸福美好的前程！

填写方法：请您直接在相应的选项上打"√"或者在横线上填写相应的字母或其他内容。

调查地点：_____省（直辖市）_____市（设区市）_____县（县级市、区）

调查日期：_____

1. 您的性别是：_____

   A. 男   B. 女

2. 您的年龄是：_____

   A. 年龄 < 16 岁   B. 16 岁 ≤ 年龄 < 18 岁

   C. 18 岁 ≤ 年龄 < 20 岁   D. 20 岁 ≤ 年龄 < 25 岁

   E. 25 岁 ≤ 年龄 < 30 岁   F. 30 岁 ≤ 年龄 < 35 岁

   G. 35 岁 ≤ 年龄 < 40 岁   H. 40 岁 ≤ 年龄 < 50 岁

   I. 50 岁 ≤ 年龄 < 60 岁   J. 年龄 ≥ 60 岁

3. 原来属于农村户口的您，现在的户口属于以下哪类：_____

   A. 农村户口   B. 城镇户口

4. 您的家乡（即劳动力输出地）位于_____省（自治区、直辖市）_____市（自治州）_____县（县级市、区），属于：_____

   A. 东部地区   B. 中部地区   C. 西部地区

   D. 东北地区

5. 您现在（拟）就业的城市或城镇（即劳动力输入地）位于_____省（自治区、直辖市）_____市（自治州）_____县（县级市、区），属于：_____

   A. 东部地区   B. 中部地区   C. 西部地区

   D. 东北地区

6. 您从家乡（农村户口所在地）外出到目前就业的城市（镇）一般至少需要的交通费用：_____元

   A. 低于 10   B. 10 ~ 50   C. 51 ~ 100

   D. 101 ~ 200   E. 201 ~ 300   F. 301 ~ 400

   G. 401 ~ 500   H. 501 ~ 600   I. 601 ~ 800

   J. 801 ~ 1000   K. 超过 1000

7. 你们家共有多少人（与您家庭户口在一起的人口数）：_____

   A. 1 人   B. 2 人   C. 3 人

D. 4 人　　　　　　E. 5 人　　　　　　F. 6 人

G. 7 人　　　　　　H. 8 人　　　　　　I. 9 人

J. 10 人　　　　　 K. 11 人及以上

8. 您家中需要您负担的人口数（即非劳动力，包括 60 岁以上老人、16 岁以下儿童及丧失劳动能力的成年人）是：_____

  A. 0 人　　　　　　B. 1 人　　　　　　C. 2 人

  D. 3 人　　　　　　E. 4 人　　　　　　F. 5 人

  G. 6 人　　　　　　H. 7 个及以上

9. 您的婚姻状况如何：_____

  A. 未婚　　　　　　B. 有配偶　　　　　C. 离婚

  D. 丧偶

10. 您的政治面貌是：_____

  A. 中共党员　　　　B. 民主党派　　　　C. 共青团员

  D. 群众

11. 您家中农用土地（或其他农用生产资源）的使用情况是：_____

  A. 家人用于耕种、养殖等农业生产　　B. 出租转包给他人

  C. 闲置（荒着）　　D. 其他：_____

12. 您家中人均耕地（林地鱼塘等）面积为：_____亩

  A. <1　　　　　　　B. 1≤面积<2　　　　C. 2≤面积<3

  D. 3≤面积<4　　　　E. 4≤面积<5　　　　F. 5≤面积<6

  G. 6≤面积<7　　　　H. 7≤面积<8　　　　I. 8≤面积<9

  J. 9≤面积<10　　　 K. ≥10

13. 您目前在城市（镇）就业的居住情况如何：_____

  A. 单位免费或低租金提供住房

  B. 单位无房但提供住房补贴

  C. 自己租房

  D. 购买商品房

  E. 寄居在亲朋好友家

F. 临时性工棚

F. 流落街头

14. 您目前在城市（镇）所居住的房屋建筑面积大约是：_____ 平方米

  A. 面积＜10 B. 10≤面积＜20 C. 20≤面积＜30

  D. 30≤面积＜40 E. 40≤面积＜50 F. 50≤面积＜60

  G. 60≤面积＜90 H. 90≤面积＜100 I. 100≤面积＜120

  J. 120≤面积＜150 K. 面积≥150

15. 您目前在城市（镇）就业生活的人均居住面积大约是：_____ 平方米

  A. ＜5 B. 5≤面积＜10 C. 10≤面积＜15

  D. 15≤面积＜20 E. 20≤面积＜30 F. 30≤面积＜40

  G. 40≤面积＜50 H. 面积≥50

16. 您外出就业（务工经商创业）的累计时间有：_____

  A. 小于1个月 B. 1~3个月 C. 3~6个月

  D. 6个月~1年 E. 1~2年 F. 2~3年

  G. 3~5年 H. 5~10年 I. 10~15年

  J. 15~20年 K. 20~25年 L. 25~30年

  M. 30年及以上

17. 您作为外出从业人员，过去曾经共有多少次工作经历（更换工作单位或创业项目等）：_____

  A. 0次（没有，首次外出就业） B. 1~2次

  C. 3~4次 D. 5~7次 E. 8~10次

  F. 11次及以上

18. 您接受过的最高学历教育是：_____

  A. 无（文盲） B. 小学 C. 初中

  D. 高中 E. 职高/技校 F. 中专

  G. 大专 H. 大学本科 I. 研究生

19. 您接受过的职业技能培训时间为：_____

  A. 0   B. 小于 1 个月   C. 1≤时间＜3 个月

  D. 3≤时间＜6 个月   E. 6 个月≤时间＜1 年 F. 1 年≤时间＜2 年

  G. 2 年及以上

20. 您接受的职业技能培训内容主要是（如无，则跳过）：_____

  A. 计算机操作   B. 商业服务类   C. 产品制造类

  D 建筑类   E. 维修类   F. 教学类

  G. 管理类   H. 其他_____

21. 您接受职业技能培训的来源是：_____（如没接受过培训，则跳过）

  A. 政府组织（补贴_____元）

  B. 单位组织（资助_____元）

  C. 自费（_____元）

22. 您外出就业最主要从事的行业是什么：_____

  A. 家政服务

  B. 批发、零售业、商场超市

  C. 农、林、牧、渔业、养殖

  D. 交通运输、仓储、物流、邮政业

  E. 建筑业、装饰、安装、房地产

  F. 机械、冶金、修配、五金、化工

  G. 住宿、餐饮业、美容保健、食品

  H. 物业管理、租赁、票务、商务服务业

  I. 采矿业、地质勘查业

  J. 印刷、包装、纸业

  K. 纺织、皮革、服装业

  L. 家具、家电、工艺品、玩具

  M. 公共服务和管理、社会组织

  N. 电子技术、网络信息传输业

O. 娱乐业、教育文化、体育

P. 电力、煤气及水的生产和供应业

Q. 卫生、社会保障、社会福利业

R. 科学研究、技术服务、金融业

S. 水利、环境业

T. 其他行业

23. 您所达到的最高技术职称是什么：_____

　　A. 一般技术员或管理员　　　　B. 初级

　　C. 中级　　　　D. 高级

　　E. 无（问题不适用）

24. 您目前从事的最主要职业是什么：_____

　　A. 农业生产者（农民）　　　　B. 工人

　　C. 自我雇用（个体工商户）　　D. 私营企业老板

　　E. 行政及管理人员　　　　　　F. 专业技术人员

　　G. 既是行政及管理人员，又是专业技术人员　H. 其他_____

25. 您外出就业的主要原因（动机）是：_____

　　A. 追求财富（增加收入）　　　B. 子女教育

　　C. 结婚　　　　D. 修建住房　　E. 实现自我价值

26. 您在外出就业前，家庭收入的主要来源是：_____

　　A. 农业生产收入　　B. 务工收入　　C. 经商收入

　　D. 财产性投资收入　E. 半工半农收入　F. 社会救济

27. 您在外出就业前，平均月收入为：_____

　　A. 收入 < 100 元　　B. 100 元 ≤ 收入 < 300 元

　　C. 300 元 ≤ 收入 < 500 元

　　D. 500 元 ≤ 收入 < 800 元　　E. 800 元 ≤ 收入 < 1000 元

　　F. 1000 元 ≤ 收入 < 2000 元　G. 2000 元 ≤ 收入 < 3000 元

　　H. 3000 元 ≤ 收入 < 5000 元　I. 5000 元 ≤ 收入 < 8000 元

　　J. 收入 ≥ 8000 元

28. 您目前外出就业时的平均月收入（含工资奖金福利等全部报酬）一般为：_____

    A. 收入＜300元

    B. 300元≤收入＜500元　　　　C. 500元≤收入＜800元

    D. 800元≤收入＜1000元　　　E. 1000元≤收入＜2000元

    F. 2000元≤收入＜3000元　　　G. 3000元≤收入＜5000元

    H. 5000元≤收入＜8000元　　　I. 8000元≤收入＜10000元

    J. 收入≥10000元

29. 您目前外出就业的主要岗位平均每天工作时间为：_____小时

    A 时间＜4　　　　B. 4≤时间＜6　　　　C. 6≤时间＜8

    D. 8≤时间＜10　　E. 10≤时间＜12　　　F. 12≤时间＜14

    G. 14≤时间＜16　H. 时间≥16

30. 您现在或曾经的主要工作单位经营状况如何：_____

    A. 效益很好　　　B. 效益一般　　　C. 亏损

    D. 严重亏损　　　E. 不知道

31. 您现在或曾经主要工作的单位的不合理拖欠工资程度为：_____

    A. 经常　　　　　B. 有时　　　　　C. 很少

    D. 几乎没有

32. 您现在或曾经主要工作的单位不合理克扣工资奖金的情况如何：_____

    A. 经常　　　　　B. 有时　　　　　C. 很少

    D. 几乎没有

33. 您现在或曾经主要工作的单位有什么样的劳动组织：_____

    A. 工会　　　　　B. 职工代表大会　　C. 劳动监督委员会

    D. 其他_____　E. 无

34. 作为外来务工人员，您有权参加上述劳动组织吗：_____

    A. 有　　　　　　B. 偶尔有　　　　C. 没有

35. 您在被用人单位聘用时，签订劳动合同的情况是：_____

　　A. 没签过　　　　B. 1年以内合同　　C. 1~2年合同

　　D. 2~3年合同　　E. 3~5年合同　　　F. 5年以上合同

36. 您主要从业的劳动环境条件是：_____

　　A. 十分恶劣　　　B. 一般可以接受　　C. 比较不错

　　D. 非常好

37. 您认为当前城市（镇）居民平均工资与外来农村劳动者平均工资的倍数（差距）一般是：_____

　　A. 1.1倍以下　　 B. 1.1~1.5倍　　　C. 1.5~2倍

　　D. 2~2.5倍　　　E. 2.5~3倍　　　　F. 3.5~4倍

　　G. 4倍及以上

38. 作为进城就业人员，您在城市（镇）享受的社会保障有：_____，个人平均年缴费：_____元

　　A. 无社会保障　　B. 基本养老保险　　C. 失业保险

　　D. 工伤保险　　　E. 基本医疗保险　　F. 生育保险

　　G. 城镇居民最低生活保障　　　　　　H. 社会救济

39. 您在家乡能享受的农村社会保障有：_____，个人年缴费约：_____元

　　A. 无

　　B. 新型农村合作医疗

　　C. 新型农村社会养老保险

　　D. 农村最低生活保障

　　E. 社会救济

　　F. 其他_____

40. 您在外出就业时办理城镇暂住证或居住证的情况是：_____

　　A. 没办过　　　　B. 总共一次　　　　C. 1个月/次

　　D. 6个月/次　　　E. 12个月/次　　　 F. 其他_____/次

41. 您在外出务工经商的过程中找到一个工作一般平均需要支付的求

职性费用（职业介绍费，不含长途交通费）_____

A. 0   B. A 1～50 元   B. 51～100 元

C. 101～200 元   D. 201～300 元   E. 300 元以上

42. 您外出找工作的主要途径和渠道是：_____

    A. 政府组织劳务输出

    B. 单位下乡招工

    C. 当地职业中介机构

    D. 城市人力资源（劳动力）市场

    E. 亲朋好友介绍

    F. 报纸、电视、路牌上的广告

    G. 互联网信息   H. 其他_____

43. 如果您曾经在城镇劳动力市场找工作，劳动力市场工作人员的态度：_____

    A. 友好热情，服务周到

    B. 不冷不热，例行公事

    C. 态度恶劣，只知收费不办实事

    D. 不清楚

44. 您认为劳动力市场提供的就业信息是否充足：_____

    A. 充足   B. 一般   C. 不充足

    D. 不起作用

45. 您对自己目前在外就业的看法是：_____

    A. 很有前途，干劲十足

    B. 有一定的前途，愿意干

    C. 中性（不清楚）

    D. 没多少前途，谈不上干劲

    E. 很没前途，纯粹为挣一点钱才做

46. 您希望政府为统筹城乡就业应在哪些方面有更大作为：_____

    A. 提供就业信息

B. 提供职业指导和培训
C. 城乡劳动者公平就业
D. 城乡劳动者同工同酬
E. 公共就业服务免费
F. 加大农村教育医疗投入力度
G. 农民工子女进城入学无户籍歧视
H. 完善城乡社会保障体系
I. 规范劳动力市场运行秩序

后 记

本书是作者（张文：南昌大学经济与管理学院教授、管理学博士，课题主持人；徐小琴：南昌大学经济与管理学院馆员、公共管理硕士，课题主要参加者）所完成的2009年度国家社会科学基金项目"城乡统筹背景下劳动力市场一体化的就业结构优化效应与路径研究"（项目批准号：09CJY023）的最终研究成果。

本项目课题组主要成员还包括王玉帅（南昌大学经济与管理学院副教授、博士）、周杰文（南昌大学经济与管理学院副教授、博士）、卢有红（南昌大学经济与管理学院副教授、博士生）、许水平（南昌大学经济与管理学院讲师、博士生）、徐玮（南昌大学经济与管理学院讲师、硕士）等。另外，积极参与本课题研究的还有南昌大学经济与管理学院政治经济学专业硕士研究生郭苑（江西省发展和改革研究中心研究实习员），感谢她在课题研究资料的搜集整理以及研究报告初稿的完成中所付出的辛勤劳动，同时笔者还要感谢南昌大学社会科学处处长宋三平教授和南昌大学经济与管理学院院长何筠教授对本课题研究的大力支持和热心帮助，感谢南昌大学社会科学学术著作出版基金以及南昌大学经济与管理学院"十二五"应用经济学一级省级重点学科建设经费对本书出版的资助。此外，本课题研究成果在写作过程中参阅和引用了大量文献资料，在此向所有文献资料的作者致以诚挚的谢意。

由于笔者水平有限，书中不妥之处，敬请读者批评指正。

张　文
于南昌大学青山湖校区
2012年12月31日

图书在版编目(CIP)数据

城乡一体化与劳动就业：城乡劳动力市场一体化的就业结构优化效应与路径研究 / 张文，徐小琴著 . —北京：社会科学文献出版社，2013.6
 ISBN 978 - 7 - 5097 - 4468 - 0

Ⅰ.①城… Ⅱ.①张… ②徐… Ⅲ.①劳动力市场 - 就业结构 - 城乡一体化 - 研究 - 中国 Ⅳ.①F249.212

中国版本图书馆 CIP 数据核字（2013）第 062459 号

城乡一体化与劳动就业
——城乡劳动力市场一体化的就业结构优化效应与路径研究

著　者 / 张　文　徐小琴

出 版 人 / 谢寿光
出 版 者 / 社会科学文献出版社
地　　址 / 北京市西城区北三环中路甲 29 号院 3 号楼华龙大厦
邮政编码 / 100029

责任部门 / 经济与管理出版中心 (010) 59367226　　责任编辑 / 高　雁　谈　娟
电子信箱 / caijingbu@ ssap. cn　　　　　　　　　　责任校对 / 王　平
项目统筹 / 高　雁　　　　　　　　　　　　　　　　责任印制 / 岳　阳
经　　销 / 社会科学文献出版社市场营销中心 (010) 59367081　59367089
读者服务 / 读者服务中心 (010) 59367028

印　　装 / 北京鹏润伟业印刷有限公司
开　　本 / 787mm×1092mm　1/16　　　　　　　　印　张 / 15
版　　次 / 2013 年 6 月第 1 版　　　　　　　　　　字　数 / 221 千字
印　　次 / 2013 年 6 月第 1 次印刷
书　　号 / ISBN 978 - 7 - 5097 - 4468 - 0
定　　价 / 59.00 元

本书如有破损、缺页、装订错误，请与本社读者服务中心联系更换
▲ 版权所有　翻印必究